Toskana
Zeit für das Beste

Highlights - Geheimtipps - Wohlfühlhotels

»Liebe ist blind, sie sieht von Weitem«

Sprichwort aus der Toskana

BRUCKMANN

Toskana
Zeit für das Beste

Katharina Zimmermann
Udo Bernhart

BRUCKMANN

Seite 1: Toskanisches Stilleben
Vorangehende Doppelseite: Bei San Quirico d'Orcia
Oben: Baptisterium in Pisa
Mitte: Chefin des Restaurants La Bogetta del 30, Villa a Sesta
Unten: Parco dell' Uccellina in der Maremma

INHALTSVERZEICHNIS

Einleitung	6

DER NORDWESTEN

1	Carrara	30
2	Viaréggio	34
3	Marina di Massa und Forte dei Marmi	38
4	Lucca – die Stadt	42
5	Lucca – die Stadtmauer	50
6	Lucca – berühmte Villen	56
7	Collodi	58
8	Pisa – die Stadt	62
9	Der Schiefe Turm von Pisa	68

DER NORDOSTEN

10	Florenz – die Stadt	74
11	Florenz – die Uffizien	82
12	Florenz – die Architektur	88
13	Fiesole	94
14	San Miniato	98
15	Vinci	102
16	Montecatini	106
17	Prato	110

DER OSTEN

18	Poppi	116
19	Arezzo	120
20	Cortona	126
21	Bibbiena und La Verna	130

DER WESTEN

22	Cécina und Cécina Mare	136
23	Massa Marittima	140
24	Volterra	144
25	Colle di Val d'Elsa	150

DIE MITTE

26	Siena – die Stadt	156
27	Siena – die Architektur	164
28	Siena – il Palio	170

29 Monteriggioni	176
30 San Gimignano	180
31 Asciano und die Crete Senesi	184

DER SÜDWESTEN

32 Maremma	190
33 Grosseto	194
34 Monte Argentário	200
35 Porto Santo Stéfano	204
36 Castiglione della Pescáia	208

TOSKANISCHES WEINWUNDER

37 Montepulciano	214
38 Castellina und der Chianti Classico	218
39 Bolgheri	222
40 Montalcino	226
41 Greve in Chianti	230
42 Pienza	234

THERMENREGION

43 Bagno Vignoni	240
44 Chiusi	246
45 Quellen von Satúrnia	250
46 Bagni San Filippo und Radicofani	254
47 San Quirico d'Orcia	258
48 Castiglione d'Orcia	262
49 Chianciano Terme	266
50 Pitigliano	270

DIE TOSKANA VON A BIS Z

Klima und Reisezeit	276
Ausrüstung und Kleidung	277
Fremdenverkehrsämter	278
Toskana im Internet	278
Tipps von A–Z	278

| Register | 286 |
| Impressum | 288 |

Oben: Wer träumt nicht von einem Landhaus im Toskanischen?
Mitte: Blick auf Castiglione della Pescáia, Maremma
Unten: Alabasterbearbeitung in Volterra

Oben: Sanfte Hügel, sanfte Farben
Unten: Baden mit Meerblick: Pool im Hotel Pelicano in Porto Ercole, Monte Argentário

EINLEITUNG

Toskana – Ort der Sehnsucht

Bei vielen Italien-Kennern funktioniert es wie ein Reflex: Denken sie an die Toskana, läuft ein kleiner Film vor ihrem inneren Auge ab, in dem saftig-grüne Hügel, blutroter Chianti, stramme Zypressen und einsame Landgüter vorkommen. Über Jahrzehnte hinweg haben Reiseführer und Fremdenverkehrsbüros ein fast schon klischeehaftes Idealbild der Toskana in unsere Köpfe gezaubert. Doch kommt man in das gelobte Land, in dem vermeintlich Wein und Olivenöl fließen, findet man schnell heraus, dass der schöne Traum Wirklichkeit wird und die Toskana tatsächlich so wunderbar ist, wie sie immer beschrieben wird. Gut, da und dort trifft man vielleicht auf ein paar mehr Touristen, als man sich es erträumt hätte – aber wozu gibt es die Nebensaison?

Nur das Beste ist gut genug

Wenn man es richtig angeht, kann die Toskana so sein wie der erste Kuss … Verlassen Sie ruhig einmal die schon etwas ausgetretenen Spuren, die Reisende vor Ihnen zwischen den Hügeln und in den großen und kleineren Städten hinterlassen haben, vertrauen Sie auf die Autorentipps in diesem Buch und Sie werden gegen den Touristenstrom schwimmen. Nehmen Sie sich »Zeit für das Beste« und sammeln Ihre ganz individuellen Toskana-Erlebnisse – unsere Tipps unterstützen Sie dabei. Speziell für Reisende, die sich ab vom Mainstream bewegen und den typischen Touristenfallen entkommen möchten, sind die »Mal ehrlich«-Tipps zugeschnitten: Hier erfahren Sie aus erster Hand, was Sie nicht unbedingt tun müssen, beziehungsweise wie es sich am besten vermeiden lässt oder was Sie stattdessen tun können. Wie stellt man es an, nicht ewig an den Uffizien Schlange zu stehen, oder wo erhält man noch guten Rotwein zu einem vernünftigen Preis.

Toskana – ein Lebensgefühl

Dieses Buch ist wie ein guter Freund, der Ihnen Tipps und Tricks verrät, wie Ihr Toskana-Urlaub auch wahrhaftig zu einem einzigartigen Erlebnis, frei von Ärgernissen und Irrtümern werden kann. Handverlesene Trattorien, Osterien, Ristoranti und Bars führen Sie zu kulinarischen Höhenflügen, bei denen Sie auch preislich keine Bauchlandung erleben. Die 50 sorgfältig ausgewählten Highlights von Carrara bis Chiusi sind die absoluten Hotspots in der Toskana.

Toskana – ein Lebensgefühl

Egal, ob Sie vom luftigen Fiesole (Highlight 13) auf die Kunstmetropole Florenz (Highlights 10–12) herabblicken, sich in den etruskischen Felsengräbern bei Chiusi (Highlight 44) an diese längst vergangene Hochkultur erinnern oder es sich in der Adler-Thermae in Bagno Vignoni (Highlight 43) so richtig gut gehen lassen: Die Toskana ist mit all ihren Facetten und Nuancen einzigartig. Sie eint großartige Geschichte mit unvergleichlicher Kunst, ansteckende Lebensfreude mit kulinarischen Genüssen. Wer die richtige Zauberformel besitzt, um den Sesam des Sehnsuchtszieles zu öffnen, der wird hier eine unvergessliche Zeit verbringen.

Pinienalleen schützen vor der Sommersonne.

Oben: Die Bronzestatue des Perseus mit dem Haupt der Medusa von Benvenuto Cellini (1500–1571) ist sein Meisterwerk und eine der bekanntesten Skulpturen von Florenz, Loggia dei Lanzi.
Unten: Blick durch eine Alabasteruhr im Dom von Massa Marittima

Oben: Der Ponte de Mezzo und das Rathaus von Pisa
Mitte: Michelangelos David-Statue auf der Piazza Signoria in Florenz – heute nur eine Kopie, das Original steht in der Accademia.
Unten: Alabasterlampe aus Volterra

Genießen Sie einen Cappuccino an der abschüssigen Piazza Grande in Arezzo (Highlight 19) oder lassen Sie sich vom Dampf des Thermalwassers in den Bagni San Filippo (Highlight 46) umspielen und finden Sie heraus, warum das natürlich gewachsene Thermalbad auch »Balena bianca« (»Weißer Wal«) genannt wird. Die Toskana besteht aus viel mehr als nur den klassischen Reisezielen wie der Schiefe Turm Pisas (Highlight 8 + 9) oder der Palio auf dem muschelförmigen Hauptplatz von Siena (Highlight 28). Nehmen Sie sich die Zeit, genau hinzusehen und lassen Sie sich vom morgendlichen Licht bezaubern, das die Crete Senesi wachküsst, beobachten Sie die Landarbeiter, die in den Colle Lucchesi Oliven für das berühmte »Olio extra vergine« pflücken; begleiten Sie einen Trüffelsucher mit seinen speziell ausgebildeten Hunden in San Miniato (Highlight 14) oder erkunden Sie die Marmorbergwerke in den Apuanischen Alpen bei Carrara (Highlight 1). Aber auch in den kleinen, alltäglichen Freuden, in dem Eis, das man sich bei Sonnenuntergang in Lucca (Highlight 8) gönnt, um dann damit durch die fast schon magisch beleuchtete Stadt zu schlendern, oder auch im »Bagno Italia« am Strand von Viareggio (Highlight 2), wo man sich nach seinen eigenen Wünschen ein Panino belegen kann, steckt der Geist der Toskana.

Dieses Buch nimmt Sie mit auf eine Reise, die voller bunter Farben, charakteristischer Gesten, ex-

Toskana – ein Lebensgefühl

plosionsartiger Geschmäcker und unvergesslicher Begegnungen ist. Es verrät Ihnen, was Sie unbedingt unternehmen sollten, welche Dinge Sie getrost anderen überlassen können und auch, wo Sie sich nach einer Aktivität am besten zu einem genialen Drei-Gänge-Menü niederlassen. Entdecken Sie die geheimen Facetten dieser Städte, Dörfer und Landschaften, die schon unzählige Male fotografiert, gemalt und gezeichnet wurden. Es gibt sie noch, die lauschigen Orte, an denen man in sich gekehrt auf eine fast magisch erscheinende Szenerie blickt, und darin vielleicht sogar auch ein Stück seiner selbst wiederentdeckt. Etwa zum Beispiel mitten auf einer von kleinen roten Mohnblüten gesprenkelten Wiese zwischen dem kleinen Dorf Vinci (Highlight 15) und dem Geburtshaus des großen Visionärs Leonardo, wo man sich im Frühling ein Picknick mit ein wenig Pecorino und frischem toskanischem Brot genehmigen kann.

Selbst das tagsüber von Touristen überschwemmte San Gimignano (Highlight 30) hält so einige Überraschungen bereit. Bei Nacht zeigt es sich von einer ganz anderen, unglaublich persönlichen Seite. Aber nur denjenigen, die sich die Zeit genommen haben, hier auch über Nacht zu bleiben, und nicht mit einem der vielen Busse wieder vor Sonnenuntergang abgefahren sind. Wenn dann auch noch Nebel herabfällt, verfärbt sich der Naturstein, aus dem sowohl Häuser als auch Straßen gebaut sind, in tiefstes Schwarz. Leuchtet allerdings in klaren Nächten der Mond darauf, legt sich ein golden-silbriger Schimmer auf die ganze Stadt. Richtig magisch wird die Szene aber bei Regen: Dann leuchtet der Stein zwar einerseits, andererseits strahlt er eine bläuliche Nässe aus. Die Toskana ist eben doch ein »paese delle meraviglie« – ein Land der wundersamen Begebenheiten.

AUTORENTIPP!

BUCCELLATO

Eigentlich klingt es ganz einfach: Man mische Mehl, Zucker, Eier, Mandeln, Butter, Vanille und Hefe, steckt dies in den Backofen – und schon kommt ein Buccellato dabei heraus. Die beste Variante, um sich der Lucchesen Traditions-Süßspeise anzunähern, ist wahrscheinlich, sich an einen der Tische der Bäckerei Taddeucci zu setzen und eine Scheibe zusammen mit Kaffee, Erdbeeren, Wein oder Ricotta zu probieren (Highlight 4). Selbst Prinz Charles konnte dieser süßen Tradition nicht widerstehen und machte Station in der renommierten Bäckerei, die seit 1881 für ihre Buccellati bekannt ist.

Pasticceria Taddeucci.
Piazza San Michele 34, Lucca,
Tel. 0583/49 49 33,
www.taddeucci.comc

Florentiner Lebensart – ein Plausch an der Bar

Oben: Vielerorts befinden sich kleine Hausaltäre – beispielsweise in der Tradition der Kachelkunst von Andrea della Robbia.
Mitte: Kapuzinermönch im Klostergarten, Castiglione della Pescáia
Unten: Kunstinstallation von Kendell Geers im Keller des Castello di Ama

EINLEITUNG

Was hinter der Magie steckt

Wenn man sich für die Toskana entscheidet, geht man davon aus, nicht enttäuscht zu werden, und ist dann im Nachhinein doch überrascht, wie nahe die Realität der Idealvorstellung kommt. Was für einen Außenstehenden gottgegeben und vollkommen natürlich wirkt, ist in Wirklichkeit aber genau konzipiert und geplant, wie die Gärten der Villen um Lucca (Highlight 6). Es ist kein Zufall, dass die alten Höfe oder Fattorien hier um den Tick schöner instand gehalten sind als in den umliegenden Regionen. Wie eine Komposition des großen Sohnes der Toskana, des genialen Musikers Giacomo Puccini, wirkt die ganze Natur mit ihren Zypressen und einsamen Gehöften, mit ihren Alleen und Pinienwäldern.

Doch der Zufall spielte hier keine große Rolle – das ließen die Einheimischen mit ihrem ausgeprägten Hang zur Ästhetik nicht zu. Ein Beispiel: Zypressen sind in Italien eigentlich gar nicht heimisch, sie wurden aus Afghanistan eingeführt und in Italien unter anderem der Schönheit halber gepflanzt. Bilden sie doch einen klaren Kontrast zu den Olivenbäumen, die sich mit ihren silbrig flirrenden Blättern beinahe in der Luft aufzulösen scheinen. Mit ihrer kompakten Form stehen die Zypressen wie Zinnsoldaten in der Landschaft und schützen vor Wind, oder sehen einfach nur schön aus.

Viele Pinienwälder stammen aus der Antike: Die Römer wollten damit den Meereswind und das raue Klima an den Küsten vom Landesinneren fernhalten. Dieser Wille zur Inszenierung macht natürlich auch vor den Bauernhöfen nicht Halt. Mit ihrer typischen Architektur, mit ihren geraden Linien und der einfachen Form, wurden sie nicht ohne Hintergedanken wie selbstverständlich direkt auf die Hügelkuppen gesetzt. Dazu die Form der Felder – von Menschenhand erdacht und gestaltet.

Tradition auf dem Tisch

Das Schlagwort »Kulturland Toskana« kommt nicht von ungefähr: Es wird aus dem Lateinischen »colere« abgeleitet, was sowohl »bebauen, bestellen« oder auch »pflegen, wahren« bedeutet. Dieser Trend ging – wie fast alles in der Toskana – von den Etruskern aus, die damit anfingen zu planen und zu gestalten. Ihnen folgten die Römer, dann die Langobarden und schließlich die Mönche der Zisterzienser aus Frankreich, die ihre beeindruckenden Klöster mit dazugehörender Peripherie errichteten. Vor allem aber ist das heutige Antlitz der einzigartigen Landschaft einem Mann zuzuschreiben: Pietro Leopoldo (1747–1792), als Leopold II. Großherzog der Toskana, ein hoch gebildeter Physiokrat, der seine Gedanken und Konzepte in der Toskana in die Tat umsetzte.

Tradition auf dem Tisch

Die toskanische Küche hat ihren Triumphzug rund um den Erdball angetreten, dabei ist sie im Grunde genommen einfaches Arme-Leute-Essen mit einem guten Sinn für Gewürze. Bis heute weisen nach traditionell-toskanischen Rezepten gekochte Gerichte immer wieder dieselben Zutaten auf, doch stets in neuartigen Kombinationen, die den Kochkünsten der vielen Hausfrauen zuzuschreiben

Crostini neri: geröstetes Weißbrot mit Leber- und Milzaufstrich

Oben: Die Fonte Gaia an der Piazza del Campo in Siena – 1409 bis 1419 von Jacopo della Quercia geschaffen – spendet noch heute das köstliche Nass mitten in der Altstadt.
Unten: Taufszene aus Lorenzo Ghibertis Bronzetür an der Ostseite des Baptisteriums in Florenz (1424).

Oben: Die Toskana, wie man sie mag – Trattoria »del Neni« in Lucca
Unten: Mitten in Bagno Vignoni – bis vor Kurzem badete man noch in dem konstant 52°C heißen Wasser.

sind, die es schafften, immer wieder Abwechslung auf den Tisch zu bringen – zur Freude ihrer Familien. Ein geschicktes Händchen beim Würzen und das Wissen um die richtige Verwendung von Kräutern prägt die Gastronomie bis zum heutigen Tag. Wie schon ein toskanisches Sprichwort besagt – »Wie deine Mutter zu kochen, ist gut, wie deine Großmutter zu kochen, ist besser« –, legt die toskanische Küche seit Generationen wert auf traditionelle Speisen. Generell gilt: Über das Essen macht man keine Witze! Essen steht für die Toskaner auf einer Stufe mit den Heiligen, wenn man es nicht ehrt, kommt das einem Fluch gleich!

Der Einfachheit halber

Anders als in anderen Regionen Italiens steht hier bei den Beilagen weder Pasta noch Reis an erster Stelle. Die erste Geige spielt eindeutig das Brot, das zu fast jedem Essen gereicht wird und nicht von einem eigenen Teller, sondern direkt vom Tisch gegessen wird. Es ist traditionell und bewusst ungesalzen. Das *pane* der Toskana ist auf den ersten Biss ungewöhnlich unaufregend und bleibt dies auch beim weiteren Genuss. Warum? Das Brot soll immerhin eine Woche lang halten und eine passende Beilage zu Fleisch und Wurst sein. In solchen Momenten, oder wenn es mit Pes-

to bestrichen als *crostini* serviert wird, glänzt es in aller Bescheidenheit im Schatten des Hauptgeschmacksträgers. Auch Hülsenfrüchte wie Linsen, Bohnen und Erbsen spielen eine große Rolle. Egal ob frisch im Sommer oder getrocknet im Winter, eines ist sicher: Sie enthalten viel Eiweiß und sind billig und deshalb seit Langem Hauptnahrungsmittel der ärmeren Bevölkerung, die sich Fleisch nicht leisten konnte.

Wer hat Angst vor Innereien?

Die Filetstücke konnten sich ehemals nur die Allerreichsten leisten, für den Rest der Bevölkerung blieben hauptsächlich die Eingeweide übrig, was den Toskanern auch heute noch sehr aufregende Gerichte beschert, mit Tierbestandteilen, von denen der unbedarfte Besucher bisher nicht einmal im Traum annahm, dass man sie verspeisen könne. Lampredotto (ein Gericht aus Kutteln), Pasto (Kombination aus Rinderlunge und Kartoffeln) oder Cibrèo (Eintopf aus Hühnerherz, -leber, -niere sowie Hahnenkamm) sind keine Seltenheit auf toskanischen Speisekarten.

Doch auch für jene, die Eingeweide kategorisch ablehnen, hält die Toskana einige Schmankerl bereit. Obwohl es von manchen toskanischen Köchen abgelehnt wird (es soll ja ein Importartikel

Oben: Wo es frische Früchte gibt – auf dem Mercato in Lucca.
Unten: Ricottatörtchen mit Waldbeeren aus der Trattoria »Dulcisinfundo« in San Gimignano

EINLEITUNG

aus England gewesen sein und nicht hierzulande entsprungen), wird das Bistecca fiorentina auch in vielen traditionellen Restaurants angeboten. Ideal zubereitet ist es nur, wenn das 3–5 Zentimeter dicke Fleisch in der Mitte rosa (vielleicht sogar ein kleines bisschen blau) ist. Gebraten wird es ohne Salz und ohne Olivenöl und das 15–20 Minuten lang. Danach ist es jedoch reiner Genuss und sollte in einem Toskana-Urlaub mindestens einmal probiert werden.

Fisch, Pasta & Co.

Oft vergisst man angesichts all der geschwungenen Hügel, dass die Toskana auch am Meer liegt, und somit gehört auch frischer Fisch zur regionalen Küche: Vor allem die Cacciucco (Eintopf aus fünf verschiedenen Fischsorten) ist das Probieren wert. Ein weiterer gern gesehener Gast auf toskanischen Speisekarten sind der Baccala (Kabeljau) und der Stoccofisso (luftgetrockneter Stockfisch).

Typische Pasta gibt es auch: Zum Beispiel in Form von Pici – das sind kleine Nudeln, die fast wie Reis aussehen – und Maccheroni oder Papperdelle, die alle als erster Gang (»primo«) nach der Vorspeise bzw. Suppe serviert werden. Ein besonderer Genuss ist zweifellos der Verzehr der mysteriösen weißen oder schwarzen Knospen der heimischen Trüffel, die vor allem rund um San Miniato gefunden werden. Der Pecorino (Schafskäse) aus der Gegend von Pienza ist im ganzen Land für sein Aroma bekannt. Doch auch das Olivenöl, das aus der Toskana kommt, hat allerhöchste Qualität und wird deswegen ausschließlich in der kalten Küche verwendet – etwa zum Auftunken mit Brot oder für das Verfeinern von Salaten. Alles andere wäre doch Verschwendung!

Unumstößlich gehört zur toskanischen Mentalität der Wunsch, gemeinsam zu essen. Wenn es heißt

Oben und unten: Tagliatelle mit Kaninchenragout aus der Trattoria »Dulcisinfundo« und die Gastgeber Roberto del Zoppo und Clady Tancredi.

Reben erleben

»tutti a tavola«, findet sich die ganze Familie ein, um zusammen das Mittagessen (»pranzo«) oder – häufiger – das Abendessen (»cena«) einzunehmen. Traditionell besteht dies aus drei Gängen: Primo (erster Gang), Secondo mit Contorno (zweiter Gang mit Beilage) und Obst als Nachspeise. Das Frühstück (»colazione«) fällt meist etwas dürftig aus: Ein Cappuccino mit Cornetto (Croissant) in der Bar um die Ecke muss genügen. Bei dieser Gelegenheit ein Tipp: Am Nachmittag trinkt kein Italiener jemals Kaffee mit Milch! Wer dennoch einen Cappuccino bestellt, kann durchaus schiefe Blicke von Seiten des Kellners oder anderer Gäste ernten. Eine weitere Gepflogenheit in italienischen Restaurants ist das *Coperto* (Gedeck), das meist aus Brot besteht und zwischen 1,50 und 3 Euro pro Kopf und Nase kostet.

Reben erleben

Eine große Rolle für die toskanische Identität und auch den Tourismus spielen die Weine, die hier gekeltert werden. Bei den vielen Arten und Qualitätsbezeichnungen verliert man schnell den Überblick! Es gibt allerdings ein Gebot, das im Restaurant beinahe immer zutrifft: Wer den Hauswein bestellt, kann im Prinzip nichts falsch machen.

Weinberge des Castello di Ama

Oben: Marco Pallanti vom Castello di Ama
Unten: Einmalig – auch in der Toskana – Etiketten aus echtem Gold und Silber bieten die »Capannelle«-Weine Mr. Sherwood aus Gaiole in Chianti.

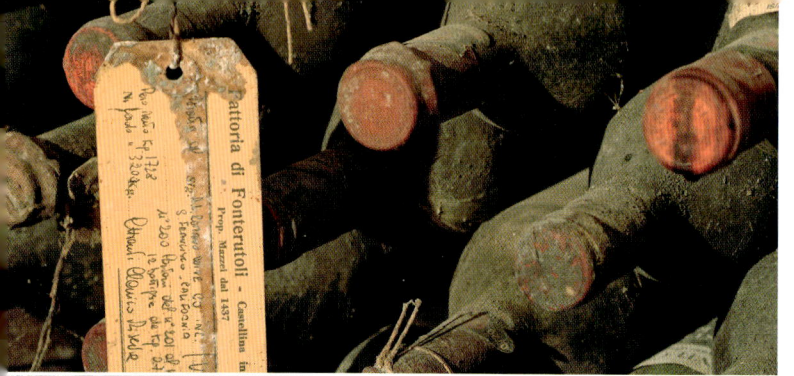

Mehr als 6 Euro kostet ein Liter selten, und man genießt trotzdem immer einen ausgezeichneten Wein, der hervorragend zum Essen passt. Doch woher rührt dieses ausgezeichnete Preis-Leistungs-Verhältnis? In der Toskana unterliegt die Vergabe eines Qualitätssiegels zahlreichen Bestimmungen. Da spielt organischer Anbau eine ebenso große Rolle wie die ungemischten Traubensorten. Bei der Produktion der Tafelweine halten sich die Winzer einfach nicht an diese vom Staat vorgeschriebenen Produktionsbestimmungen, ihr Produkt muss deshalb aber nicht minderwertig sein.

Der Weg ins Herz der Weinregionen führt entweder über eine Buchung in einem Agriturismo-Betrieb oder über eine Fahrt auf einer der 14 Weinstraßen der Toskana. Die »Strade del vino« sind gut beschildert und führen über wenig befahrene Nebenstraßen, vorbei an Weinkellern und Weinbergen. Immer wieder kann man in den Betrieben einkehren und sich durch die Weine kosten sowie einige Flaschen mitnehmen. Nähere Infos dazu gibt es im Internet unter www.terreditoscana.regione.toscana.it.

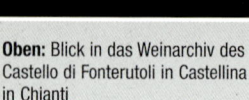

Oben: Blick in das Weinarchiv des Castello di Fonterutoli in Castellina in Chianti
Mitte: Künstlich angelegte Wasserrinnen leiten das Thermalwasser vom Berg direkt in die Becken von Bagno Vignoni.
Unten: Sonnenuntergang in der Crete

Natur und Geografie

Zwei Drittel des etwa 22 990 Quadratkilometer großen Gebiets sind hügelig oder sogar gebirgig. Im Osten trennen die Apenninen die Toskana von der Emilia. Die Apuanischen Alpen an der Küste

Die Strände und ihre Bagnos

im Nordwesten der Toskana sind vor allem für ihr Marmorvorkommen weit über die Grenzen Italiens bekannt. So viele schroffe Gipfel es auch gibt, die sanft geschwungenen Hügel der Crete Senesi und des Chianti-Gebiets begeistern auf ihre ganz eigene Weise. Dort ist die Landschaft friedlich, unaufregend und von Menschenhand geformt: Felder, Waldflecken, kurvige Straßen, da und dort einige Zypressen oder Alleen prägen das Bild der Hügellandschaft. Dazwischen streuten frühere Generationen silbrige Olivenhaine.

Der längste Fluss der Region ist der Arno mit 240 Kilometern. Er entspringt in Monte Falterona, von wo aus er südwärts bis Arezzo und weiter in Richtung Florenz fließt. Nachdem er auch Pisa durchquert hat, mündet er ins Ligurische Meer.

Die Strände und ihre Bagnos

Oft vergisst man, dass die Toskana nicht nur unbegrenzte Möglichkeiten für Kultur- und Städteurlauber bereithält, sondern auch mit zauberhaften 330 Küstenkilometern aufwartet. Viele davon sind Sandstrände, manche, wie etwa Punta Ala in der Maremma, muten sogar etwas karibisch an. Auf jeden Fall kann man in der Toskana durchaus einen entspannten, klassischen Badeurlaub verleben.

Eines haben alle Badeorte gemeinsam, sei es das noble Porto Santo Stefano auf der Halbinsel Monte Argentario oder das Jugendstil-Seebad Viareggio in der Versilia: Den Regeln des Bagnos gehorchen alle. Wer sich dem schematisierten Betrieb nicht unterordnen will, dem bleibt nur das »Wildbaden« an oft mäßig gepflegten Stränden ohne jede Infrastruktur, das bei Italienern nicht besonders beliebt ist. Bagnos heißen die Strandbäder, bei denen man für seine Liegestühle sowie für den Sonnenschirm zahlt, dafür bieten sie allerlei An-

Oben: An der Versiliaküste bilden die Berge eine spektakuläre Kulisse.
Unten: Sonnenbad am Strand von Viaréggio

EINLEITUNG

nehmlichkeiten, wobei Dusche und WC nur die Grundausstattung darstellen. In einem richtigen Bagno, wie etwa dem Bagno »La Valetta« in Castiglione della Pescàia gibt es von der Handy-Aufladestation über Mini-Safes bis zu einer kleinen Bibliothek alles, was das Badeherz begehrt.

Folgende Regeln gilt es zu beachten: 1. Flirten ist tabu, wer es doch macht, wird sofort als Neuankömmling oder Außenseiter abgestempelt und ist bei den Einheimischen untendurch. 2. Ohne Designersonnenbrille wird man niemals zum vollwertigen Besucher eines Bagnos. 3. Die erste Reihe ist für diejenigen Gäste reserviert, die früh kommen und viel zahlen. 4. Falls die rote Fahne weht, heißt es an Land bleiben, da sich Gefahr im Wasser befindet. 5. Niemals benützt man einen freien Platz, ohne bezahlt zu haben, denn es kann sein, dass man sich den Zorn seines eigentlichen Besitzers zuzieht. 6. Lassen Sie sich nicht von der Ruhe zwischen 13 und 17 Uhr täuschen: Die Italiener kommen wieder, sie nehmen nur ihr Mittagessen zu sich und ruhen sich anschließend ein wenig in ihrem Hotelzimmer aus, bevor sie sich wieder ins Strandvergnügen stürzen.

Flora und Fauna

Kein Wunder, dass sich das Wildschwein auf den meisten toskanischen Speisekarten wiederfindet: Auf dem Land, wo die Toskana noch naturbelassen ist, wimmelt es förmlich von den haarigen Gesellen. Doch keine Angst: Man begegnet ihnen selten, denn sie sind ziemlich scheu. Doch in den Wäldern und Feldern der Toskana streifen auch Kaninchen, Füchse, Marder, Wiesel, Feldhasen und Eichhörnchen herum. Zu den eher seltenen Arten gehören Wildkatzen und Wölfe, deren Bestände stark dezimiert wurden. In der Toskana leben nur noch ungefähr 150 Tiere in kleinen Rudeln, beide

Oben: Herbstliche Weinlese
Mitte: Auch mit kargen Wiesen zufrieden – Schafe, deren Milch vorwiegend für die Herstellung von Pecorino verwendet wird.
Unten: Schatten spendende Pinien bekrönen unzählige der sanften Hügel.

Flora und Fauna

dieser wilden Arten bekommt man aber kaum zu Gesicht. Die einzige in der Toskana heimische Giftschlange ist die Viper – gut zu erkennen an ihrer Zeichnung, die der Form eines Diamants ähnelt.

Vor allem in der Zeit zwischen November und März machen viele Zugvögel Station in den Naturschutzgebieten an der Küste. Für Vogelfreunde ein guter Grund, sich zur Beobachtung der etwa 140 Arten, die zu dieser Zeit durch die Lüfte schweben, aufzumachen, denn es ist keine Seltenheit, einen Bussard, Falken, Habicht oder auch Eisvogel, Zaunkönig oder Wiedhopf auf Ästen sitzen zu sehen oder beim Sturzflug zu beobachten.

Wer die Toskana in ihrer vollen Blüte erleben möchte, sollte im Frühling dorthin fahren. Dann leuchtet in den Bergen die alpine und subalpine Blütenpracht, in den Niederungen strahlt der rote Mohn um die Wette. Heimische Bäume sind neben Korkeichen, Kiefern, Buchen oder Eichen vor allem der Kastanienbaum, dessen Früchte im Herbst gesammelt und dann bei großen Kastanienfesten geröstet und verspeist werden.

Castigliano di Pescáia, im Hintergrund der Monte Argentário

Oben: Wo die Strände noch unberührt sind – unterhalb des mittelalterlichen Castel Marino in der Maremma.
Unten: Die graucheckigen Maremmana-Rinder, größer als gewöhnliche Hausrinder, werden nur hier gezüchtet.

Geschichte im Überblick

Um 900 v. Chr.	Die Etrusker erobern das Gebiet der heutigen Toskana, ursprünglich stammen sie mit großer Wahrscheinlichkeit aus Kleinasien.
351 v. Chr.	Der Großteil des Etruskerreiches ist bereits unter römischer Herrschaft.
568	Tuscien wird zur Marktgrafschaft der Langobarden erhoben, mit Lucca als Hauptstadt.
774	Die Ländereien der Langobarden werden von Karl dem Großen erobert und zu fränkischen Marktgrafentümern.
1215	Die kirchentreuen Guelfen kämpfen gegen die kaisertreuen Ghibellinen.
1338	Florenz wird zur reichsten Stadt in ganz Europa.
1434	Cosimo de Medici kommt an die Macht. Damit wird eine 300 Jahre lange Herrschaft des Hauses Medici eingeläutet.
1494	Die Medici werden kurzzeitig von ihrer Machtposition vertrieben, an ihre Stelle rückt der Dominikaner Savonarola, der eine religiös-fundamentalistische Republik einrichtet. Er wird jedoch schon vier Jahre später hingerichtet.
1737	Der letzte Medici, Gian Gastone, stirbt, nun ist Österreich-Lothringen in der Region tonangebend.
1808	Der Franzose Napoleon erobert das Gebiet der Toskana.
1860	Die Toskana wird Teil des Italienischen Königreiches.
1865–1871	Florenz ist Italiens Hauptstadt.
1940	Italien tritt in den Zweiten Weltkrieg ein.
September 1943	Italien kapituliert. Beim Rückzug der deutschen Wehrmacht werden Dörfer und Städte in der Toskana geplündert und zerstört.
1946	Italien wird Republik.
1966	Der Arno überflutet die Innenstadt von Florenz, eine epochale Katastrophe, die viele historische Bausubstanzen zerstört.
2008	Die Toskana wählt »links«; Silvio Berlusconi bleibt an der Macht.

Geschichte

Wo sie herkamen, das weiß niemand so genau. Im Grunde genommen ist alles, was uns bis heute von den Etruskern geblieben ist, der Weinanbau in Italien, einige Grabstätten und das Wissen darüber, dass sie gerne Wildschwein aßen (zahlreiche Artefakte belegen dies). Die Herrschaft der Etrusker währte einige Jahrhunderte, dann begannen die Römer mit ihren ausgeprägten Erfahrungen in der Kriegsführung und Infrastruktur, sich in den etruskischen Hochburgen einzuschleichen. Ihre Sitten und Gebräuche etablierten sich bald in ganz Italien. Sie errichten auch die Via Flaminia, eine der wichtigsten Handelsrouten nach Italien, rechneten dabei aber nicht ein, dass über kurz oder lang auch Feinde diesen gut ausgebauten Weg benützen werden.

Schließlich waren es die Langobarden, die ab 568 die Macht in der Toskana an sich rissen. Das Mittelalter war eine turbulente Zeit, ständig wechselten die Herrscher, viele der Städte wurden eigenständige »Kommunen«, im Land jagte eine Katastrophe die nächste: Pest, Tyrannei und Kleinkriege – zum Beispiel zwischen den königstreuen Ghibellinen und den papsttreuen Guelfen – beherrschten den Alltag der Menschen und rotteten schlussendlich beinahe zwei Drittel der Bevölke-

Stadt der Türme – San Gimignano

Oben: Etruskisches Pferd als Museumsreplikat. Das Urvolk, das in der Region zwischen Arno und Tiber lebte, verstand sich exzellent auf die Metall- und Bronzebearbeitung. Kleine Statuetten waren Grabbeigaben. **Unten:** Rittermaske dre Etrusker

EINLEITUNG

rung aus. Es grenzt an ein Wunder, dass sich Florenz von dieser Misere so schnell erholen konnte und zu einer Geburtsstätte der Renaissance, dem wichtigsten Einschnitt in der Geschichte der Toskana, werden konnte. Eng verbunden mit dem Aufstieg von Florenz ist die Familie der Medici, ein Adelsgeschlecht, das schon sehr früh eine große Affinität zur Kunst und Architektur entwickelt hatte. Der Beginn ihrer Herrschaft läutete eine blühende Zeit der schönen Künste ein, in der Florenz zu einer der mächtigsten und reichsten Städte Europas aufstieg.

Als der letzte männliche Herrscher der Medici starb, kamen die Habsburger zum Zug, die der Toskana einige Reformen bescherten: Unter anderem führten sie Schulbildung für alle und mehr Rechte für die Bauern ein. Nur unterbrochen durch ein kurzes Intermezzo Napoleons blieben sie bis zum vereinten Königreich Italien 1861 die Herren über die Toskana.

Im Zweiten Weltkrieg wurden zahlreiche Städte der Toskana durch Luftangriffe der Alliierten zerstört. Gegen Kriegsende wüteten deutsche Truppen in vielen Dörfern und Städten. Die Wunden im Stadtbild lassen sich teilweise heute noch ausmachen, und in manchen Orten herrscht ein ziemlicher Stilmix in der Architektur.

Politisches Farbenspiel

Seit der Gründung der Republik nach dem Zweiten Weltkrieg 1946 war die Region der Toskana immer eher rot, also kommunistisch gefärbt – vor allem nach dem faschistischen Regime durch Benito Mussolini hatten die Toskaner die Nase voll von der Rechtspolitik und wurden zu eisernen Links-Wählern. Heute gibt sich die Toskana nicht mehr so extrem, sondern vertritt eine eher neutrale politische Gesinnung. Nach der Rechtsregie-

Oben: Auf der Piazza della Cisterna in San Gimignano
Unten: Abends besonders romantisch – die Piazza Anfiteatro im Stadtzentrum von Lucca.

rung von Medienmogul Silvio Berlusconi übernahm eine gemäßigte Koalitionsregierung unter Romano Prodi die Macht in Italien, bis er 2009 wieder von Berlusconi als Ministerpräsident der »Popolo della Libertà« abgelöst wurde.

Kunst und Literatur

Die erste Form von Kunst, die man in dem Gebiet der heutigen Toskana findet, wurde vor etwa 2800 Jahren geschaffen. Zu dieser Zeit bewohnten die Etrusker die Ebenen und Hügel Mittelitaliens und machten die Erde urbar. Vor allem ihr Totenkult ermöglicht heute viele Rückschlüsse auf das Leben dieser Hochkultur, denn ihre Gräber sind die einzigen noch erhaltenen Zeugnisse ihrer Existenz. Obwohl man nicht so genau weiß, woher dieses fortschrittliche Völkchen eigentlich kam, kann man von den Urnen und Grabmalereien einiges ableiten: Die Keramik erinnert an die griechische Kunst, und die Bemalungen wie auch der Schmuck haben große Ähnlichkeit mit denen der Ägypter. Viel von dem klaren, geometrischen Stil der etruskischen Bauweise übernahmen ihre Nachfolger, die Römer.

Oben: Das riesige Fresko »Der Triumph des Todes« auf dem Camposanto in Pisa entstand nach der fürchterlichen Pest von 1348.
Unten: Originelles Mitbringsel aus Collodi – Pinocchio mit der Lügennase, eine Erfindung des Autors Carlo Lorenzini (1826–1890).

EINLEITUNG

Romanik und Gotik

Die Romanik, wie sie uns heute in Italien begegnet, ist ein Mischstil zwischen römischer und langobardischer Architektur. Der schlichte Stil zeichnet sich durch klare Formen und Rundbögen aus. Viele romanische Kirchen gleichen sich: Das Kirchenschiff endet in der Apsis und ist von Kapellen umgeben. Keine Verspieltheit, sondern formale Strenge und Klarheit regierten diese Zeit. Trotzdem erlaubte es das ästhetische Bedürfnis der Toskaner damals nicht, die Architektur gänzlich schmucklos zu halten, wie die berühmten Gotteshäuser von Lucca und Pisa beweisen. Sie wurden mit Marmor dekoriert.

Renaissance

Doch bald entstand in Florenz ein neuer Stil, der im Rückblick als einer der größten Entwicklungsschritte der Kunst überhaupt gilt: Das Zeitalter der Renaissance wurde eingeläutet. Wie der Phönix aus der Asche entstieg sie dem trostlosen, pestverseuchten Mittelalter und brachte noch nie dagewesene Interpretationen, Techniken und Darstellungen. Ohne das politische Umfeld, das zu dieser Zeit in Florenz herrschte, wäre es wahrscheinlich nie so weit gekommen. Nach der Pestwelle blühte der Textilhandel, der einen wirtschaftlichen Aufschwung und damit verbunden

Oben: Das Baptisterium und der Dom mit Campanile – das historische Zentrum von Florenz
Mitte: Michelangelos Pietà Palestrina, Museo del Duomo in Florenz
Unten: Der Palazzo dei Cavalieri in Pisa, im Auftrag der Medici von Giorgio Vasari 1560 geplant.

Seit dem Mittelalter eine Einkaufsstraße – die Ponte Vecchio

Renaissance

einen unvergleichlichen Bauboom einleitete. Glücklicherweise waren zu dieser Zeit die kunstsinnigen Medici an der Macht, die als große Mäzene in die Geschichte eingingen. Von diesen idealen Voraussetzungen, so scheint es, ließen sich auch die Künstler inspirieren und fingen an, perspektivisch zu zeichnen, weg von der Zweidimensionalität Darstellungsformen zu entwickeln, die der Realität immer näher kamen. Neue Techniken wurden erprobt wie Sgraffito – dabei wird Putz von der Wand abgekratzt, um damit einen dreidimensionalen Effekt zu erzielen – oder Fresko, bei dem auf eine dünne, frische Gipsschicht gemalt wird und danach die Pigmente in den Gips einziehen und gemeinsam trocknen. Die Farbe wird durch dieses Verfahren viel kräftiger und ermöglicht so eine eindrucksvollere Darstellung.

Dieser Entwicklung liegen nicht zuletzt die Dichtungen von Dante, Petrarca und Bocaccio zugrunde, die wiederum ihre Inspiration in den antiken Werken von Platon, Aristoteles oder Vergil fanden. So ereignete sich ein neues Denken, das auf die Prinzipien der alten Griechen zurückging. Humanismus machte sich unter den Kaufleuten, Stadtpolitikern und selbst liberalen Priestern breit. Immer mehr Privatleute gaben Aufträge an die Künstler, und so entwickelte sich die Kunst weg von ausschließlich religiösen Darstellungen. Künstler in dieser Zeit hatten mindestens 13 Lehrjahre hinter sich und waren auf jedem Gebiet bestens ausgebildet. Ein Beleg für die Verbindung von handwerklichem Können mit genialer Schaffenskraft ist die fantastische Kuppel des Doms von Florenz.

Zu der ersten Riege der großen Renaissancekünstler gehörten Bartolommeo di Michelozzo, Lorenzo Ghiberti, Donatello, Frau Angelico oder Paolo Uccello: Sie prägten die Kunstszene zwischen 1434 und 1469.

Oben: Sandro Botticellis Gemälde »Primavera« (Frühling), eines der berühmtesten Gemälde der Welt, zu sehen in den Uffizien, stellt die Göttin Venus dar, die von Grazien mit Blumen bekränzt wird.
Unten: Marmorbildhauer in Carrara

EINLEITUNG

Kultur und Gesellschaft

Was den typischen Toskaner prägt, ist ein starkes Heimatbewusstsein. Die meisten gehen selten auf Reisen, sondern bleiben am liebsten dem Ort treu, in dem sie geboren wurden. Allenfalls ein Häuschen auf dem Lande, wo seiner Naturverbundenheit Ausdruck verliehen wird, kommt für den Durchschnittstoskaner infrage.

Die größte Stadt der Toskana, Florenz mit seinen mehr als 350 000 Einwohnern, verdient am ehesten die Bezeichnung »Metropole«. Hier gibt die arbeitende Bevölkerung in der Früh um 8 Uhr ihre Kinder ab, nimmt dann einen *caffè* in einer Bar oder einem Café, um zu arbeiten, bis es Zeit wird, den *aperitivo* einzunehmen, der für gewöhnlich das Abendessen einläutet, das gegen 21 Uhr auf den Tisch kommt.

Den Florentinern wird nachgesagt, sie seien detailversessen, penibel, wahre Perfektionisten. Doch generell für alle Toskaner – egal ob sie auf dem Land oder in der Stadt leben – gilt, dass sie wissen, was es heißt, das Leben zu genießen. »Dolce Vita« äußert sich für Bewohner der Toskana auf der einen Seite im Essen und Genießen. Ihr ganzer Tagesablauf ist ums Essen herum gebaut, und das gemeinsame Familienessen am Sonntag heilig. Auf der anderen Seite besitzen sie eine extrem ausgeprägte Hochachtung vor der Familie. Die Familie und die Tradition sind die tragenden Säulen jeder Existenz, ohne sie ist das Leben nicht lebenswert. Natürlich hat sich dieses Bewusstsein im Laufe der letzten Jahrzehnte etwas gelockert, allerdings sieht man allein daran, dass die Toskaner ihr Zuhause und den Schoß der *mamma* relativ spät verlassen, dass sie ausgesprochene Familienmenschen sind: Meist ziehen die jungen Leute erst im vorgerückten Alter von 30 Jahren aus, was meist mit einer Hochzeit einhergeht.

Oben: Sommersitz der Familie Buonvisi vor den Toren Luccas – die Villa Torrigiani, erbaut im 16. Jh.
Mitte: Die butteri, die letzten Cowboys der Maremma, arbeiten auch heute noch auf verschiedenen Höfen.
Unten: Gern in guter Gesellschaft feiern – Gruppenbild mit Dame.

Man ist, was man trägt

Wo nicht, wenn nicht hier, in der Heimat von so schillernden Modezaren wie Roberto Cavalli, Pucci, Enrico Coverti oder Gucci, sollte Haute Couture eine Hauptrolle im Leben modebewusster Frauen und Männer spielen. Es soll sogar manche geben, die sich für den letzten Trend in Schulden stürzen oder gar einen Kredit dafür aufnehmen, die neueste Kollektion kaufen zu können. Aussehen und Kleidung sind in der Toskana mindestens genauso wichtig wie der tägliche *caffè* in der Lieblingsbar.

Doch wie beeinflusst dies den Urlauber? Zunächst sollte man nicht alle Regeln zivilisierter Bekleidung über Bord werfen, nur weil es 30 Grad warm ist. Vor allem beim Kirchenbesuch darf man nicht allzu viel nackte Haut zeigen: Wer dem Minimalkonsens in Sachen Outfit nicht genügt, dem wird der Zutritt zu manchem Gotteshaus verwehrt. Wenn man abends essen geht, sollte man sich ebenfalls gut überlegen, was man dazu anzieht. Auch hier gilt es, Strandbekleidung und angemessene Abendgarderobe scharf zu trennen, und sich dann gegen geschmacklose T-Shirts, Flip Flops oder kurze Hosen zu entscheiden. Italiener lieben es, sich gut anzuziehen, daher sollte man auch im Urlaub mal ins Jackett beziehungsweise in einen Rock schlüpfen. Generell gilt in Modefragen: Besser overdressed als underdressed.

Oben: Via Grande in Livorno: Parade aller Italo-Marken von Rang
Mitte und unten: Schaufenster in der Via Tornabuoni in Florenz

DER NORDWESTEN

1 Carrara
Weißer Marmor und mehr 30

2 Viaréggio
Seebad mit Tradition 34

3 Marina di Massa und Forte dei Marmi
Luxus und Meer 38

4 Lucca – die Stadt
Die Grande Dame 42

5 Lucca – die Stadtmauer
Lebensfrohe alte Mauern 50

6 Lucca – berühmte Villen
Bezaubernde Gärten und hohe Mauern 56

7 Collodi
Pinocchios malerisches Bergdorf 58

8 Pisa – die Stadt
Junge Stadt mit schiefen Türmen 62

9 Der Schiefe Turm von Pisa
Italiens berühmtester Turm 68

DER NORDWESTEN

1 Carrara
Weißer Marmor und mehr

»Wer will weißen Marmor sehen, der soll nach Carrara gehn« – so oder so ähnlich sollte der Werbeslogan dieser 70 000-Einwohnerstadt in der toskanischen Versilia lauten, denn die Stadt lebt vom weißen Gold der Apuanischen Alpen. Entsprechend bietet sich auch das Stadtbild dem Auge dar: Marmor im Überfluss. Vom Dom bis zu den Fensterbänken der Häuser trägt Carrara gerne weiß.

Der Anblick von Carrara mit beeindruckendem Bergpanorama im Hintergrund stiftet zunächst Verwirrung: Sind die Gipfel der Apuanischen Alpen tatsächlich mit Schnee überzuckert? Ist man irgendwo falsch abgebogen oder hat das Navigationsgerät nicht richtig funktioniert? Keineswegs, denn die bis zu 2000 Meter hohen Berge, die hinter Carrara schroff und steil in den blauen Himmel ragen, tragen keine Schneekappen. Vielmehr bestehen die weißen Flächen aus fast unwirklich hellem Marmor, dem berühmten Bianco di Carrara.

MAL EHRLICH!
DIE KEHRSEITE DES MARMORS
Wer zu den Steinbrüchen auf der Strada del Marmo gelangen möchte, braucht vor allem viel Geduld. Die Einfallstraße, die Carrara mit der Küste verbindet, ist äußerst schmal und verläuft auf der ehemaligen Trasse der alten Marmorbahn. An Überholen ist nicht zu denken, denn der Weg führt durch schmale Tunnel und über zierliche Brücken und ist oft schon für ein Fahrzeug viel zu eng. Um voll beladene und entsprechend langsame Marmorlaster zu vermeiden, sollte man möglichst den Sonntag für diesen Ausflug einplanen.

Vorangehende Doppelseite: Auf dem Campo dei Miracoli sind die Highlights versammelt – Dom und Campanile interpretieren die Romanik aus antikem Geist.
Mitte: Wo der Marmor gebrochen wird – Valle di Colonnata, Carrara.
Unten: Im Carrara-Museum

Carrara

Weltberühmter Marmor

Auf Entdeckungsreise in die Steinbrüche Carraras zu gehen, ist wahrlich ein Abenteuer. Schon die Anfahrt von der Küstenstraße ist spektakulär, doch noch viel eindrucksvoller präsentieren sich die steinreichen Hotspots: In Colonnata, Fantascritti und Ravaccione können die Besucher sehen, wie Marmor geborgen wird. Insgesamt verteilen sich über 150 Steinbrüche rund um Carrara. Imposante Bauten und Kunstwerke wie das Pantheon in Rom, die Grande Arche in Paris und Michelangelos »David« wurden aus diesem Stein gefertigt, der als berühmtester Marmor der Welt gilt. Sicher hat ihm die Stadt auch ein Museum eingerichtet. Das faszinierende Museo del Marmo enthält Marmor in allen Schattierungen und erteilt alle nötigen Hintergrundinformationen über den Abbau. Ein Besuch ist daher auf jeden Fall ratsam (Viale XX Settembre, Tel. 0585 845746).

Schon die Römer entdeckten den kostbaren Stein in den Apuanischen Alpen. Die baulustigen Vorfahren der Italiener entwickelten eine ausgeklügelte Hebeltechnik zum Marmorabbau. Für einen Block brauchten sie etwa sechs Monate, heute lösen die Bergarbeiter die gigantischen Quader binnen drei bis vier Tagen aus dem Berg. Zuerst werden Löcher in den Fels gebohrt, dann Spalten hineingesägt, danach kommen mit Industriediamanten besetzte Stahltrossen zum Einsatz: Sie schneiden Scheibe für Scheibe vom Berg ab, als wäre er ein gigantisches Toastbrot. Später werden die haushohen Blöcke gestürzt und in kleinere Würfel zerlegt.

Ideal für Kunst und Industrie

Es ist kein Wunder, dass ein Fünftel der weltweiten Marmorproduktion aus Carrara kommt, denn der Bianco di Carrara hat eine einzigartige Beschaffenheit: Kein anderer ist so weiß, so glänzend, so

AUTORENTIPP!

LIVE DABEI IM STUDI NICOLI

Wer wissen möchte, wie Skulpturen hergestellt werden, der sollte an einer Führung im Studi Nicoli teilnehmen. Seit 1863 ist der renommierte Betrieb Treffpunkt zwischen Kunst und spezialisiertem Kunsthandwerk. Zeitgenössische Künstler aus der ganzen Welt kommen hierher, um ihre Skulpturen realisieren zu lassen. Doch auch hochkarätige Kopien der klassischen Skulpturenkunst werden mit viel Eifer und Präzision hier gefertigt: Es ist nicht ungewöhnlich, im Studi Nicoli auf einen täuschend echten Michelangelo, Benini oder Canova zu treffen, denn die dortigen Kunsthandwerker sind absolute Profis! Bei der Tour durch das Studio ist man hautnah am Geschehen dran und kann zwischen weißem Staub und lauten Motorengeräuschen der Kunstbearbeitung auf hohem Niveau zusehen.

WEITERE INFORMATIONEN
Studi Nicoli, Piazza XXVII Aprile 8/E, 54033 Carrara, Tel. 0585 70079, www.nicoli-sculptures.com

Im Studio Nicoli, seit 1863 Treffpunkt von Kunst und Kunsthandwerk

DER NORDWESTEN

fein gekörnt und gleichzeitig außergewöhnlich hart. Für Bildhauer eignet er sich ideal, da er nicht so leicht bricht wie andere Steine, wenn er mit Hammer und Meißel bearbeitet wird. Darum waren Generationen von bildenden Künstlern Fans des toskanischen Gesteins.

Doch Carrara-Marmor findet auch Verwendung in Zahnpasta (als Scheuermittel), satiniertem Papier, Badezimmerfliesen, Fußböden oder homöopathischen Pulvern. Pro Jahr werden rund fünf Millionen Tonnen abgebaut, die weniger prominenten Sorten wie Bianco Chiaro Ordinario, Bianco Porcellano, Bardiglio, Paonazzo, Fior die Pesca und Verde Cipollino Apuano eingerechnet.

Die weiße Stadt

Carrara ist eine der ältesten Industrieregionen der Welt und trotzdem oder gerade deswegen hat sich die Stadt ihren Charme bewahrt. Fast ganz Carrara besteht aus Marmor, bis hin zu Gehwegen und Sitzbänken. Auch Treppen, Straßen, Fassaden und Fenstersimse in der Stadt wurden aus Marmor gefertigt. Selbstverständlich besteht auch das bedeutendste Bauwerk, die zwischen dem 12. und 14. Jahrhundert erbaute Kathedrale Sant' Andrea, aus Marmor. Beeindruckend ist die Rosette über dem Portal, die aus einem einzigen großen Marmorblock gehauen wurde. Der schlichte Innenraum präsentiert sich in unverfälschter Romanik.

Am Domplatz findet man das Haus, in dem der große Michelangelo bei seinen Besuchen in Carrara wohnte: Der geniale Künstler ließ es sich nicht nehmen, seinen neuen Marmor persönlich vor Ort auszuwählen. Auf den Plätzen der Stadt findet alle zwei Jahre ein Skulpturenwettbewerb statt. Daher prägen zahlreiche Werke namhafter Künstler wie Joan Miró, Lousie Bourgeois, Fernando Botero und Henry Moore das Straßenbild.

Oben: Blick auf die weiße Stadt Carrara Colonnata
Unten: Marmorstudio Palla in Pietrasanta

Carrara

Adressen in Carrara

ESSEN UND TRINKEN

Osteria della Contrada. Bodenständiges, italienisches Essen, bei dem das Preis-Leistungs-Verhältnis stimmt. Via Guiseppe Ulivi 2a, Tel. 0585 776961

Ristorante Roma. Zuvorkommender Service und gute Küche, die frische Zutaten der Saison verwendet. Ein Tipp sind die Gerichte mit Meeresfrüchten! Piazza Cesare Battisti 1, Tel. 0585 70632

Locanda Apuana. Wer auf den Spuren des weißen Steins unterwegs ist, braucht früher oder später eine Stärkung. Hierfür eignet sich diese Trattoria ideal. Probieren Sie Lardo di colonnata, einen hauchdünn geschnittenen Speck, in Kräutern und Öl mariniert. Via Communale 1, Colonnata, Tel. 0585 768017, www.locandaapuana.com

EINKAUFEN

L'Angolo del Buongustaio. Alteingesessener Feinkostladen, in dem man die regionale Spezialität Torta di riso (auch »Torta di Massa«) genießen und als Souvenir erwerben kann. Die Süßspeise besteht aus Reis und Pudding und wird an jedem Festtag in der Versilia gegessen. Via Lunese 35, Marina di Carrara, Tel. 0585 787555

Gastronomia Maggiani. Feines Delikatessengeschäft im Zentrum, dessen Spezialität Wurstwaren sind. Unbedingt probieren sollte man Salami d'oca (Gänsesalami) oder Latticini (apulisches Bries), doch auch alle anderen für die Toskana typischen Delikatessen sind hier appetitlich angerichtet. Via 7 Luglio 16, Tel. 0585 71609

ÜBERNACHTEN

Hotel Anna. Nettes Zwei-Sterne-Haus, einfache Zimmer mit gutem Preis-Leistungs-Verhältnis. Via Venezia 2, Marina di Carrara, Tel. 0585 780208, www.hotelannamarinadicarrara.com

VERANSTALTUNGEN

Biennale di Carrara. In geraden Jahren finden von Juni bis Oktober Ausstellungen, Diskussionen, Kinofilme und weitere Programmpunkte rund um Kunst und Marmor statt. www.biennalecarrara.it

Simposio di Scultura. Im Sommer von ungeraden Jahren arbeiten junge Künstler auf den Plätzen an Skulpturen.

INFORMATION

Piazza Cesare Battisti 1, Tel. 0585 641422, www.aptmassacarrara.it

Fernando Boteros »Il Guerriero« in Pietrasanta

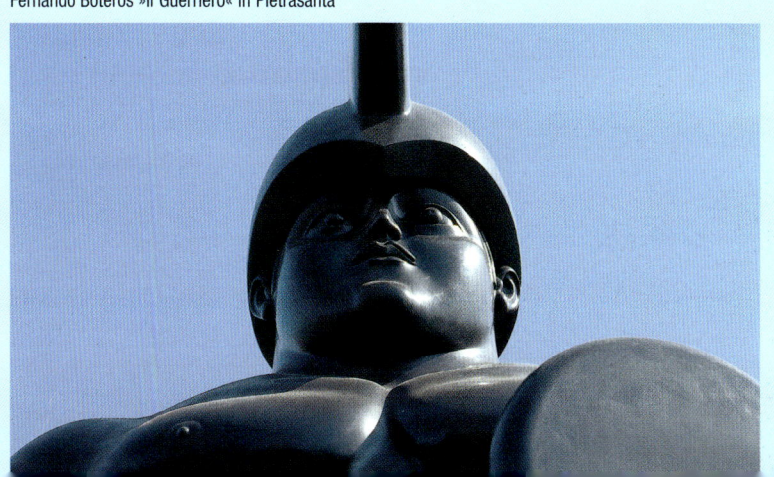

DER NORDWESTEN

2 Viaréggio
Seebad mit Tradition

Tiefblaues Meer, goldbrauner Sandstrand, blau-weiße Sonnenschirme – Viaréggio wird auch die »Perle des Tyrrhenischen Meeres« genannt. Wenn man die Augen schließt und versucht, sich die perfekte Kulisse für einen italienischen Strandurlaub vorzustellen, dann kommt Viaréggio diesem Traumbild sehr nahe. Zudem hat es die richtige Mischung von Eissalons, schicken Strandshops und sehenswerten Jugendstilgebäuden.

Die Hauptdarsteller der Strandszenerie sind die Kinder: Quietschvergnügt bauen sie Strandburgen, planschen mit Schwimmflügeln im seichten Meer und panieren sich danach ihre kleinen Füße mit Sand. Die Nebendarsteller können sich aber auch sehen lassen: Männer mit dunkelst gebräunter Haut, wie sie nur Italiener bekommen können, und Frauen, die sicher so viele Strandoutfits haben wie die Woche Tage zählt. Routiniert zelebrieren sie die italienische Strandkultur mit allem, was dazugehört.

Mitte: Jugendstilfassaden – wie an der Viale Regina Margherita – bestimmen viele Straßen Viaréggios
Unten: Mit etwas Glück ergattert man einen kostenlosen Strandplatz und nimmt Teil am großen italienischen Strandtheater.

MAL EHRLICH!

DIE GROSSE AUSNAHME

Generell gilt für den Strand und rund um die Promenaden Viaréggios, dass die Preise zwar in Ordnung sind, man aber nur mittelmäßige Qualität für sein Geld bekommt. Darüber hinaus sind die Lokale notorisch überlaufen. Die Ausnahme bildet das »Bagno Italia« in der Viale Regina Margherita 85, in dem man sich unbedingt ein Panino holen sollte. Warum? Die frischen Zutaten dafür kann man sich selbst zusammenstellen – einfach buonissimo!

Viaréggio

Surfers Paradise all' italiana – hier in Viareggio

Im Bagno

Wer einen gepflegten Strandtag im »Bagno« verbringen möchte, mietet sich eine Liege, zu der ein blau-weiß gestreifter Sonnenschirm gehört, Benutzung von Dusche und WC inbegriffen. Dafür wird man oft ganz schön zur Kasse gebeten, und doch ist es erst die halbe Miete. Um einen friedlichen Aufenthalt zu genießen, muss man vor allem eines: sich an die Regeln des Bagno halten. Wer nackt badet, Abfall auf den Boden wirft oder sich gar auf eine freie Liege legt, die er nicht bezahlt hat, macht sich schnell unbeliebt und kann sich sogar einen Bagno-Verweis einhandeln. Doch wer die Regeln achtet und sich innerhalb seiner vier bezahlten Quadratmeter aufhält, dem kann quasi nichts passieren.

Baden mit (Jugend-)Stil

Obwohl Viaréggio, das etwa 60 000 Einwohner zählt, als quirliger Badeort bekannt ist, hat es doch seine große Zeit hinter sich. Zu Beginn des 20. Jahrhunderts bis in die Goldenen Zwanziger ging es auf der Promenade hoch her. Künstler aus aller Welt gaben sich ein Stelldichein und auch die Hautevolee der italienischen Gesellschaft kam zum Sehen und Gesehenwerden nach Viareggio. Nachdem

AUTORENTIPP!

FAHRRAD-FREUDE!
Um in Viaréggio am besten von A nach B zu gelangen, bieten sich Fahrräder an, die man sich an der Promenade ausborgen kann. Für teilweise nur 2 Euro pro Tag bekommt man einen fahrtüchtigen Drahtesel, der einen von Bagno zu Bagno bringt. Kühlender Fahrtwind ist selbstverständlich inklusive!

Oben: Typisch Bagno – Sonnenplätze in Reih und Glied
Unten: Im Stil der 20er-Jahre – Flaniermeile Viale Regina Margherita

DER NORDWESTEN

die Bretterpromenade und die aus Holz erbauten Chalets 1917 in Flammen aufgegangen waren, wurde die gesamte Strandpromenade im edlen Jugendstil wieder aufgebaut und Viareggio schnell als internationales Seebad bekannt. Mit wachsendem Tourismus nach dem Zweiten Weltkrieg kamen die Reichen und Schönen allerdings immer seltener, und heute erinnern vor allem die feinen Jugendstilgebäude an die frühere Exklusivität – ebenfalls die Strandpromenade mit den monumentalen Bauten des Teatro Eden, das Gran Caffè Margherita mit seinen Türmen oder das Grand Royal Hotel.

Abstecher zum Puccini-Haus

Wenn man einem der treuesten Fans des Badeorts, dem Komponisten Giacomo Puccini, bis nach Hause folgen möchte, muss man nach Torre del Lago fahren. Hier sieht man, wie Puccini gelebt hat – der Großteil der Zimmer ist noch im Originalzustand erhalten, und überall findet man Erinnerungsstücke wie Porträts, Fotos oder Dokumente (15 Autominuten im Süden von Viaréggio, Belvedere Puccini 266, www.giacomopuccini.it).

Karneval und Literatur

Heute ist Viaréggio nicht nur als Badeort beliebt, sondern auch für seinen Karneval, der schon seit 1873 stattfindet, und dem ein Museum gewidmet ist (Via Santa Maria Goretti, Do–Sa 16–19 Uhr). Es zeigt eine bunte Sammlung zur Geschichte, während man in der Città del Carnevale farbenprächtige Karnevalswagen im Original besichtigen kann (Piazza Giuseppe Mazzini, www.viareggio.ilcarnevale.com). An fünf Wochenenden sitzt den Einwohnern Viaréggios der Schalk im Nacken, wenn sie auf Triumphwagen aus Pappmaschee durch die Stadt fahren. Dieses grandiose Spektakel bringt der Stadt selbst im Winter einigen Besucherrummel.

Oben: Jugendstildetail an der Flaniermeile von Viaréggio
Unten: Giacomo-Puccini-Statue am Lungomare von Viaréggio

Viaréggio

Adressen in Viaréggio

WICHTIGSTE SEHENSWÜRDIGKEITEN

Musei Civici Villa Paolina (mit drei Sammlungen: Archäologie, Musik und Musikinstrumente, moderne Kunst von Lorenzo Viani)

Villa Museo Puccini (Besuch des Wohnhauses des Komponisten, s. S. 36)

ESSEN UND TRINKEN

Romano. Franco Checchi serviert feine Fischküche in angenehmer Atmosphäre. Via Mazzini 120, Tel. 0584 31382.

Gran Caffè Margherita. Das historische Kaffeehaus/Restaurant liegt direkt an der Strandpromenade. Schon Puccini war dort Gast.

L'Oca Bianca. Eines der feinsten Restaurants der Stadt. Wer einen der wenigen Tische ergattert, kann in vorzüglicher Fischküche mit fangfrischen Zutaten schwelgen! Ebenfalls zu empfehlen sind die Weizen-Gnocchi auf Seemannsart oder die Scampi in Sauce – ein Gedicht! Via Aurelia 312, Tel. 0584 67205, www.oca-bianca.it

Gusmano. Traditionelle Fischgerichte gemischt mit Köstlichkeiten der Region machen dieses Restaurant gegenüber dem alten Wachturm zu etwas ganz Besonderem. Für das Dessert Sfogliatina di mele calda (Blätterteig mit Äpfeln) sollte man unbedingt noch Platz lassen. Via Regia 58/64, Tel. 0584 67205, www.gusmano.it

Montecatini. Schon seit mehr als 50 Jahren erfreut dieses Restaurant die Gemüter von Besuchern und Einheimischen gleichermaßen. Immer wieder neuartige Kreationen versprechen einmalige Geschmackserlebnisse, die man so schnell nicht vergisst. Das Risotto mit Krebsen und Curry oder die Pilzgerichte sind einfach ein Traum! Bei der Auswahl aus der reichhaltigen Weinkarte steht ein Sommelier mit Rat und Tat zur Seite. Viale Manin 8, Tel. 0584 962129.

Sergio. Der alteingesessene Feinkostladen unter den Arkaden mit einigen wenigen Tischen bietet die ganze Geschmackspalette der Region – ideal für den kurzen Imbiss zwischendurch. Wer Käse liebt, wird hier garantiert sein Glück finden! Piazza del Mercato 130, Tel. 0584 461256.

ÜBERNACHTEN

Plaza e de Russie. Wer einen stilvollen Strandurlaub verbringen will, der sollte sich für dieses wunderschöne und sehr zentral gelegene Hotel entscheiden. Gegründet 1871, bietet es gediegenes nostalgisches Flair. Piazza D'Azeglio 1, Tel. 0584 44449, www.plazaederussie.com

INFORMATION

Piazza Cesare Battisti 1, Carrara, Tel. 0585 641422, www.aptmassacarrara.it

Grand Hotel Royal in Viaréggio

DER NORDWESTEN

3 Marina di Massa und Forte dei Marmi
Luxus und Meer

Die Badeorte an der toskanischen Riviera haben ihr ganz eigenes, nobles Flair, das von Art déco und Jugendstil geprägt ist. Entlang der Küste reiht sich ein architektonisches Juwel an das andere: Sinnbilder der langen touristischen Tradition dieser versilianischen Badeorte. Vor dem malerischen Hintergrund der Apuanischen Alpen, mit Blick auf den Sonnenuntergang über dem Tyrrhenischen Meer, lässt sich ein eleganter Urlaub verbringen.

Im Sommer bietet sich an den Sandstränden von Marina di Massa und Forte dei Marmi ein einmaliges Schauspiel: Je höher die Temperaturen klettern und je mehr sich das Mittelmeer erwärmt, umso bunter färbt sich der Strand. Die Rede ist natürlich von den schier unendlichen Reihen an Sonnenschirmen und -liegen, die in den Sommermonaten an den Stränden der Versilia aufgestellt werden. Im Schatten der Pinienwälder lässt es sich dagegen herrlich entspannen, schlemmen und auch Sport treiben.

Mitte: Strand von Marina di Massa mit Bergpanorama von Forte dei Marmi
Unten: Coole Jungs in Versilia

MAL EHRLICH!

IN DER SAISON WIRD'S ENG
Forte dei Marmi ist einfach ein Traum, vorausgesetzt man fährt im Mai, Juni oder September an die Versilia-Küste. Dann ist auch der Markt am Mittwochvormittag entspannend, und man kann einige Schnäppchen erstehen. Wer sich nicht an brechend vollen Stränden unter die sprichwörtlichen Ölsardinen einreihen möchte, sollte die Hochsaison im Juli und August meiden.

Marina di Massa/Forte dei Marmi

Marina di Massa – Blick auf die Marmorberge

Der Ursprung der beiden Städtchen steht in enger Verbindung mit den immensen Marmorvorkommen der Apuanischen Alpen und dem berühmten Marmor aus Carrara. Marina di Massa lebt neben dem Tourismus von der Verarbeitung dieses Steins, was an den zahlreichen Schleifereien und Bildhauerwerkstätten zu erkennen ist. Von frühem Wohlstand künden herrschaftliche Gründerzeitvillen. Kitschläden säumen die Straßen, in denen man garantiert schwergewichtige Souvenirs aus Marmor für Haus und Garten, aber auch kleine Mitbringsel wie Aschenbecher oder Vasen findet. Einen traumhaften Blick auf die spektakulären Marmorgipfel hat man vom ehemaligen Landungssteg in Marina di Massa aus, der früher Teil des Hafens war. Am schmalen Sandstrand des bezaubernden Städtchens kann es in den Sommerferien eng werden.

Forte dei Marmi – Marmorhafen

Seit über 2000 Jahren wird in Carrara Marmor abgebaut, und lange Zeit war der Transport der schweren Steinblöcke ein gewichtiges Problem. So beauftragte Papst Leopold X. den Renaissance-Bildhauer und -Maler Michelangelo Buonarroti, eine Straße von den Marmorbrüchen bis ans Meer zu planen. Teile der im 16. Jahrhundert gebauten Straße, deren Endpunkt der 300 Meter weit ins Meer ragende Steg in Forte dei Marmi bildete, sind bis heute zu sehen. Dort, wo heute Sommerurlauber und Einheimische gleichermaßen den Sonnenuntergang genießen, wurden früher Marmorblöcke auf Schiffe verladen. Das Wahrzeichen der Stadt, Il Fontino (»kleine Festung«), wurde im Jahre 1788 von Großherzog Leopold I. in Auftrag gegeben.

AUTORENTIPP!

DAS LÄNGSTE FESTIVAL EUROPAS

Beim alljährlichen Versiliana-Festival geht am 20 Kilometer langen Küstenstreifen der Versilia von Mitte Juni bis Ende August rund um die Uhr die Post ab! Bei mehr als 100 Veranstaltungen wie Ausstellungen, Theateraufführungen, Kabarett, Musicals und auch traditionellen Opern treten etwa 300 Künstler auf. Kurz, das Versiliana-Festival bietet ein abwechslungsreiches Non-Stop-Programm, das für jeden etwas bietet. Auch Weltstars wie Catherine Deneuve kommen im Sommer hierher und machen die Versilia zum Zentrum für anspruchsvolle Unterhaltung.
Mehr Infos unter
www.laversilianafestival.com.

Engelsgleiche Schönheit – für immer in Stein geschlagen

DER NORDWESTEN

Künstlertreff

Schon zu Beginn des 20. Jahrhunderts kamen viele Künstler, Adelige und Intellektuelle aus ganz Europa, um ihren Sommer in Forte dei Marmi, der »Perle am Meer« zu verbringen. Unter ihnen waren der italienische Autor Gabriele D'Annunzio, der britische Schriftsteller Aldous Huxley und auch Thomas Mann, der an der Versilia-Küste angeblich das Vorbild für den Zauberer Cipolla und auch der ganzen Szenerie seiner Novelle »Mario und der Zauberer« gefunden hat. In den 1950er-Jahren entdeckten auch die italienischen Industriellen die Versilia-Küste als Sommerparadies und sorgten für einen weiteren touristischen Aufschwung. Natürlich sind beide Orte heute auch für Normalverdiener erschwinglich, allerdings hat der florierende Tourismus seine Schattenseiten. Um etwa gut und typisch essen zu gehen, sollte man nicht unbedingt die Lokale an den Hauptstraßen und in der Fußgängerzone wählen, sondern sich lieber abseits der Touristenzonen orientieren, wo man auch auf Einheimische trifft.

Nach wie vor sind Forte dei Marmi und Marina di Massa beliebte Badeorte, in denen sich auch die High Society gerne aufhält. Dementsprechend liegt man dort in gepflegtem Luxus unter Sonnenschirmen am penibel gesäuberten Strand.

Zum Shoppen eignet sich am besten das Karree um die Kreuzung der Via Roma mit der Via Eugenio Barsanti. Dort warten Edelboutiquen wie Swarovski oder Patrizia Pepe auf zahlungskräftige Kunden. Jeden Mittwochvormittag wird im Zentrum, nicht weit von der Strandpromenade entfernt, auch ein großer Wochenmarkt abgehalten. Mit etwas Glück kann man hier auch traumhaft günstig Markenschuhe und -kleidung kaufen – von Ralph Lauren bis zu La Martina ist alles im Angebot.

Oben: Baywatch auf italienisch
Mitte: Die Via Agnella war Anfang des 20. Jh. Treffpunkt der Künstler und Intellektuellen.
Unten: Morgenstimmung in Marina di Massa

Marina di Massa/Forte dei Marmi

Adressen in Forte dei Marmi und Marina di Massa

ESSEN UND TRINKEN

Ippopotamus. Nach üppigen Antipasti wird frischer Lachs, Tintenfisch- und Muschelsalat serviert – einfach köstlich. Via Pellegrino Rossi 1, Marina di Massa, Tel. 0585 041949, www.ippopotamusmarinadimassa.com

Orsa Maggiore. An einem der exklusivsten Strände in Forte dei Marmi gelegen, serviert das Restaurant »großer Bär« in freundlicher, maritimer Atmosphäre feine Gourmetküche. Via Arenile 29, Forte dei Marmi, Tel. 0584 82219, www.ristorantelorsamaggiore.com

Osteria del Mare. Pasta und Pizza aus frischen Zutaten gibt's im gemütlichen, sehr grünen Gastgarten. Viale Franceschi 4, Forte dei Marmi, Tel. 0584 83661, www.marcodavid.com

Lorenzo. Früher eine simple Osteria, heute ein sehr beliebtes und trendiges Restaurant. Die Küche legt vor allem wert auf den Eigengeschmack der Zutaten. Somit wird das Essen im Lorenzo für jeden Fischfan zum Genuss. Via Carducci 61, Forte dei Marmi, Tel. 0584 84030

Lo Squalo Charlie. Tolles Lokal mit hervorragender Küche und weitläufigem Piniengarten. Fantasievolle Gerichte prägen die Karte: von Krebsen, über Spaghetti mit Meeresfrüchten bis zu Knurrhahnfilets gibt es fast alles, was man sich für ein gediegenes italienisches Lokal wünscht. Die Preise sind entsprechend hoch. Via le Morin 57, Forte dei Marmi, Tel. 0584 86276.

ÜBERNACHTEN

Lilly Mare Ostello Residence. Sehr nahe am Strand gelegen, ist diese Unterkunft perfekt für Familien. Die gesamte Anlage, inklusive Kinderspielplatz und Pool, ist in ein grünes Gärtchen eingebettet. Marina di Massa, Tel. 0585 241222, www.residence-lillymare.it

California Park Hotel. Die geschmackvoll und modern eingerichteten Zimmer sorgen gleich für ein Zuhause-Gefühl. Das stilvolle Vier-Sterne-Haus ist zwar etwas vom Strand entfernt, man kann aber problemlos zu Fuß dorthin gehen. Via Colombo 32, Forte dei Marmi, Tel. 0584 787121, www.californiaparkhotel.net

INFORMATION

Marina di Massa, Lungomare Vespucci 24, Tel. 0585 240063, www.massa-carrara.de

Forte dei Marmi, Via Franceschi 8b, Tel. 0584 80091, www.fortedeimarmi.it,

Marina di Massi

DER NORDWESTEN

4 Lucca – die Stadt
Die Grande Dame

Lucca ist eine wahre Dame unter den italienischen Städten. Mit ihren buttergelben Häusern, mediterranen Plätzen, lieblichen Blumenarrangements vor Hauseingängen und ihrer lebhaften Innenstadt altert sie in aller Pracht. Obwohl nur 20 Kilometer nördlich von Pisa gelegen, machen nur wenige Touristen einen Abstecher in dieses mittelalterlich geprägte Kleinod. Dabei ist Lucca im Grunde die reizvollste Stadt der Toskana.

Die Geburtsstadt Puccinis

Kommt man zur richtigen Tageszeit nach Lucca, scheint es, als würde man eine andere Welt betreten: Die letzten Sonnenstrahlen rücken die ehrwürdigen Gebäude des Stadtzentrums jeden Abend aufs Neue ins rechte Licht, die Bäume auf der Piazza Napoleone schimmern golden, und auf der Piazza Giglio liegt ein Hauch von Oper in der Luft, wenn die Sänger des nahe gelegenen Opernhauses proben. Schnell wird klar: In der Geburtsstadt Giacomo Puccinis hatten schon immer Musik und Kunst die Hauptrollen inne. Lucca ist wegen seines Reichtums an Geschichte, seiner Kirchen und der vielen exzellenten Restaurants prädestiniert für Liebe auf den ersten Blick.

Passeggiata zur Abendstunde

Mitte: Antike Säulen bestimmen das Innere von S. Frediano.
Unten: Junges Mädchen auf einer Vespa

Bei der romantischen »Passeggiata« in der Abenddämmerung spaziert man durch ein Labyrinth aus engen Gassen mit ehrwürdigen Palästen und anmutigen Piazzas. Dabei ist man doch stets nur einen Katzensprung von trendigen Caffès und Shops entfernt. Je dunkler es wird, desto mehr Le-

Lucca – die Stadt

ben erfüllt die schmalen Gassen. Im Nachtleben zeigt man sich gern von seiner schönsten Seite. Die Schaufenster beginnen sich strahlend gegen die dunklen Mauern abzuheben und geben der generellen Bläue der Stadt einen neuen, unwirklich schönen Touch. Schon ist Essenszeit: Aus dem Ristorante »Buca di Sant'Antonio« in der Via della Cervia dringt ein unwiderstehlicher Geruch nach Lucchesischen Maccheroni und der berühmten »Farro alla garfagnina«. Die gehaltvolle Gemüsesuppe wird hier schon seit mehr als 300 Jahren nach überliefertem Rezept zubereitet. Man setzt auf Tradition – warum sollte man heute etwas anderes kochen als zu Puccinis Zeiten?

Gründung durch Etrusker

Dass aus der kleinen Etruskersiedlung einmal eine so stattliche Dame werden würde, hätten sich die Stadtgründer kaum gedacht. Der Name der Stadt kommt vom etruskischen »luk« (»Sumpf«) und wurde im Laufe der Jahre zu »Lucca«. Im Jahre 180 v. Chr. übernahmen die Römer das Ruder und machten die Stadt zu ihrer Kolonie, die sich prächtig entwickelte, da Lucca bedeutender Handelsplatz war. Im Mittelalter stieg Lucca sogar

Die Piazza Napoleone im Stadtzentrum

In der Corte San Lorenzo nahe der Piazza San Michele steht die Bronzestatue des großen Opernkomponisten Giacomo Puccini (1858–1924) vor seinem Geburtshaus.

DER GROSSE SOHN PUCCINI

Am 22.12.1858 bekam die Musikerfamilie Puccini einen Sohn, der den Namen unsterblich machen sollte. Aus dem Spross Giacomo Antonio Domenico Michele Secondo Maria Puccini wurde ein bedeutender Komponist. Insgesamt hat er zwölf Opern geschrieben, die bekanntesten sind »La Bohème« (1896), »Tosca« (1900) und »Madame Butterfly« (1907). In seinem Geburtshaus aus dem 15. Jahrhundert findet man Zeugnisse seines Lebens – Briefe, Fotografien, Skizzen und das Klavier, auf dem er seine letzte, unvollständige Oper »Turandot« komponierte. Auf der Piazza Cittadella erinnert eine in Bronze gegossene Statue an den Maestro. Mit 22 Jahren ging Puccini zum Kunststudium nach Mailand.

WEITERE INFORMATIONEN
Casa di Puccini. Corte San Lorenzo 9, Tel. 0583/58 40 28

Celle di Puccini. 24 km entfernt von Lucca entlang der S12 in Richtung Norden befindet sich das Haus, in dem der Komponist gezeugt wurde.

DER NORDWESTEN

zeitweise zur Hauptstadt der Toskana auf. Ab dem 12. Jahrhundert konnte sich die Stadt als »commune« bezeichnen, was bedeutet, dass sie sich selbst verwaltet hat. Dies war vor allem durch den Wohlstand möglich, den sich die Einwohner mit dem Seidenhandel erarbeitet haben. 1314 fiel sie an Pisa, um dann vom einheimischen Abenteurer Castruccio Castracani degli Antelminelli wieder in die Unabhängigkeit geführt zu werden. Auch nach seinem Tod blieb Lucca weitere 500 Jahre eine unabhängige Republik. Das Ende dieser glanzvollen Zeit brachte ein Franzose namens Napoleon, der sich die Stadt 1805 unter den Nagel riss und seine Schwester Elisa als Fürstin einsetzte.

Lucca – die Stadt der Frauen

Doch Elisa Bonaparte war nicht die einzige Frau, die in der jüngeren Geschichte Luccas eine wichtige Rolle spielte. Ihre Schwester Pauline, die auch als »die verrückte Borghese-Prinzessin« bezeichnet wurde, verbrachte ihre letzten Tage in einer Villa unweit von Lucca. Der bauwütigen Französin, die den Spitznamen »Semiramis von Lucca« angehängt bekam, folgte Marie-Louise von Bourbon. Ihr ist ein

Oben: Glänzt golden auch noch nach Jahrhunderten: das Fassadenmosaik von San Frediano.
Mitte: Der Aufstieg auf die Torre dei Guinigi (um 1400) lohnt vor allem im Abendlicht.
Unten: Ein kulinarisches Schatzkästchen lädt zum Probieren ein.

MAL EHRLICH!

OLIVENÖL KAUFT MAN IN LUCCA
Wenn Sie die Gelegenheit haben, ein Olivenöl aus Lucca beziehungsweise aus den Lucchesischen Hügeln zu erstehen, nützen Sie sie! Vielfach wird berichtet, dass das beste Olivenöl Italiens aus der Weingegend komme. Das Öl aus Lucca ist aber um einen Hauch besser, denn Klima und Bodenqualität in dieser Gegend sind ideal für den Olivenbaum. Entsprechend leuchtet die Landschaft voller silbergrau glänzender Olivenbaum-Plantagen. Die Erntezeit der Oliven ist im November.

Lucca – die Stadt

 **AUTORENTIPP!**

Standbild auf der Piazza Napoleone gewidmet, weil das Herzogtum nach dem Sturz Napoleons (1815) an das Haus Bourbon Parma fiel. Diese Herrschaft hielt, bis Lucca Teil des Königreichs Italien wurde. Die (Bau-)Epochen Luccas lassen sich hervorragend in der Via Fillungo nachvollziehen, denn beinahe alle Epochen hinterließen dort ihre Palazzi.

In den Straßen Luccas

Faszinierend sind nicht nur die zahlreichen roten Backstein-Palazzi, sondern auch das typische Gitternetz der Straßen Luccas, das auf den Grundriss der römischen Kolonie zurückgeht. Schon damals schnitten sich die geradlinigen Gassen im rechten Winkel, mündeten in große Plätze, an denen die wichtigsten Bauten standen. Ebenfalls auf die Römerzeit geht die bezaubernde Piazza Anfiteatro zurück. Wie der Name des oval geformten Platzes schon sagt, stand hier früher das Amphitheater. Entsprechend bietet sich dort auch heute wieder ein Schauspiel, denn in Straßencafés und Restaurants spielt sich frei nach dem Motto »Das Leben ist eine Bühne« jeden Tag das Lucchesser Schaulaufen ab.

Der kleine Vatikan

Die vielen Kirchen und Kapellen haben der Stadt den Spitznamen »der kleine Vatikan der Toskana« eingebracht. Unter den vielen prunkvollen Gebäuden sticht der Dom San Martino hervor: Mit seiner detaillierten Schaufassade ist er nicht nur der Stolz der Lucchesser, sondern auch ein Höhepunkt der romanischen Bau- und Dekorationskunst sowie einer der schönsten Sakralbauten der Toskana. Der obere Teil der Reliefs wurde von Guidetto da Como (1204) gestaltet, der untere stammt von Nicola Pisano. Ungeachtet aller Kunstfertigkeit wirkt die Fassade bei genauerer Betrachtung asymme-

LA CAPELLA

Bevor sich die Gräfin Maria Ludovica Ceschi a Santa Croce den Gemäuern des ehemaligen Klosters aus dem 17. Jh. widmete, war sie Visagistin in Mailand. Wahrscheinlich ist ihr mit dem gemütlichen und stilvollen Bed & Breakfast hoch auf einem Hügel bei Lucca ihr Meisterwerk gelungen. In diesem Kleinod des Wohlgefühls duftet es nach Rosen, Jasmin, Oleander- und Orangenblüten. Das Schönste ist aber die fantastische Sicht auf die roten Dächer der Stadt.

La Capella. Via dei Tognetti 469, Ponte del Giglio, Tel. 0583/39 43 47, www.lacappellalucca.it

In der Nähe der Stadtmauer steht der Dom San Martino. Baubeginn für die dreischiffige Pfeilerbasilika war 1060.

DER NORDWESTEN

trisch und gedrungen. Der zinnenbekrönte Campanile existierte schon vor dem eigentlichen Dom und wurde während der Bauphase in das Gesamtkunstwerk integriert.

Im Inneren der Kirche tritt die Romanik in den Hintergrund. Sie gab im 14. und 15. Jahrhundert der Gotik Raum. Die Kanzel wurde vom in Lucca geborenen Bildhauer Matteo Civitali gefertigt, der den Großteil seines Lebens mit der Arbeit an Kirchen und Villen in und um Lucca verbrachte. Er war einer der führenden Vertreter einer strengen Renaissancekunst. Auch der Tempietto (»Tempelchen«) im Nordschiff stammt von ihm. Hier befindet sich die Interpretation des »Letzten Abendmahls« vom großen Tintoretto. Ebenfalls im Inneren der Kirche findet man das Grabmal der Ilaria del Carreto, der Braut des früheren Stadtherren Paolo Guinigi. Der Bildhauer Jacopo della Quercia gestaltete den Sarkophag 1405/06.

Die Legende um den Volto Santo

Der Volto Santo (»Heiliges Kreuz«) im Tempietto ist wohl das berühmteste Kunstwerk im Luccheser Dom: Der Legende nach ist dieses lebensgroße, schlicht gestaltete Abbild des gekreuzigten Jesus von einem Heiligen persönlich geschnitzt worden. Nicodemus, der selbst Zeuge der Kreuzigung Christi war, soll der Künstler sein. Anlässlich der Kreuzigung habe er – so erzählt es die Legende – mithilfe von Engeln das Kruzifix gefertigt. 782 sei die Schnitzerei bei Luni im Nordwesten der Toskana in einem kleinen, führerlosen Boot gestrandet, erst von dort kam es mit einem Ochsengespann nach Lucca. Die Geschichte wird von einem Freskenzyklus in der Kirche San Frediano erzählt. Kunsthistoriker stimmen allerdings nicht mit dieser Theorie überein, sie vermuten, dass das Kreuz erst im 11. Jahrhundert im orientalischen Raum entstanden ist.

Oben: Der Dom behütet eines der schönsten Grabmonumente Italiens: den Sarkophag der Ilaria del Carreto.
Mitte: Der Chef des Restaurants »Buca di Sant'Antonio«
Unten: Radfahrer im Park »Passeggiata della Mura«

Lucca – die Stadt

Stadtrundgang Lucca

A Luccas **Stadtmauer** ist weit über die Grenzen Italiens hinaus berühmt, denn sie ist die längste Europas. Beim Baluardo San Colombano lässt es sich in der Caffetteria San Colombano herrlich relaxen, auch ein Rundgang auf der »Passeggiata della Mura« ist empfehlenswert.

B Der **Dom San Martino** aus dem 11. Jh. wurde im romanischen Stil erbaut. Im Inneren ist das berühmte hölzerne Kreuz »Volto Santo«. Piazza San Martino, Tel. 0583/95 70 68, www.museocattedralelucca.it

C 207 Stufen führen auf den Glockenturm **Torre delle Ore** aus dem 13. Jh., von dem aus sich einer der schönsten Blicke auf Lucca bietet. Via Fillungo, Tel. 0583/31 68 46

D In der **Casa di Puccini** erblickte Giacomo Puccini das Licht der Welt. Im Inneren gibt es viele Briefe, Bilder und Andenken zu sehen, u. a. das Klavier, auf dem er seine letzte, unvollendete Oper komponierte.

E Sehenswert ist allein schon die imposante Außentreppe des 1667 errichteten **Palazzo Pfanner**. Pfanner, ein Auswanderer aus Österreich, soll hier das erste Bier Italiens gebraut haben. Im Inneren befindet sich eine Sammlung aus höfischen Kostümen, auch der Garten ist sehenswert.

F **Basilica San Frediano**: Die älteste Kirche der Stadt wurde im 13. Jh. erweitert. Aus dieser Zeit stammt das berühmte Mosaik »Christi Himmelfahrt« im byzantinischen Stil, das die Fassade von San Frediano ziert. Doch auch ein Blick hinter die romanischen Kirchenmauern lohnt sich, denn dort kann ein Taufbecken aus dem 12. Jh. besichtigt werden. Piazza San Frediano.

G **Das Museo Nazionale di Villa Guinigi** In der Renaissance-Villa aus dem 15. Jh. ist im Museum für Bildhauerei untergebracht. Hier werden die Kunstwerke der Stadt ausgestellt. Im Erdgeschoss findet man die archäologischen Überreste aus der Römerzeit. Via della Quarquoia, Tel. 0583/49 60 33.

H **Torre Guinigi**: Das Erklimmen dieses Turms lohnt sich, denn beim Blick über die Stadt genießt man den Schatten eines Steineichen-Wäldchens. Via Sant'Andrea 14, Tel. 0583/31 68 46.

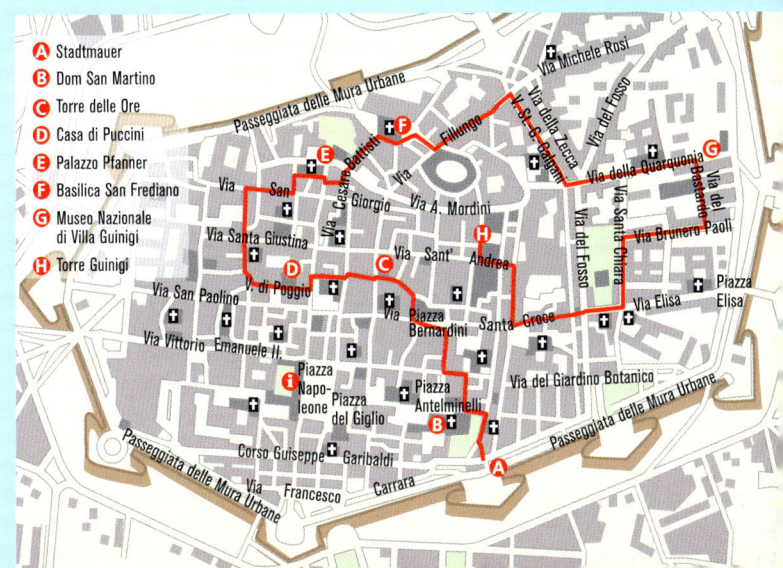

- **A** Stadtmauer
- **B** Dom San Martino
- **C** Torre delle Ore
- **D** Casa di Puccini
- **E** Palazzo Pfanner
- **F** Basilica San Frediano
- **G** Museo Nazionale di Villa Guinigi
- **H** Torre Guinigi

Oben: Von der mittelalterlichen Torre dei Guinigi aus schaut man den Lucchesern ins Privatleben.
Mitte: Erzengel Michael auf dem Giebel der Kirche San Michele in Foro
Unten: Belebtes Stadtzentrum

DER NORDWESTEN

Luminaria di Santa Croce

Der große Auftritt des Volto Santo findet jährlich am 13.9. statt, wenn es während der »Luminaria di Santa Croce« bei einer Prozession durch die Straßen getragen wird. Das schwarze, hölzerne Kruzifix wird auf einem reich geschmückten Ochsenkarren durch Lucca gezogen. Wer seinen Toskana-Urlaub im September verbringt, sollte dieses Schauspiel nicht verpassen, da auch stimmungsvolle Lichterprozessionen Teil der Veranstaltung sind und dies die Altstadt in ein unvergessliches Licht taucht. Alle Luccheser Familien bevölkern zur Luminaria di Santa Croce die Altstadt und genießen nach den Feierlichkeiten traditionelle Spezialitäten der Saison wie Wild, frische Pilze oder die ersten Kastanienkuchen.

100 Kirchen und himmlische Genüsse

Auf die 8000 Einwohner, die innerhalb der Stadtmauer leben, kommen erstaunliche 100 Kirchen. Besonders sehenswert ist neben dem Dom die Chiesa di San Giovanni, Luccas älteste Kirche und Kulisse für das große Puccini-Festival im Juli. Umwerfend schön ist auch die Chiesa di San Michele in Foro, eine romanische Kirche, deren Bau fast 300 Jahre in Anspruch nahm. Ebenfalls in der Romanik entstand San Frediano mit seiner einzigartigen Mosaik-Fassade, die die Himmelfahrt Christi darstellt. Natürlich darf man in Lucca keinesfalls auf sinnliche Genüsse verzichten: In der Altstadt, die den Charme des 19. Jahrhunderts durchaus bewahrt hat, servieren viele Trattorien, Osterien und Bars exquisite Weine und regionale Gerichte nach traditionellen Rezepten.

Lucca – die Stadt

Adressen in Lucca

ESSEN UND TRINKEN

Ristorante Giglio. In prunkvollem Ambiente zwischen Lüster und vergoldetem Kamin isst man selbst gemachte Gnocchi! Piazza del Giglio 2, Tel. 0583/49 40 58, www.ristorantegiglio.com

Locanda Buatino. Die Trattoria, nur ein paar Schritte außerhalb der Stadtmauer, ist eine Legende, denn sie gilt als älteste der Stadt. Täglich steht ein anderes köstliches Menü auf der Speisekarte. Via Borgo Giannotti 508, Tel. 0583/34 32 07

Osteria del Neni. Zentral gelegene Osteria mit erschwinglicher italienischer Küche für den kleinen Hunger. Via Pescheria 3, Tel. 0583/49 26 81

Buca di Sant'Antonio. Seit 1782 gibt es typische Luccheser Küche wie die Farro-Suppe. Täglich wird frische Pasta hergestellt und mit Produkten aus der Region verbunden. Via della Cervia 3, Tel. 0583/55 88 1, www.bucadisantantonio.com

BARS UND CAFÉS

Stella Polare Bar. Für viele die beste Bar innerhalb der Stadtmauer. Ein Geheimtipp ist das ausgezeichnete Frühstück! Via Vittorio Veneto, Tel. 0583/49 63 32

I Santi Vineria. Kleine Weinhandlung. Zu den edlen Tropfen sollte man unbedingt die Häppchen probieren. Via Anfiteatro 29a, Tel. 0583/49 61 24

Caffetteria San Colombano. Das trendige Caffè liegt traumhaft in eine der Bastionen der Mauer eingebettet. Baluardo San Colombano, Tel. 0538/44 46 41, www.caffetteriasancolombano.it

Antico Caffé di Simo. Einst das bevorzugte Lokal des berühmtesten Sohnes der Stadt: Schon Giacomo Puccini liebte es, in diesem Belle-Époque-Café den täglichen Kaffee zu trinken. Via Fillungo 58, Tel. 0583/49 62 34.

ÜBERNACHTEN

Hotel San Marco. In der Nähe der Stadtmauer befindet sich dieses kleine, aber feine Hotel in einer ehemaligen Kirche. Via San Marco, 368, Tel. 0583/49 50 10, www.hotelsanmarcolucca.com

Hotel Puccini. Traumhaft direkt zwischen Piazza Citadella und Piazza San Michele gelegen. Via di Poggio 9, Tel. 0583/55 42 1, www.hotelpuccini.com

Villa La Principessa. Einst Residenz von Elisa Bonaparte, wurde das Haus 1973 als Hotel eröffnet. Es befindet sich ein wenig außerhalb der Innenstadt. Via Nuova per Pisa 1616, Tel. 0583/37 00 37, www.hotelprincipessa.com

Hotel Universo. Edles Ambiente an der Piazza Napoleone. Piazza del Giglio, 1, Tel. 0583/49 36 78, www.universolucca.com

INFORMATION

APT Lucca, Piazza Guidiccioni 2, Tel. 0583/91 99 1, www.luccatourist.it

Gemütlich zu Abend essen im Ristorante »Giglio«.

DER NORDWESTEN

5 Lucca – die Stadtmauer
Lebensfrohe alte Mauern

Lucca, in der Literatur auch gerne »die Umgurtete« genannt, kann mit einem ganz besonderen Superlativ aufwarten: Die Stadt ist umringt von der größten und längsten Stadtmauer Europas, die zudem vollständig erhalten ist. Heute stellt dieses einzigartige Bauwerk den Treffpunkt für junge und alte Luccheser dar und bietet Möglichkeiten für Spiel, Sport, Spaß und Freizeit. Wer Lucca in seiner ganzen Lebendigkeit erleben will – der geht am besten auf die Stadtmauer!

Es gibt Momente, da wirkt Lucca wie der magische Lichtblick unter den toskanischen Städten. Nur die wenigsten Touristen verirren sich auf der Fahrt nach Pisa in die einst autonome Stadt, und so hat man den Eindruck, auf eine gewisse Art privilegiert zu sein, denn hier darf man am authentischen Leben der Italiener teilhaben. Dabei ist die Kulisse genauso schön wie in Pisa, Florenz oder Siena, nur die markanten Anziehungspunkte wie die Uffizien, der Schiefe Turm oder die Piazza del Campo fehlen eben. Doch wenn man die Stadt ein bisschen auf eigene Faust erkundet und die verwinkelten Straßen durchkämmt, kommt man früher oder später zu dem Schluss, dass Lucca eigentlich genauso einzigartig ist wie ihre berühmten Schwestern. Dazu trägt auch die Besonderheit namens Mura Urbana, die historische Stadtmauer bei.

Mitte: Blick von der grün bepflanzten Stadtmauer Porta San Donato Richtung Innenstadt
Unten: Bei schönem Wetter bevölkern Spaziergänger, Jogger oder Fahrrad-fahrer den sehr gepflegten Mauergürtel.

Die grüne Lunge

Luccas größte Attraktion ist zwölf Meter hoch, 30 Meter breit, mehr als vier Kilometer lang und mittlerweile die unverzichtbare grüne Lunge der Stadt. Die gesamte Mauer ist mit Platanen und

Lucca – die Stadtmauer

Rasenflächen bepflanzt und bietet so die ideale Abwechslung zur restlichen Stadt: Die Luccheser nutzen den von Bäumen gesäumten Fußweg mit zauberhaftem Blick auf die Stadt für alle erdenklichen Sportarten und Freizeitbeschäftigungen. Als stiller Beobachter sieht man in kürzester Zeit ein Grüppchen junger Mädchen vorbeispazieren, gefolgt von einem Muskelprotz beim Ausdauertraining, ein paar Rad fahrenden älteren Damen, denen wiederum dicht ein Rollerblader folgt. Doch auch für weniger Aktive bildet die Stadtmauer das richtige Terrain: Man strengt zum Beispiel die grauen Zellen beim Schachspiel an, trifft sich zum Schwatz oder geht einfach nur spazieren.

Mittendrin, statt nur dabei

An kaum einem Platz in der Toskana hat der Reisende mehr den Eindruck, Teil des Ganzen zu sein und das Gleiche zu suchen, wie alle anderen auch: Erholung, Entspannung und Freizeitunterhaltung. Im Idealfall tut man es den Lucchesern gleich und leiht sich ein Fahrrad, um damit die beliebte »Passeggiata della Mura« auf zwei Rädern zu absolvieren. Die Ausblicke, die man dabei auf die Stadt erhascht, sind großartig und einzigartig – nirgendwo sonst genießt man eine so schöne Sicht auf die roten Ziegeldächer des historischen Zentrums.

AUTORENTIPP!

WIEDER RUNTERKOMMEN

Wer genug von den Höhenflügen auf der robusten Stadtmauer mit ihren seidenweichen Gehwegen hat, der kommt einfach beim Kreisverkehr im Norden der Stadt wieder auf den Boden der Tatsachen herunter. Seit 1923, als Guido Nannini zusammen mit Giovanni Bei die »Kaffee Gesellschaft von Lucca« gegründet hat, steht der Kaffeegenuss hier an erster Stelle. Mittlerweile gibt es das Gebräu von Bei & Nannini schon beinahe überall auf der Welt! Hier wird die Zubereitung von Kaffee in stilvollem Ambiente wie eine Kunst zelebriert, denn man möchte sowohl den Gaumen als auch die Augen verwöhnen. Nach dem Genuss einer der Spitzenröstungen in stimmiger Umgebung von großer Vitrine, dunklen Holztischen und ganz vielen Packungen Kaffee sollte man sich eine, am besten aber mehrere der weltberühmten Röstungen mit nach Hause nehmen!

Bei & Nannini. Borgo Giannotti, 63-37V, Tel. 0583 467283, www.beienannini.com

Im historischen Zentrum auf der Piazza dell' Anfiteatro

DER NORDWESTEN

> **MAL EHRLICH!**
>
> **PICKNICK AM »ROTEN MEER«**
>
> Essen gehen kann in Lucca ziemlich nervig sein: Die Restaurants sind hoffnungslos überlaufen, auf einen Tisch muss man warten, danach sitzt man wegen des Andrangs eng zusammengepfercht und hat kaum Platz zum Essen, dazu herrscht ein ohrenbetäubender Geräuschpegel, bei dem man sein eigenes Wort nicht mehr versteht. Na dann Mahlzeit! Eine alternative Szenerie sieht so aus: Sie sitzen im Grünen, vor Ihnen breitet sich ein Häusermeer aus, das aus jahrhundertealten Gebäuden besteht. Diese ziegelfarbige Flut von Dächern bildet einen reizvollen Kontrast zum blauen, wolkenlosen Himmel. Mit dem Geschmack von Prosciutto, frischem Weißbrot und Oliven auf den Lippen genießen Sie Ihr Picknick auf der Stadtmauer von Lucca. Na? Klingt das nicht nach einer fantastischen Alternative?

Picknickplatz mit Stil

Die legendäre Mauer drängt sich für entspannte Stunden, für die man normalerweise keine Zeit findet, regelrecht auf. Viele Luccheser lassen sich von der Parkatmosphäre zu einem ausgedehnten Picknick im Grünen verleiten. Die steinerne Stadtbegrenzung entpuppt sich als regelrechtes Paradies und ist noch dazu äußerst fotogen. Hier ist man Teil des Luccheser Lebensgefühls: In der grünen Natur, zwischen Kinderspielplätzen, Schaukeln und Picknicktischen kann man einen Nachmittag lang herrlich ausspannen. Dabei vergisst man fast, aus welchem Grund die Mauer ursprünglich gebaut wurde.

Stolze Wehrmauer

Man schrieb das Jahr 1645, als das imposante Bauwerk fertiggestellt wurde. Schon damals war

Oben: Aussicht vom Guinigi-Turm über die Dächer von Lucca, das immer noch von seiner Stadtmauer geschützt wird.
Unten: Passeggiata della Mura – Festungswerke von 1650

Lucca – die Stadtmauer

die Stadtmauer Luccas etwas ganz Besonderes: Die modernste Befestigungsanlage ihrer Zeit sollte es den Angreifern unmöglich machen, in den Wäldern vor der Stadt Deckung zu finden. Sie wurde nicht ohne Grund errichtet, denn die Bewohner Luccas fürchteten einen Angriff der Florentiner. Da die alte, mittelalterliche Stadtbefestigung der weiterentwickelten Militärtechnik nicht mehr standzuhalten drohte, musste gehandelt werden. Aus diesem Grund schichteten Hunderte Menschen Backstein über Backstein auf und errichteten so die wuchtige Stadtmauer, die die Zeit überdauern sollte und heute einzigartig ist – europaweit.

Stark gebaut, nie gebraucht

Das Besondere an der Mauer ist aber nicht nur, dass die Luccheser unglaublich viele Steine verbauten, um sich Sicherheit gegen Feinde zu verschaffen. Sie hatten darin auch Geheimgänge und Waffenschächte angelegt, darüber hinaus ragten aus der fast schon bedrohlich anmutenden Stadtmauer elf Bastionen und sechs Tore als Mahnmal in den Himmel. 126 Kanonen waren aus zwölf Metern Höhe in die Ferne gerichtet. Lucca war bereit zum Kampf, die Luccheser, bis auf die Zähne bewaffnet, in Erwartung, ihre Stadt verteidigen zu müssen. Doch nie passierte etwas! Kein Feind erschien, keine Gegner waren zu bekämpfen, die Stadt musste nie verteidigt werden. So blieb die ringförmige Stadtmauer stehen, ohne jemals beschädigt worden zu sein, und im 19. Jahrhundert wurde sie zu einem Park umfunktioniert.

Klare Trennung

Der Passeggiata della Mura Urbana ist ein ungewöhnlicher Spazier- bzw. Radweg: Ein großer Teil des sozialen Lebens in Lucca spielt sich auf einer Höhe von zwölf Metern ab. Die Mauer trennt die

Oben: Zwischendurch ein Gläschen Vin Santo – wie hier im Restaurant »Buca di Sant' Antonio« in Lucca
Unten: Sechs Tore öffnen den Weg durch die Stadtmauer nach Lucca hinein, eines imposanter als das andere. Mit einer Ausnahme sind sie alle mit Namen von Heiligen verbunden.

DER NORDWESTEN

Altstadt, in der 8000 Menschen leben, vom übrigen Lucca mit etwa 80 000 Einwohnern. In der geschützten Zone befinden sich 100 Kirchen, die vom Gottvertrauen künden, das den Einwohnern offenbar immer gegeben war. Auf den breiten Wegen und den elf Bastionen tummelt sich Alt und Jung, und für den speziellen Kick sorgen die Sprösslinge der Luccheser, wenn sie die Bastionen wie Baluardo San Regolo, San Salvatore, Santa Croce oder San Donato kurzerhand zu Fußballfeldern umfunktionieren.

Die Bastionen hatten unterschiedliche Funktionen und sind deswegen auch in ihrer Form verschieden. Der Baluardo di San Paolino im Westen zum Beispiel ist heute Sitz des Internationalen Studienzentrums, in der Bastion San Colombano befinden sich viele Bars und Cafés. Ins lebhafte Geschehen gelangt man über die an der Südspitze gelegene Porta San Pietro, die ursprünglich der einzige Stadtzugang war. Von San Colombano hat man einen wunderschönen Blick auf die Apsis der Kirche San Martino. Östlich davon bietet die Baluardo San Regolo den besten Blick auf den bezaubernd grünen Botanischen Garten.

Die Stadtmauer der Moderne

Das Praktische an der Mauer ist, dass sie dazu beiträgt, den Verkehr vom Stadtzentrum fernzuhalten. So wie sie einst die Feinde auf Distanz hielt, ist sie heute Bastion gegen Abgase und Lärm. Stattdessen kann man die Mauer mit der Kutsche befahren und so ein wenig in die Geschichte eintauchen. Dabei war die Stadtmauer vor gar nicht allzu langer Zeit sogar bedroht: Anfang der 90er-Jahre sollte sie nach Plänen eines Lokalpolitikers unterhöhlt werden, um eine Tiefgarage zu bauen. Zum Glück wurde dies nicht genehmigt, denn sonst wäre dieses Bauwerk womöglich eingestürzt.

Oben: Das Fahrrad kann man nach einer Tour in der Via Vittorio Veneto im Stadtzentrum abstellen und schön essen gehen.
Unten: Die Torre Guinigi ist das Wahrzeichen von Lucca. Ursprünglich war er Bestandteil des Palastes der Familie Guinigi aus dem 14. Jh.

Lucca – die Stadtmauer

Adressen

AKTIVITÄTEN

Chrono-Bikes. Verleih von Fahrrädern zur Erkundung der Stadtmauer. Auch Touren in verschiedene Teile der Stadt werden angeboten. Corso Garibaldi 95, Tel. 0583 490591,
www.chronobikes.com

Kutschfahrten. Eine Fahrt mit der Pferdekutsche für 3 bis 5 Personen dauert etwa 1 Stunde. Jede Kutsche wird von einem Führer begleitet, der allerlei interessante Details über die Stadt erzählt. Informationen und Anmeldung im Tourismusbüro.

CAFÉ

Antico Caffé delle Mura. Der ideale Ort für eine Verschnaufpause gleich beim Baluardo Santa Maria. Wunderschön sitzt man im Frühling und Sommer auf der Terrasse, Piazzale Vittorio Emanuele 2, Tel. 0583 47962.

VERANSTALTUNGEN

Puccini e la sua Lucca. Eine Reihe von Konzerten, die dem Komponisten Giacomo Puccini gewidmet sind, finden in der Chiesa di San Giovanni statt. Das Festival geht von März bis Juni.
www.puccinielasualucca.com

Lucca Summer Festival. Bei dem Popfestival, dass alljährlich im Juli stattfindet, treten italienische und internationale Stars auf. www.summer-festival.com

Puccini-Festival. Bei diesem Festival dreht sich alles um Kirchenmusik. Schon seit mehr als 50 Jahren findet das Festival von Juli bis August im Ort Torre del Lago am Westufer des Massacciucoli-Sees statt (westlich von Lucca gelegen, mit dem Auto braucht man eine halbe Stunde). www.puccinifestival.it

Festa di San Paolino. Sehr traditionelles kirchliches Fest am dritten Sonntag im Juli, bei dem in einer Prozession Heiligenfiguren durch die Stadt gezogen werden. Abends gibt's einen Fackelzug.
www.sanpaolopalazzolo.iblon.it

Luminaria di Santa Croce. Mit einem feierlichen Fackelzug wird die Ankunft des Volto Santo (siehe Seite 48) in Lucca gefeiert. Das Fest findet jährlich am 13. September statt. Die Lucchese Familien kommen dazu in die Altstadt.

Das von innen prunkvolle Café di Simo in Lucca

DER NORDWESTEN

6 Lucca – berühmte Villen
Bezaubernde Gärten und hohe Mauern

Die Provinz Lucca gilt als die Villengegend der Toskana. Das muss man wissen, denn auf den ersten Blick merkt man davon nichts: Die prachtvollen, herrschaftlichen Bauten und – ebenso wichtig – ihre bezaubernden Gartenanlagen sind meist hinter hohen Parkmauern versteckt. Schade eigentlich, doch der erfahrene Toskana-Besucher weiß es besser und findet Wege, wie er einige der toskanischen Bilderbuchanwesen dennoch zu sehen bekommt.

Im Lauf der Jahrhunderte gab es in Lucca immer wieder Menschen, die versucht haben, dem lieben Gott bei der Landschaftsgestaltung unter die Arme zu greifen. Alleen, die sich scheinbar bis an den Horizont ziehen, Glyzinientunnel und Buchsmonogramme sind nur einige Spielarten der meist sehr englisch angehauchten Garteninszenierungen.

Antike als Ideal

Natürlich dürfen im Garten einer stattlichen toskanischen Villa keinesfalls Freilufttheater, Grotten, Brunnen und künstliche Wasserflächen fehlen. Dies ist Ausdruck einer Rückbesinnung auf die Antike. Die griechische Mythologie mit ihren Göttern und vor allem die Verherrlichung des Landlebens in der griechischen Literatur wurden von der Renaissance bis ins 18. Jahrhundert hinein aufwendig adaptiert. Geld spielte im damaligen Frühkapitalismus keine Rolle, sodass nicht nur die Villen, sondern auch ihre Gärten mit viel Liebe zum Detail ausgestattet wurden.

Mitte: Villa Mansi – Fachleute bezeichnen sie als die wichtigste aller Lucchester Villen, weil sie am deutlichsten Lebensstil und Kultur der Patriziergeschlechter repräsentiere.
Unten: Der Palazzo Pfanner (1667) und seine Gärten sind ein beliebter Aufenthaltsort der Einheimischen.

Lucca – berühmte Villen

Traumkulisse Palazzo Pfanner

Am östlichen Stadtrand befindet sich ein elegantes Zwillingspärchen. Diese Villen sind letztes Zeugnis dafür, dass Lucca vom 16. bis zum 19. Jahrhundert von einem Gürtel aus rund 100 Villen umgeben war. Eine davon, der 1667 erbaute Palazzo Pfanner mit seiner herrlichen Außentreppe, ist eine der schönsten der Toskana. Bei einem Spaziergang auf der Stadtmauer von Lucca hat man im Süden, zwischen dem Baluardo Santa Croce und dem Baluardo San Martino, einen guten Blick auf den französischen Garten, den Statuen römischer Gottheiten säumen. Hollywood-Fans kennen den Palazzo als Kulisse des Films »Portrait of a Lady« mit Nicole Kidman und John Malcovich in den Hauptrollen, doch auch viele andere Filme wurden hier gedreht. Felix Pfanner, der einstige Besitzer und Namensgeber des Palazzo, war österreichischer Auswanderer und hat – der Legende zufolge – das erste Bier in Italien gebraut. In den Kellergemäuern seiner Villa stellte er seinen eigenen Gerstensaft her.

AUTORENTIPP!

VILLA TORRIGIANI DI

Etwa 10 km westlich von Lucca, in der Gemeinde Capannori, steht die Villa Torrigiani di Camigliano, die samt Park im 16. Jh. erbaut wurde. Einst diente sie als Sommerresidenz der Familie Buonvisi, dann wurde sie von Nicolaio Santini, einem Vertreter des französischen Hofes, erworben. Im Garten finden sich wunderschöne, romantische Figuren, doch was die Villa vor allem zu etwas ganz Besonderem macht, sind die vielen Wasserflächen, in denen sich die barocken Fassaden spiegeln.

Villa Torrigiani di Camigliano. Via del Gomberaio 3, Camigliano Santa Gemma, Tel. 0583 928041, täglich 10–13 und 15–19 Uhr geöffnet, www.villelucchesi.net/sito/villatorrigiani.html

VILLEN IN UND UM LUCCA

Palazzo Pfanner. Sehenswert sind der Garten und die Sammlung höfischer Kostüme aus dem 18. und 19. Jh. Via degli Asili 33, Lucca, Tel. 0583 954029, www.palazzopfanner.it

Villa Mansi. Prächtige Villa aus dem 16. Jh. Im 19. Jh. legte die Familie Mansi den »giardino Inlgese« an. Auch ein Bambushain und Bananenstauden gehören zur Ausstattung. Via Galli Tassi 43, Lucca, Tel. 0583 55570.

Villa Reale. Napoleons Schwester, Elisa Bonaparte, wohnte einst in der Villa, deren Gärten bei einer stündlichen Tour besichtigt werden können. Località Villa Reale, Marlia – Lucca, Tel. 0583 30108, www.parcovillareale.it

Villa Grabau. Die neoklassizistische Villa ist umringt von einem 9 ha großen Park mit Englischem Garten und einem Zitronenhaus von 1700. Via di Matraia 269, San Pancrazio, Tel. 0583 406098, www.villagrabau.it

Villa La Principessa. Via Nuova per Pisa 1616, Tel. 0583 370037, www.hotelprincipessa.com. Info im Kapitel »Lucca – die Stadt« (ab S. 42).

Die Barockvilla Torrigiani im nahe liegenden Ort Camigliano. Ebenso prächtig wie die Villa ist der große Garten, durch den sich ein 700 m langer Weg schlängelt.

DER NORDWESTEN

7 Collodi
Pinocchios malerisches Bergdorf

Das kleine Städchen östlich von Lucca hat viel mehr zu bieten als die wohl berühmteste Märchenfigur Italiens. In Collodi dreht sich zwar viel um das kleine Püppchen Pinocchio, das schon Generationen von Kindern (und Erwachsenen) begeisterte, allerdings kommt auch die Architektur in dem Dorf, das sich wie ein Flickenteppich an einen steilen Berg schmiegt, nicht zu kurz: Dafür sorgen die schöne Anlage des Giardino Garzoni und die alte Burg.

Verlässt man die Stadt Lucca auf der SS 435 in Richtung Osten, genießt man nach etwa acht Kilometern einen sensationellen Anblick: In der Ferne hängt das Dörfchen Collodi an einen Berg geklammert, als würde es bald abstürzen. Wie Efeu rankt sich die kleine Gemeinde mit ihren sandfarbenen Häuschen in die Höhe. Ganz oben über dem grandiosen Ortskern thront das Pfarrhaus von San Bartolomeo aus dem 13. Jahrhundert. Doch natürlich strömen die allermeisten Besucher aus einem ganz bestimmten Grund nach Collodi: Er ist klein, hölzern und seine Nase beginnt zu wachsen, sobald er lügt. Richtig, die Rede ist von Pinocchio, Italiens ungezogenster und bestvermarkteter literarischer Figur.

Mitte: Die hölzerne Kinderbuchfigur Pinocchio wurde vom italienischen Autor Carlo Lorenzini alias Carlo Collodi, erschaffen.
Unten: Ein Erlebnis ist der Pinocchio-Park, in dem italienische Künstler Szenen des Buches nachgebaut haben.

> ## MAL EHRLICH!
> **BESSER DAS AUTO BENUTZEN**
> Wenn Sie nach Collodi kommen möchten, versuchen Sie es nicht mit öffentlichen Verkehrsmitteln. Wenn Sie mit dem Auto fahren, ersparen Sie sich einige Ärgernisse und viel an Wartezeit, denn nur wenige Busse halten im Pinocchio-Dorf.

Collodi

Aus Carlo Lorenzoni wird Carlo Collodi

Carlo Lorenzoni, so der bürgerliche Name des Autors des Erfolgsmärchens, ein florentinischer Journalist, durfte in seiner Kindheit einige Sommer in Collodi verbringen. Es war das Heimatdorf seiner Mutter und diente ihm als Schauplatz für sein Werk, das ursprünglich »Storia di un Burattino« (Geschichte einer Puppe) und später dann »Le Avventure di Pinocchio« (Pinocchios Abenteuer) hieß. Dieser bekannte Klassiker der italienischen Kinderliteratur hätte Lorenzoni, der sich Carlo Collodi nannte, bestimmt zum Multimillionär gemacht – hätte er nur so lange gelebt, um den Betrag für die Film- und Übersetzungsrechte zu kassieren. Der freche Junge, dessen Nase wächst, wenn er lügt, entsprang 1881 seiner Fantasie und begeistert seitdem nicht nur Kinder, sondern auch Erwachsene, denn auf den zweiten Blick ist die Geschichte eine Fundgrube von Lebensweisheiten.

Pinocchio und sein Park

Den meisten ist die Holzpuppe, die sich in einen lebendigen Jungen verwandelt, wohl aus dem gleichnamigen Disneyfilm bekannt. Allerdings ist die literarische Figur viel tiefgründiger und vielschichtiger als Pinocchio in dieser Verfilmung präsentiert wird: Sein Charakter ist eine Mischung aus liebenswerten aber auch abscheulichen Eigenschaften. Die kleine Grille Jiminy nervt ihn zum Beispiel so gewaltig, dass er sie kurzerhand an die Wand wirft. Doch nichtsdestotrotz bleibt Pinocchio eines der populärsten literarischen Stücke, nicht zuletzt, weil der Roman voller versteckter Anspielungen auf die italienische Gesellschaft des 19. Jahrhunderts ist. Darum wurde ihm ein eigener Themenpark gewidmet – wenn man so will das Disneyland der Toskana –, das sich inmitten eines

AUTORENTIPP!

GEMALTES DORF
Wenn man durch das Dorf Collodi spaziert, kommt man sich sofort in die Märchenwelt versetzt vor. Dies ist vor allem den sogenannten Murales zu verdanken: Viele Mauern des Dörfchens sind mit Episoden aus Pinocchios Geschichte, belebten Straßenszenen oder Fantasiewesen bemalt! So erstrahlt Collodi an jeder Ecke in buntem Glanz. Nirgends sonst gibt es so viele Wandmalereien in so großer Dichte. Das macht Collodi zu etwas ganz Besonderem und vor allem zu einem Fest für die Augen, denn der ganze Ort fungiert quasi als Kunstgalerie.

Moderne Kunst im Pinocchio-Park von Collodi

DER NORDWESTEN

Waldes außerhalb von Collodi befindet. Im Parco di Pinoccio erinnern Mosaike, Figuren (teils begehbar) und Bilder an die wichtigsten Episoden aus dem Leben der Märchenfigur (täglich ab 8.30 Uhr bis Sonnenuntergang, www.pinocchio.it).

Collodis Schätze

Doch auch das Dörfchen ist einen Besuch wert. Geht man an den kleinen Häusern entlang, die auf dem abschüssigen Hügel verteilt sind, kommt man auf engen, gepflasterten Wegen an der Kirche aus dem Jahre 1100 vorbei. Von dort ist es nicht weit zu den beeindruckenden Überresten der ehemaligen Festungsanlage mit ihren Türmen und Mauern. Auch das Pfarrhaus der Kirche San Bartolomeo aus dem 13. Jahrhundert am »Gipfel des Dorfes« ist einen Abstecher wert.

Villa und Giardino Garzoni

Dies alles wird jedoch durch die barocke Villa Garzoni mit dem »Storico Giardino Garzoni« in den Schatten gestellt. Das im 17. und 18. Jahrhundert errichtete Gebäude mit Belvedere-Turm und Dachstatuen ist in Privatbesitz und kann leider nicht besichtigt werden. Der Giardino Garzoni, ein Prachtbeispiel italienischer Gartenarchitektur, ist dagegen zugänglich und Pilgerziel von Gartenfreunden aus aller Welt. In ganz Europa gibt es nur wenige Barockgärten wie diesen, den man noch in seiner originalen Struktur und Form bewundern kann. Die Hanglage wird ideal mit Treppen, Wasserspielen und allegorischen Skulpturen ausgenutzt, dazwischen winden sich Wege vorbei an Höhlen, kleinen Gebäuden wie dem Schmetterlingshaus und unzähligen Terracottastatuen. Auch ein toskanisches Freilufttheater gehört dazu (Storico Guardino Garzoni, am Fuße von Collodi, Tel. 0572 42 73 14, www.pinocchio.it/giardinogarzoni).

Oben: Villa Garzoni in Collodi – ein viergeschossiger barocker Bau und die größte der lucchesischen Villeni
Unten: In den Gärten der Villa Garzoni fühlt sich jeder wohl.

Adressen in Collodi

ESSEN UND TRINKEN

Osteria del Gambero Rosso. Stilvolles Restaurant, das hauptsächlich auf große Feierlichkeiten ausgerichtet ist, in dem sich aber auch Einzelgäste durch die köstliche italienische Küche kosten können. Via San Gennaro 1, Collodi, Tel. 0572 429364, www.ristorantegamberorosso.it

La Cantina di Pinocchio. Einfach, aber gut, mit traditioneller toskanischer Küche; große Auswahl an Pizzen. Piazza della Pace 2, Collodi, Tel. 0572 428634

Ristorante Cecco. Schon seit 1911 werden hier typisch italienische Speisen serviert. Die einzigartige Zubereitung und Kreativität, die die Köche des Cecco mitbringen, hat dafür gesorgt, dass auch Gambero Rosso und Guide Michelin aufmerksam wurden. Viale Forti 96/98, Pescia, Tel. 0572 477955 www.ristorantececco.com

Ristorante Pizzeria Dal Pucci. Traditionell, doch niemals altmodisch scheint das Motto dieses Restaurants zu sein. In gemütlichem Ambiente vergisst man schnell die Zeit. Via Libero Andreotti, Pescia, Tel. 0572 476176, www.pucciristorante.com

Ristorante Bon-Ton. Großräumiges Restaurant mit Gartenbetrieb. Gute Küche, doch die Atmosphäre lässt zu wünschen übrig. Man spürt, dass hier hauptsächlich Hochzeiten und andere Feierlichkeiten veranstaltet werden. www.ristorantebonton.it

ÜBERNACHTEN

Hotel Villa delle Rose. Sehr altmodisch eingerichtetes Vier-Sterne-Hotel mit gutem Standard. Gemütliche Zimmer und nettes Restaurant. Das Hotel ist mit einem Pool und Gastgarten ausgestattet. www.rphotels.com

Mit Kunst verzierte Häuser in der Innenstadt von Collodi

DER NORDWESTEN

8 Pisa – die Stadt
Junge Stadt mit schiefen Türmen

Pisa bringen die meisten mit dem berühmten Schiefen Turm und einer deprimierenden Bildungsstudie in Verbindung. Trotz ihrer ca. 90 000 Einwohner ist die Provinzhauptstadt am Arno weit entfernt von Großstadthektik – die Einwohner nennen sie die »schönste Stadt der Welt«. Unbestritten kann Pisa mit einzigartigen Kulturschätzen, coolen Cafés, ausnehmend guten Restaurants und dem jugendlichen Flair einer Studentenstadt aufwarten.

Viele reduzieren Pisa auf den Campo dei Miracoli. Er heißt nicht umsonst »Platz der Wunder«, bietet er doch einen wahrhaft beeindruckenden Anblick. Auf dem grünen Rasen scheinen die weißen Monumente aus Marmor zu schweben. Der Dom mit dem schiefen Turm, das Baptisterium und der Camposanto bilden ein faszinierendes Gesamtkunstwerk. Dazu gehören neben dem Schiefen Turm vor allem der Dom und das Baptisterium.

Mitte: Der Campo dei Miracoli – »Platz der Wunder« – einer der vielen Anlaufpunkte von Pisas Touristen.
Unten: Das Baptisterium (1152) ist die Taufkirche des Doms zu Pisa.

> ## MAL EHRLICH!
> **GIB PISA EINE CHANCE!**
> Nehmen Sie sich die Zeit und erkunden Sie das andere, das echte Pisa abseits vom Campo dei Miracoli. Sie werden sehen: An Lebensfreude und jugendlichem Charme ist die Stadt kaum zu übertreffen! Lassen Sie sich nicht von den unendlich langen Warteschlangen bei den Hauptsehenswürdigkeiten abschrecken! Wenn Sie den Touristen-Hotspot erst hinter sich gelassen haben, beginnt der Urlaub in einer der schönsten Städte der Toskana.

Pisa – die Stadt

Duomo Santa Maria Assunta

Das Gotteshaus mit seiner beeindruckenden viergeschossigen Fassade, die mit cremefarbenen, marmornen Zwerggalerien und Blendarkaden geschmückt ist, gilt als eines der schönsten Bauwerke der Pisaner Romanik. Ein besonderes Augenmerk sollte man auf die Türen aus Bronze legen: Sie stammen aus dem Jahr 1180 und wurden von Bonanno Pisano mit Reliefs versehen, die das Leben Christi darstellen. Im Inneren kommen die gigantischen Ausmaße des Domes – er misst immerhin 96 Meter Länge und 28 Meter Breite – richtig zur Geltung. Die Konstruktion wird von 68 klassischen Säulen getragen. Unbedingt gesehen haben muss man die achteckige Kanzel, die Giovanni Pisano im 14. Jahrhundert aus Carrara-Marmor herausgearbeitet hat. Der Künstler hat ganze zehn Jahre darauf verwendet, die Mischung aus christlichen Szenen und Figuren aus der griechischen Mythologie zu gestalten. Das Altarbild, ein Mosaik von Cimbue (1302), zeigt den »thronenden Christus«.

Baptisterium

Ebenfalls im romanischen Stil begonnen, wurde die Taufkirche nach etwa 100-jähriger Bauzeit im 13. Jahrhundert fertiggestellt. Für die gotischen Elemente zeichnet vor allem Nicola Pisano verantwortlich: Er schuf die Marmorkanzel (1260) mit den Reliefs »Anbetung der Könige«, »Darstellung im Tempel« und dem »Jüngsten Gericht«. Das Taufbecken fertigte Guido da Como im Jahr 1246. Wenn man die vielen Stufen zur (Flüster-)Galerie hinaufsteigt, kann man ein wenig mit der Akustik spielen und etwas in die Wand flüstern, um danach dem Widerhall zuzuhören.

AUTORENTIPP!

RISTORANTE ENOTECA CAGLIOSTRO

Gleich um die Ecke bei der traditionsreichen Universität von Pisa befindet sich das Ristorante Cagliostro. Es besticht mit seinem modernen, doch gleichzeitig gemütlichen Ambiente, in dem man sich sofort wohlfühlt. Mit den Möbeln und Kunstwerken wurden zeitgenössische Akzente gesetzt. Gelegentlich gibt es auch Ausstellungen moderner Künstler im Lokal. Die toskanischen Elemente spiegeln sich nicht nur in der Einrichtung wider, sondern auch bei den Speisen, bei deren Zubereitung viel Wert auf regionale Spezialitäten gelegt wird. Köstlich sind die Tagliatelle mit Zackenbarsch, Tomaten und Minze oder die Lasagnette mit Mandeln und Gorgonzola bzw. die Auberginentörtchen mit Büffelmozzarella. Einfach einmal ausprobieren!

Ristorante Enoteca Cagliostro.
Via Catelletto 26, Tel. 331 856810, www.cagliostro.cc

Der Dom Santa Maria Assunta steht auf dem weitläufigen, grün leuchtenden Rasenplatz der Piazza del Duomo.

DER NORDWESTEN

Dom-Museum

Wenn man einige Originalwerke aus dem Dom oder Baptisterium sehen möchte, sollte man ins Museo dell'Opera del Duomo gehen. Es ist im ehemaligen Kapitelsaal der Kathedrale untergebracht und zeigt unter anderem den Hippogryph aus dem 10. Jahrhundert, der von maurischen Künstlern in Bronze gegossen wurde. Doch auch Stücke aus der Werkstatt von Nicola und Giovanni Pisano sind hier aus nächster Nähe zu besichtigen.

Unbekanntes Pisa

Etwa 500 Meter östlich vom Campo dei Miracoli lohnt sich ein Besuch der Kirche Santa Caterina, die 1251 von den Dominikanern errichtet wurde. Das Gebäude mit Rosette und Zwerggalerie an der Fassadenseite bietet ein gutes Beispiel pisanisch-gotischer Architektur. Im Innenraum sind verschiedene Werke von Nino Pisano zu sehen, zum Beispiel eine Verkündigungsgruppe von 1360.

An der Piazza dei Cavalieri wurde im 16. Jahrhundert die Ordenskirche Santo Stefano dei Cavalieri nach Plänen von Giorgio Vasari erbaut. Die symmetrisch gegliederte Fassade mit den zwei Fenstern im oberen Teil konzipierte Giovanni de' Medici. Blickfang an der Piazza ist zweifellos der prächtige Palazzo dei Cavalieri. Erbaut im 13. Jahrhundert, wurde er von Giorgio Vasari ab 1562 zur repräsentativen Residenz der Ritter des Stephansordens umgebaut. Seine Fassade ist vollständig mit Sgraffiti überzogen und im oberen Teil mit Büsten toskanischer Großherzöge verziert. Über die monumentale Freitreppe gelangt man in die Elite-Uni Scuola Normale Superiore, die heute hier residiert.

Oben: Das Dom-Museum wurde 1870 in den ersten drei Jochen des rechten Querschiffs des unvollendeten »Neuen Domes« eingerichtet.
Mitte: Das Wahrzeichen von Pisa – der Schiefe Turm
Unten: Historische Ausstellung im Museo dell'Opera del Duomo

Pisa – die Stadt

Stadtrundgang Pisa

Ⓐ Baptisterium
Mit dem Bau des *battisterio* wurde 1153 begonnen. Der Säulengang ist romanisch, die Kuppel gotisch, dies ergab sich durch die lange Bauzeit, die bis ins 14. Jh. hineinging. April–Sept. 8–20 Uhr, März + Okt. 9–18 Uhr, Nov.–Feb. 10–17 Uhr.

Ⓑ Camposanto
Der Platz wird auch Piazza dei Miracoli genannt. Einer der hübschesten Plätze Italines strotzt nur so vor Lebensfreude (und Touristen). Von hier aus hat man den besten Blick auf den Schiefen Turm.

Ⓒ Duomo Santa Maria Assunta
Mit grünem und cremeweißem Marmor verkleidet ist der wuchtige Pisaner Dom besonders schick. April–Sept. Mo–Sa 10–20 Uhr, Okt. Mo–Sa 10–19 Uhr, Nov.–Feb. Mo–Sa 10–13 und 14–17 Uhr, März, Mo–Sa 10–18 Uhr, ganzjährig So ab 13 Uhr.

Ⓓ Schiefer Turm
Die »Torre Pendente« ist für viele der einzige Grund für den Pisa-Besuch. Tel. 050 3872210, April-Mitte Juni und letzte zwei Septemberwochen 8.30–20.30, Mitte Juni–Mitte Sept. 8.30–23 Uhr, Okt. 9–19 Uhr, Nov.–Feb. 10–17 Uhr, März 9–18 oder 19 Uhr.

Ⓐ Baptisterium
Ⓑ Camposanto
Ⓒ Duomo Santa Maria Assunta
Ⓓ Schiefer Turm
Ⓔ Museo dell' Opera del Duomo
Ⓕ Orto Botanico
Ⓖ Palazzo dei Cavalieri
Ⓗ Chiesa di Santo Stefano dei Cavalieri
Ⓘ Museo Nazionale de San Matteo

Die Piazza dei Cavalieri ist berühmt für ihre repräsentativen Bauten.

Ⓔ Museo dell' Opera del Duomo
Darin befinden sich Teile des ursprünglichen Campo dei Miracoli (wie Fresken und Skulpturen von Niccoló, Giovanni Pisano und Gozzoli) beziehungsweise römische Meilensteine und wichtige Dokumente zur Stadtgeschichte. Piazza Arcivescovado 6, Tel. 050 560547.

Ⓕ Orto Botanico
Botanischer Garten aus dem Jahr 1553 mit stattlichen Pflanzen. Via Luca Ghini 5, Tel. 050 560045 www.biologia.unipi.it/ortobotanico/

Ⓖ Palazzo dei Cavalieri
Beeindruckend sind vor allem die Sgraffiti, die von Vasari an der nordöstlichen Seite der Piazza geschaffen wurden. Piazza dei Cavalieri.

Ⓗ Chiesa di Santo Stefano dei Cavalieri
Die Kirche wurde von Vasari entworfen und nach dem Orden des Heiligen Stephanus benannt. Piazza dei Cavalieri.

Ⓘ Museo Nazionale de San Matteo
Sammlung toskanischer Malerei und Plastik vom 12. bis 16. Jh., Piazza San Matteo in Soarta, Tel. 050 541865.

DER NORDWESTEN

Mondäne Palazzi und schiefe Türme

Pisa pflegt sein Image als Kunststadt, lebendiges Einkaufsmekka und traditionsreiche Studentenstadt. Immerhin unterrichtete schon sein berühmter Sohn, Galileo Galilei, Mathematik an der 1343 gegründeten Universität. Das historische Gebäude umschließt einen Innenhof mit schönen Arkadengängen. Ein kleiner Spaziergang durch den Campus lohnt sich! (Lugarno Pacinotti 43, Tel. 050 2212111)

Bei einer Sightseeing-Tour auf dem grünen Arno gleitet das Fährschiff »Navicello« an den mondänen Palazzi, die die Uferpromenade säumen, vorbei. Sehr schön sieht man den Palazzo Agostini aus dem 16. Jahrhundert mit seiner wunderschönen rötlichen Gotikfassade, die etwas an den venezianischen Stil erinnert. Hier residiert seit 1775 das Caffè dell'Ussero, das älteste Café Pisas. Im 1559 erbauten Palazzo Reale, etwas weiter stromabwärts, ist heute eine Kunstsammlung mit Werken von Raffael und seinen Zeitgenossen untergebracht.

Wer sich etwas Zeit nimmt, kann ein kleines Geheimnis entdecken: Der sumpfige Boden, auf dem Pisa erbaut wurde, sorgte nämlich nicht nur für den einen schiefen Turm: Die Kirchtürme von San Michele degli Scanzi und San Nicola ragen ebenfalls windschief in den Himmel. Man erreicht San Michele nach etwa zwei Kilometern, wenn man vom Stadtzentrum der Uferpromenade des Arno Richtung Osten folgt. Die Neigung des 30 Meter hohen Campanile ist ähnlich stark wie die seines berühmten Pendants. Daher darf man den Turm aus weißem Kalkstein und Ziegel auch nicht besteigen. Der dritte schiefe Turm ist eher unauffällig: Als Teil der Kirche San Nicola in der Altstadt haben sicher sogar Einheimische noch nicht bemerkt, dass dieser achteckige Turm schräg steht.

Oben: Auch in Pisas Altstadt kommt man mit dem Fahrrad am besten voran – hier die Via Carducci.
Mitte: Mosesstatue im Palazzo Arci-vescovato
Unten: In der antiken Trattoria »Da Bruno« erntet Piero Cei das Gemüse noch selbst.

Pisa – die Stadt

Adressen in Pisa

ESSEN UND TRINKEN

Da Bruno. Nur 300 Meter vom Schiefen Turm entfernt bietet die urige Trattoria seit 1940 heimelige Atmosphäre, typisches italienisches Essen und ausgezeichnete Weine. Via Luigi Bianchi 12, Tel. 050 5608 18, www.anticatrattoriadabruno.it

Osteria dei Cavalieri. Unweit der Piazza dei Miracoli werden in rustikalem Ambiente Fisch-, Fleisch- und Gemüsegerichte aus der Region zubereitet. Der Weinkeller hält edle Tropfen bereit. Via S. Frediano 16, Tel. 050 580858, www.osteriacavalieri.pisa.it

Ristorante alle Bandierine. Vom Tintenfisch bis zum Schokotörtchen purer Genuss! Die Spaghetteria befindet sich in einem Gebäude aus dem 15. Jh. Via Mercanti 4, Tel. 050 500000, www.ristorantealleabandierine.it

BARS UND CAFÉS

Pasticceria Salza. Café mit Tradition, die süßen Köstlichkeiten in der Vitrine lassen einem das Wasser im Mund zusammenlaufen. Borgo Stretto 46, Tel. 050 580144, www.salza.it

Caffè dell'Ussero. Historisches Kaffehaus im Palazzo Agostini am Arno-Ufer. Mit angeschlossener Bed & Breakfast-Pension. Lugarno Paccinotti 27, Tel. 050 581100, www.ussero.com

EINKAUFEN

Antiquitätenmarkt. Jedes zweite Wochenende in der Via XX Settembre.

ÜBERNACHTEN

Grand Hotel Duomo. Luxushotel im Herzen des historischen Zentrums. Wenn man Glück hat, sieht man direkt vom Zimmer auf den 50 Meter entfernten Schiefen Turm. Via S. Maria 94, Tel. 050 561894, http://pisa.grandhotelduomo.it/

Hotel Francesco. Von diesem Hotel sind es nur 100 Meter Luftlinie zum Campo dei Miracoli. Persönlicher Service zu nicht überteuerten Preisen. Via Santa Maria 129, Tel. 050 554109, www.hotelfrancesco.com

San Ranieri Hotel. Dieses Vier-Sterne-Haus liegt zwar etwas außerhalb, dafür ist das Design einzigartig. Via Filippo Mazzei 2, Tel. 050 971951, www.sanranierihotel.com

Royal Victoria. Alteingesessenes 3-Sterne-Hotel aus dem 19. Jh., das zum Teil noch original ausgestattet ist. Lugarno Pacinotti 12, Tel. 050 940111, www.royalvictoria.it

VERANSTALTUNGEN

Gioco del Ponte. Am letzten Sonntag im Juni findet rund um den Ponte di Mezzo ein Spektakel statt. Beim »Brückenspiel« bekriegen sich zwei Teams in mittelalterlichen Kostümen – sehenswert!

Luminaria. Mit Tausenden Kerzen und vielen leuchtenden Fackeln wird am 16. Juni die Nacht zum Tag gemacht. Zum Abschluss steigt ein bombastisches Feuerwerk.

Palio delle Quattro Antiche Repubbliche Marinare. Dieses Fest ist tief in der Vergangenheit verwurzelt. Bei der »Regatta der vier alten Seerepubliken« kommen die ehemaligen Konkurrenten Pisa, Venedig, Amalfi und Genua zusammen und liefern sich dramatische Rennen.

STADTFÜHRUNGEN

City Guides. Via Pietrasantina 61, Tel. 050 550591, www.pisatour.it

Tour dei Lungarni. Schiffstour durch die Innenstadt von Pisa. Ideal für einen Überblick. Il Navicello Tel. 050 53 0101, www.ilnavicello.it

INFORMATION

Piazza del Duomo, Tel. 050 560464
Flughafen Galilei, Tel. 050 503700,
www.pisaturismo.it

DER NORDWESTEN

9 Der Schiefe Turm von Pisa
Italiens berühmtester Turm

Reges Treiben auf dem Campo dei Miracoli – Hunderte Schaulustige betrachten die Hauptfigur auf dem grünen Rasen. Unglaublich schief, aber doch standhaft, gibt sich der berühmte Campanile, mit dessen Bau im 12. Jahrhundert begonnen wurde. Viele große Wissenschaftler haben sich – meist erfolglos – darüber Gedanken gemacht, wie man ihn daran hindert, endgültig umzukippen. Zum Glück steht der geheimnisvolle Alte noch!

Die Warteschlangen vor dem wohl berühmtesten Turm Italiens werden von Jahr zu Jahr länger. Doch was nimmt man nicht alles auf sich, um diesem zum UNESCO-Weltkulturerbe gehörenden Highlight einmal ganz nahe zu sein. Pro Minute wird nur eine Person in das Gebäude mit seinen 2,7 Meter dicken Mauern vorgelassen – 30 Personen

Mitte: Touristenmagnet Schiefer Turm: Hier auf dem Domplatz Piazza dei Miracoli versucht man sich mit den originellsten Fotomotiven.
Unten: Damit man diesen Urlaub in Pisa nie vergisst, können reichlich Souvenirs vom berühmten Turm gekauft werden.

MAL EHRLICH!

LOHNT SICH DAS ANSTELLEN WIRKLICH?
Es gibt Menschen, die müssen alle Türme erklimmen. Und auch solche, die sich auf engen, immer höher steigenden Treppen unwohl fühlen. Wenn sie endlich am Ziel angekommen sind, können sie nur an eines denken: dass sie wieder durch das enge Treppenhaus nach unten müssen. Wenn Sie zur letzteren Gruppe zählen, verzichten Sie am besten auf die Besteigung des Campanile und genießen seinen Anblick von unten. Sie ersparen sich viel Zeit und Nervenkitzel und können stattdessen die Stadt in aller Ruhe erkunden.

Der Schiefe Turm von Pisa

pro halbe Stunde. Die Wartezeit zieht sich wie ein Kaugummi, daher sollte man die Eintrittskarten nach Möglichkeit vorreservieren (siehe Autorentipp!).

55 Meter hoch ist der Campanile. Wenn man sich auf der Wendeltreppe mit den 293 abgeschliffenen Marmorstufen in die Höhe schraubt, kann einem durchaus schwindlig werden. Vom Turm hat man eine gute Aussicht auf das Umland und an schönen Tagen sogar bis ans Meer. Im obersten Stockwerk sieht man die sieben Glocken, für die der Turm eigentlich erbaut wurde.

Jahrmarktstimmung das ganze Jahr über

An der Piazza dei Miracoli herrscht das ganze Jahr über ein Getümmel wie an einem überfüllten Badestrand. Aus aller Herren Länder reisen Touristen an, um sich das Phänomen »schiefer Turm« anzusehen, lustige Fotos mit dem Objekt der Begierde im Hintergrund zu schießen oder auf den Grünflächen herumzuhocken – was die Wächter des Rasens wenig erfreut. Zwischen Turm, Taufkirche und dem historischen Friedhof Camposanto bieten fliegende Händler ihre Ware an – Klimbim und Ramsch, dem das Prädikat »schräg« in anderem Sinne zukommt als dem Campanile.

Schräge Geschichte

Das mit seinen acht Stockwerken einst höchste Gebäude Italiens sorgt schon seit dem Bau seines dritten Stockwerkes für Furore. Als am 9. August 1173 der Grundstein für Pisas Campanile gelegt wurde, ahnte niemand, was nur fünf Jahre später passieren würde: Der Glockenturm begann sich in Richtung Südosten zu neigen. Ein Schock! Es stellte sich heraus, dass der sumpfige Boden bei der

AUTORENTIPP!

SICH ZEIT NEHMEN

Planen Sie ausreichend Zeit ein, um die Piazza dei Miracoli zu erkunden. Allein schon das Anstehen in der Warteschlange beim Zugang zum Campanile kann Stunden dauern, da in einer halben Stunde nur 30 Menschen hineingelassen werden. Packen Sie daher nicht zu viel in Ihr Tagesprogramm und überlegen Sie, ob Sie nicht lieber noch einen Tag dranhängen, um den Rest von Pisa kennenzulernen. Wenn Sie durch die Stadt spazieren, halten Sie immer mal wieder Ausschau nach dem Schiefen Turm, denn von bestimmten Perspektiven erscheint er gar nicht mehr so schräg wie er eigentlich sollte: Das wäre doch einen Schnappschuss wert?

Pferdekutschen auf dem Campo dei Miracoli mit Schiefem Turm im Hintergrund

DER NORDWESTEN

Bauplanung nicht bedacht wurde, sodass zunächst alle Arbeiten ruhen mussten. Nach 100 Jahren Baustopp ging es weiter. Die Schräge im Sockel wurde nicht behoben, sondern dadurch ausgeglichen, dass man einfach senkrecht weiterbaute. So konnte der Turm – mit einem leichten Knick nach dem dritten Stockwerk – 1372 fertiggestellt werden. Doch die Erde senkte sich weiter ab: 200 Jahre später hatte der Bau bereits 3,97 Meter Schieflage und in den folgenden 300 Jahren kamen noch zusätzlich fünf Zentimeter dazu.

Abgesehen von seiner windschiefen Gestalt hat der Campanile von Pisa auch andere architektonische Eigenheiten. Der teilweise aus Carrara-Marmor erbaute Glockenturm unterscheidet sich sehr von den quadratischen Türmen, die im restlichen Mittelitalien zu finden sind, und stellt auch einen Kontrast zu den Türmen im nördlichen Europa dar, die meist nach oben hin spitz zusammenlaufen. In jedem Stockwerk gibt es eine Türen zum Gang hinaus, wovon jeder mit 30 Säulen geschmückt ist.

Rettungsversuche

Der erste richtige Rettungsversuch des Glockenturms fand im Jahr 1838 statt, als der Baumeister Alessandro della Gherardesca das Grundwasser

Oben: Die Schieflage des Turms von 3,97 Grad beruht auf dem lehmigen Untergrund.
Unten: Nachdem 600 Tonnen Blei als Gegengewicht und Stütze auf der Nordseite des Turms eingelagert wurden, ist die Aussichtsplattform für Besucher wieder zugänglich.

Glockenstube des Schiefen Turms

Der Schiefe Turm von Pisa

unter dem Turm abpumpte. Das Ergebnis ließ weiter zu wünschen übrig, denn wie zum Trotz neigte sich der Campanile noch weiter. In den 1980er-Jahren war der Turm bereits 5,5 Grad aus dem Lot geraten, was nach den Regeln der Statik eigentlich unmöglich ist, denn laut Computersimulation hätte er schon bei 5,44 Grad seinen 14 453 Tonnen Gewicht nachgeben und der Schwerkraft gehorchen müssen. Aber die Piazza dei Miracoli wirkt anscheinend wahre Wunder und so kam es, dass der Turm in einer groß angelegten Rettungsaktion zwischen 1990 und 2001, als er für Besucher geschlossen war, stabilisiert werden konnte. Statiker versuchten, ihn mit 600 Tonnen Blei am Boden zu verankern, danach wurden zusätzlich auch noch Stahlseile gespannt, um die Fundamente zu entlasten, was dem Turm von den Einwohnern Pisas den spöttischen Spitznamen »Bretelle« (ital. »Hosenträger«) einbrachte. Schlussendlich hatte ein britischer Ingenieur namens John Burland die zündende Idee: Er gab den Auftrag, 30 Tonnen Erde aus dem Untergrund wegzuschaufeln und siehe da: Der Turm richtete sich um sagenhafte 44 Zentimeter auf. Heute wird er wie ein schwerkranker Patient durch 120 Sensoren überwacht und ist mit einem Betonring als Korsett versehen.

ZAHLEN UND FAKTEN RUND UM DEN SCHIEFEN TURM

- Der Turm bringt stolze 14 453 Tonnen auf die Waage, das wären umgerechnet 3218 ausgewachsene Elefanten.
- Die Wände des Schafts im Inneren des Gebäudes sind 2,7 m dick.
- Im Mittelalter war der Glockenturm mit seinen 8 Stockwerken das höchste Gebäude Italiens.
- Der Grundstein wurde am 9. August 1173 gelegt.
- Schon nach dem dritten Stockwerk begann der Turm sich zu neigen.
- Nach 100 Jahren Baustopp wurden die Bauarbeiten 1350 wieder aufgenommen.
- Weil er sich Ende der 80er-Jahre schon 5,5 Grad neigte, wurde er 1990 für Besucher geschlossen.
- Seit 2001 ist der Campanile wieder öffentlich zugänglich.

Kontakt: Piazza del Duomo, Tel. 050 3872210, www.opapisa.it

Öffnungszeiten: April–Sept. 8.30–20 Uhr, Juli/Aug. bis 22.30 Uhr, im Winterhalbjahr kürzer.

Eintrittskarten: Die Karten für den Turm können 15 bis 45 Tage im Voraus online (http://boxoffice.opapisa.it/Torre/index.jsp) oder direkt bei den Eintrittskassen auf dem Domplatz in Pisa gekauft werden. Eine telefonische Vorbestellung ist nicht möglich.

Führungen: City Guides bietet nicht nur Turmführungen, sondern auch Erkundungen in der restlichen Stadt an. Via Pietrasantina 61, Tel. 050 550591, www.pisatour.it

Eine wunderbare Aussicht bietet sich von der Turmspitze aus.

DER NORDOSTEN

10 Florenz – die Stadt
Die Wiege der Renaissance — 74

11 Florenz – die Uffizien
Kunstsammlung der Medici — 82

12 Florenz – die Architektur
Ein Gesamtkunstwerk — 88

13 Fiesole
Stadt mit Aussicht — 94

14 San Miniato
Trüffelsuche zu Füßen der Kaiserburg — 98

15 Vinci
Stadt des Genius — 102

16 Montecatini
Glanz der Jahrhundertwende — 106

17 Prato
Textilwirtschaft und herrschaftliche Paläste — 110

DER NORDOSTEN

10 Florenz – die Stadt
Die Wiege der Renaissance

Florenz hat so viel zu bieten, dass es fast unmöglich ist, beim ersten Besuch alles zu sehen. Unzählige Kirchen und Paläste aus dem Mittelalter und der Renaissance verweisen darauf, dass die Stadt früh zu Macht und Reichtum kam. Die Hauptstadt der Toskana besitzt die höchste Dichte an Kunstwerken weltweit und ist zugleich bedeutende Wirtschaftsmetropole und Universitätsstadt. Doch bei aller Geschäftigkeit hat man in der Stadt der Medici stets das Gefühl, dass die Kunst über allem steht.

Die etwa 350 000 Einwohner geben sich nicht damit ab, die Hüter der größten Renaissance-Kunstwerke dieses Erdballs zu sein. Florenz lebt! Nicht umsonst befinden sich hier die größten Verlagshäuser Italiens und einige der wichtigsten Haute-Couture-Firmen wie etwa Gucci. In den letzten Jahren wurde viel renoviert – so spüren auch die Bars und Restaurants ein Frühlingserwachen und feiern es damit, dass sie ihre Tische vermehrt nach draußen stellen. Das Leben blüht immer wieder auf – gemäß dem Namen, den die Römer der Stadt gaben: »Florentina« bedeutet »die Blühende«.

Stadtbesichtigung

Mitte: Die Läden auf dem Ponte Vecchio nutzten im Mittelalter vor allem die Metzger, auch um die Schlachtabfälle leicht entsorgen zu können. Erst später kamen Juweliere und Goldhändler dazu.
Unten: Touristen aller Länder genießen diese Stadt.

Die unvergleichlichen Museen, Kirchen und Paläste beweisen, dass sich etwas Unglaubliches entwickeln kann, wenn die Kunst Teil des Lebens ist und nicht als Nebensache abgetan wird. Nicht umsonst sagen viele, dass in Florenz die Schönheit zu Hause ist! Auf einem Rundgang durch die Stadt begegnet man allen großen Meistern der Renaissance. Beim Bau des Doms Santa Maria del Fiore (s. S. 88) wirkten Giotto und Giorgio Vasari mit.

Florenz – die Stadt

Giotti gestaltete den Campanile, Vasari die Fresken in der Kuppel. Lorenzo Ghiberti drückte dem achteckigen Baptisterium seinen Stempel auf; von ihm stammen die außergewöhnlichen Tore mit biblischen Szenen. Etwas nördlich des Doms befindet sich die Galleria dell'Accademia. Sie war die erste Institution, in der die Techniken des Zeichnens, Malens und der Bildhauerei unterrichtet wurden. Heute ist hier unter anderem die David-Skulptur von Michelangelo im Original zu sehen.

Was der Dom für das geistige Leben von Florenz, ist die prächtige Piazza della Signora für das politische. Sie wird beherrscht vom wuchtigen Palazzo Vecchio mit seinem charakteristischen Turm, doch auch die Marmorstatuen in der Loggia dei Lanzi und Michelangelos »David« ziehen die Blicke auf sich. Über den Fluss führt die älteste noch erhaltene Brücke der Stadt: Der Ponte Vecchio, in dessen schachtelförmigen Geschäften sich ausschließlich Juweliere niedergelassen haben. Im Viertel Santa Croce besichtigt man die Kunstsammlungen des Palazzo Pitti, der praktisch allen Machthabern der Stadt einmal als Residenz diente. Die Kirche Santa Croce, die man über den Ponte alle Grazie erreicht, ist letzte Ruhestätte vieler großer Künstler wie Michelangelo oder Dante Alighieri.

Das »echte« Florenz

Wer gerne abseits der Touristenpfade unterwegs ist, begibt sich am besten von der Altstadt über eine der Arno-Brücken (z.B. über den Ponte Vecchio) in das Viertel Santo Spirito südlich des Flusses, in dem man scheinbar in eine andere Zeit versetzt wird. Die nostalgische Mischung aus alten (Spezialitäten-)Läden, Märkten und mittelalterlichen Gassen lässt Kindheitserinnerungen an Einkäufe im Tante-Emma-Läden oder einen Schwatz

AUTORENTIPP!

DER STOFF, AUS DEM TRÄUME GEMACHT WERDEN

Als wäre man um mehr als 100 Jahre in der Zeit zurückversetzt: Händisch betriebene Webstühle tun hier noch immer ihr Werk und munter klacken die Schiffchen. In der »alten Florentiner Seidenweberei« im Stadtteil San Frediano fühlt man sich wie in einem Museum. In ganz Europa gibt es keine zweite solche Manufaktur. Wer allerdings einen der kostbaren Stoffe kaufen möchte, muss tief in die Tasche greifen, denn ein Meter kostet schon einmal zwischen 150 und 1200 Euro. Kein Problem für die Fürsten von Monaco oder die Monarchen von Schweden und Dänemark, deren Häuser zum Kundenstamm gehören. Denn sie sehen, dass diese Stoffe »nicht nur Stoffe, sondern Kunst« sind, wie es die Direktorin beschreibt. Von Vorhängen, über kostbare Wandbespannungen, die für Betten, Stühle, Sessel oder Sofas eingesetzt werden, kann man hier alles in exquisiter Qualität bekommen.

Antico Setificio Fiorentino.
Via L. Bartolini 4, Tel 055 213861,
www.setificiofiorentino.it

Frische Ware und immer Zeit für ein Schwätzchen bieten die kleinen Läden abseits der Touristenmeile.

DER NORDOSTEN

beim Bäcker wach werden. Hier erscheint Florenz fast dörflich: aus blumengeschmückten Fenstern blicken dösende Katzen, auf der Leine über der Gasse trocknet bunte Wäsche. Die Straßen heißen Via delle Caldaie, Via Calzaiuoli oder Via delle Conce, was auf die Handwerksbetriebe verweist, die früher hier angesiedelt waren: Färber- und Textilbetriebe, Schuhmacher und Gerber. Bis auf vereinzelte Schusterwerkstätten ist von ihnen jedoch nicht viel mehr geblieben als der Straßenname.

Man schlendert vorbei an traditionellen Florentiner Handwerksbetrieben, die neben Stroh- und Holzerzeugnissen auch Majolikakacheln, Lederwaren, Stickereien und Schmuck herstellen. Vielleicht findet man in Santo Spirito ja das eine oder andere Mitbringsel für zu Hause?

Berühmte Persönlichkeiten

Die Einzigartigkeit von Florenz kommt nicht von ungefähr: Persönlichkeiten wie Italiens Nationaldichter Dante Alighieri wurden hier geboren, doch auch Francesco Petrarca, Sohn florentinischer El-

Oben: Die prunkvolle Domfassade stamm aus dem 19. Jh.
Mitte: Den Campanile zieren Reliefs mit berühmten Persönlichkeiten.
Unten: Grabmal des Galileo Galilei in Santa Croce

> ### MAL EHRLICH!
> **GEHT'S NOCH VERWIRRENDER?**
> Wer in Florenz eine bestimmte Adresse sucht oder vielleicht sogar einen wichtigen Termin einzuhalten hat, der wird bald stutzig, wenn er sich die Anschrift genauer ansieht: Die Straßennummerierungen wirken bei näherer Betrachtung äußerst verwirrend! Hier die Auflösung des Zahlenrätsels: Rote Nummern (werden von einem »r« gefolgt) stehen für Geschäftsadressen, schwarze Nummern sind Privatadressen! Generell gilt auch: schwarze (oder blaue) Nummern stehen für ganze Gebäude, rote (oder braune) Nummern bezeichnen Geschäftseinheiten. Alles klar?

Florenz – die Stadt

Stadtrundgang Florenz

Ⓐ Duomo Santa Maria del Fiore
Der Dom ist eine der wichtigsten Kirchen Italiens, seine Kuppel beherrscht das Stadtbild von Florenz. Gegenüber befindet sich das Baptisterium.
Piazza del Duomo, Details ab S. 88.

Ⓑ Galleria dell' Accademia
Die Akademie der Schönen Künste war die erste Institution, wo die Techniken des Zeichnens, Malens und der Bildhauerei unterrichtet wurden. Ihre Kunstsammlung wurde 1784 als Anschauungsmaterial für die Schüler bereitgestellt. Michelangelos »David« (1504; Kopie vor dem Palazzo Vecchio) ist das bekannteste Ausstellungsstück: Via Ricasoli 60, Tel. 0552 388609.

Ⓒ San Lorenzo
In der Hauskirche der Medici, die 1419 von Brunelleschi im Stil der Renaissance umgestaltet wurde, trägt deutlich Michelangelos Handschrift: Er entwarf die Bibliothek, Grabmäler und die Fassade. Piazza di San Lorenzo

Ⓓ Piazza della Signoria
Im Zentrum von Florenz sind einige der schönsten Renaissance-Bauwerke versammelt: der Palazzo Vecchio, das heutige Rathaus, die ehemalige Empfangshalle Loggia dei Lanzi mit römischen Statuen und die Fontana di Nettuno, ein Brunnen, der an die siegreichen Seeschlachten erinnert.

Ⓔ Uffizien
Die bedeutendste Kunstgalerie Italiens in den ehemaligen Geschäftsräumen der Medici bietet Malerei, Plastik von der Antike bis zum Barock.
Loggiata degli Uffizi 6, Tel. 0552 94883, www.uffizi.firenze.it Details ab S. 82.

Ⓕ Ponte Vecchio
Die älteste Brücke der Stadt wurde nach Entwürfen von Taddeo Gaddi, eines Schülers Giottos, 1345 errichtet. Zu beiden Seiten drängen sich kleine Läden. Seit 1539 bieten traditionell Juweliere und Goldschmiede ihre Waren feil.

Ⓖ Palazzo Pitti
Ursprünglich für den Bankier Luca Pitti errichtet, übernahmen nach seinem Tod die Medici den Palast und machten ihn zu ihrer Hauptresidenz. Heute befinden sich hier viele Kunstwerke aus der Sammlung der Medici. Piazza de Pitti, Tel. 0552 94883.

Ⓗ Santa Croce
Die 1294 begonnene gotische Kirche birgt die Werke berühmter Florentiner wie Michelangelo, Galilei oder Machiavelli. Besonders schön sind die Fresken aus dem 14. Jh. Piazza di Santa Croce, Tel. 0552 466105.

DER NORDOSTEN

Oben: Die mondäne Via Calzaiuoli führt von der Piazza della Signoria direkt zum Domplatz.
Unten: Lorenzo Ghiberti, Goldschmied und Bildhauer, arbeitete 27 Jahre (1425–1452) an seinem berühmtesten Werk, die von Michelangelo so genannte »Paradiespforte«.

tern, und der berühmte Tagebuchschreiber der Renaissance, Bernardo Machiavelli (»Il Principe«), sind untrennbar mit dem literarischen Florenz verbunden. Künstler wie Botticelli, Michelangelo und Donatello sorgten dafür, dass Florenz ein »Wiedererwachen« erleben konnte. Doch auch die Werke Giottos, der neben dem Campanile des Doms auch die Fresken in der Peruzzi- und Bardi-Kapelle (Basilica Santa Croce) schuf, hatten großen Einfluss auf die Entwicklung der Stadt. Sie alle studierten die antiken Meister und versuchten sie nachzuahmen und zu verbessern. Und so wurde das Zeitalter der Renaissance eingeleitet. Doch eigentlich wäre nichts so gekommen, wie es kam, hätte es nicht die Medici-Dynastie gegeben, die überall Akzente setzte: Die Medici, die ihren unermesslichen Reichtum als Bankiers und Händler erlangt hatten, förderten fast 300 Jahre lang die künstlerische und intellektuelle Entwicklung der Stadt.

Frühe Geschichte

Florenz wurde erst im Jahr 59 v. Chr. als römische Kolonialstadt oder Veteranenkolonie unter Kaiser Augustus gegründet. Das Jahr 1000 war eines der bedeutendsten in der Stadtgeschichte, denn dann entschloss sich der Markgraf der Toskana, Ugo, seinen Sitz von Lucca nach Florenz zu verlegen. Schließlich ging die Stadt als unabhängiger Stadtstaat aus dem Mittelalter hervor. Der blühende Woll- und Textilhandel und eine florierende Finanzwirtschaft machten Florenz zu einer der führenden Mächte Italiens.

Das Goldene Zeitalter

Mitte des 13. Jahrhunderts fanden die ersten Auseinandersetzungen zwischen den Guelfen (Anhänger des Papsttums) und den Ghibellinen (Kaisertreue) statt. Dieses Kräftemessen hielt die Stadt

Florenz – die Stadt

Adressen in Florenz

ESSEN UND TRINKEN

Dino. Die Weinkarte ist eine der besten im ganzen Land, die Speisen sind empfehlenswert (und dabei nicht überteuert). Vor allem, weil »Dino« der Tradition verpflichtet ist: Alles, was toskanisch ist, ist erlaubt. Via Ghibellina 51/r, Tel. 0552 41452, www.ristorantedino.it

Don Chisciotte. Egal, ob man sich für das Fisch- oder Fleischmenü entscheidet, es schmeckt köstlich! Getrüffelte Perlhuhnroulade oder Seezungenröllchen mit Lachs-Krebs-Pastete! Für den Abschluss sorgen Desserts der Extraklasse. Die Preise entsprechen dem hohen Qualitätsstandard. Via Cosimo Ridolfi 4-6r, Tel. 055 475430, www.ristorantedonchisciotte.it

Burde. Das Burde ist als eine der letzten alten, traditionell geführten Trattorien der Toskana bekannt. Allein die Atmosphäre ist einen Besuch wert. Die Auswahl ist zwar begrenzt, dafür schmecken die Gerichte sehr gut und sind preiswert. Empfehlenswert ist das Ragè della nonna (»Ragout nach Großmutters Art«). Via Pistoiese 6r, Tel 055 317206, www.burde.it

Trattoria Mario. In rustikalem Ambiente wird hier Hausmannskost zu moderaten Preisen serviert. Jede Form von Pasta ist empfehlenswert! Noch ein Grund hierherzukommen, ist die Lage gleich neben der zentralen Markthalle. Via Rosina 2r, Tel. 055 218550, www.trattoria mario.com

Restaurant Chalet Fontana. Mitten im Grünen isst man hier ausgezeichnete toskanische Hausmannskost, die nicht ganz billig ist. Wunderschön auch am Abend, wenn die Lichtsäulen den Platz in angenehmes Licht tauchen. Viale Galileo Galilei 7, Tel. 055 225805, www.chaletfontana.it

Ora d'Aria. Vornehmes Restaurant, das früher Teil eines Gefängnisses war. Wo man heute wechselnde Kunstausstellungen genießen kann, mussten früher die Insassen Morgensport treiben: Daher der Name »Ora d'Aria« (ital. »frühe Morgenstunde«). Man genießt traumhafte toskanische Küche, z. B. mit Taubenfleisch gefüllte Tortellini oder Huhn mit Krabbensalat. Via Ghibellina 3 Cr, Tel. 055 2001699, ww.oradariaristorante.com

BARS UND CAFÉS

Carabè. Die Betreiber dieser Gelateria kommen aus Sizilien. Eine große Leidenschaft zum Eis wird seit Generationen bewiesen. Empfehlenswert ist die Granita, ein Sorbet. Via Ricasoli 60r, Tel. 055 289476, www.gelatocarabe.com

Pop Cafè. Hier treffen sich die Studenten, und sie wissen auch warum. Gesundes Essen steht im Vordergrund: vitales Frühstück, vegetarisches Mittagsgericht oder Brunch am Sonntag. Piazza Santo Spirito 18r, Tel. 055 213852, www.popcafe.net

Coquinarius. Die traditionelle Weinbar bietet alles, was man sich in einer Enotheka wünscht: Viel Wein, dazu Crostini und ein uriges Ambiente. Via delle Oche 15r, Tel. 055 2302153, www.florence.ala.it/conquinar

Caffè Gilli. Historisches Café im ehemaligen römischen Forum. Seit 1733 werden hier ausgezeichneter Tee, Kuchen und heiße Schokolade serviert. Die klassische Kaffeehaus-Atmosphäre mit dunklen Holztischen unter Jugendstilfresken überzeugt. Da verzeiht man sogar, dass die Preise jenseits

Kaffeepause an der Piazza della Signoria

Oben: Das Ospedale degli Innocenti, eines der ersten Waisenhäuser überhaupt, errichtete Filippo Brunelleschi im Stil der Antike ab 1419.
Mitte: Der Palazzo di Bianca Capello, benannt nach der gleichnamigen Geliebten des Großherzogs Francesco I.
Unten: Weingott Bacchus, Souvenir

DER NORDOSTEN

fast ein Jahrhundert lang in Atem. 1348 starb fast die Hälfte der Florentiner an der Pest, und doch stieg die Stadt – wie Phönix aus der Asche – im 13. und 14. Jahrhundert durch Handel und Handwerk zur führenden Macht in Mittelitalien auf. Die Adelsgeschlechter gewannen an Einfluss, allen voran die Medici. Cosimo il Vecchio (auch bekannt als Cosimo de' Medici) gelangte 1434 als erster Medici an die Macht. Er war Bankier und Kunstmäzen sowie Entdecker einiger begnadeter Künstler, darunter Alberti, Brunelleschi, Donatello und Filippo Lippi.

Unter Cosimos Enkelsohn Lorenzo il Magnifico wurde Florenz zum Epizentrum der Renaissance. In diesem kulturellen und geistigen Zentrum herrschte eine kosmopolitische Atmosphäre, viele reiche Mäzene förderten unübertroffene künstlerische Entwicklungen. Maler, Bildhauer und Architekten drängten in die Stadt und schenkten Florenz Kirchen, Paläste und Kunstwerke, die zu den großartigsten der Renaissance gehörten.

Die Nachfolger der Medici

Das Goldene Zeitalter endete mit der Vertreibung der Familie Medici und der Herrschaft des Dominikanermönchs Girolamo Savonarola, der eine streng puritanische Republik errichtete (1494–1498). Auf dem traurigen Höhepunkt dieser Ära mussten die als unmoralisch eingestuften Werke von Künstlern wie Botticelli 1497 dem »Fegefeuer der Eitelkeiten« übergeben werden. Doch schon ein Jahr später widerfuhr Savonarola das gleiche Schicksal. Er wurde als Ketzer hingerichtet. Nach einem spanischen Intermezzo kamen 1512 die Medici an die Macht, die sie bis 1737 nicht mehr abgaben. Danach folgten die Habsburger, deren Herrschaft durch Napoleon 1860 in das Königreich Italien mündete. Florenz war bis 1871 sogar seine Hauptstadt.

Florenz – die Stadt

von Gut und Böse sind. Piazza della Repubblica 3r, Tel. 055 213896, www.gilli.it

Slowly Café. Jeden Mittwoch verwandelt sich das Café in eine trendige Cocktailbar, in der vor allem Studenten gerne feiern. An den übrigen Tagen läuft immer das Gleiche ab: Zuerst gibt es ein großzügiges Buffet mit Happy Hour, danach ausgelassene Stimmung. Via Porta Rossa 63r, Tel. 055 45354, www.slowlycafe.com

Tenax. DJs aus aller Welt beehren diesen Club, denn sein Ruf eilt ihm voraus. Er liegt außerhalb (Nähe Flughafen), aber es zahlt sich für Nachtschwärmer aus, dorthin zu fahren. Vor Mitternacht braucht man nicht hierherzukommen.
Via Pratese 46, Tel. 055 308160, www.tenax.org

ÜBERNACHTEN

Hotel Cellai. Exquisit ist dieses Hotel, in dem man nicht wohnt, sondern residiert! Umgeben von Topfpalmen schläft man in Himmelbetten und hat Florenz im Kleinen um sich: Das ganze Haus ist voller Kunstwerke! Die Lage nördlich des Stadtzentrums ist günstig für alle Arten von Spaziergängen. Via 27 Aprile 14, Tel. 055 489291, www.hotelcellai.it

Albergo La Scaletta. Komfortables kleines Hotel mit schön eingerichteten Zimmern und einer Dachterrasse, auf der man im Sommer dinieren kann. Tipp für alle, die gut leben wollen, aber kein Loch in ihre Brieftasche reißen möchten. Via de'Guicciardini 13n, Tel. 055 283028, www.lascaletta.com

Hotel Monna Lisa. Der Palazzo, ursprünglich ein Kloster und im 15. Jh. von der Familie Neri genutzt, ist voll mit Familienerbstücken. Hier fühlt man sich wie in einem Museum. Für Nostalgiker ein Traumdomizil, für Freunde modernen Komforts eher weniger. Borgo Pinti 27,
Tel. 055 2479751, www.monnalisa.it

Hotel Scoti. Schon seit 1875 gibt es diese Pension, die altmodischen Charme zu einem hervorragenden Preis-Leistungs-Verhältnis bietet. Ein Palazzo aus dem 16. Jh. gleich zwischen den Designerläden der berühmtesten Florentiner Einkaufsstraße. Der Aufenthaltsraum ist von oben bis unten mit historischen Fresken überzogen! Via de' Tornabuoni 7, Tel. 055 292128, www.hotelscoti.com

Hotel Morandi alla Crocetta. Heute beherbergt das ehemalige Kloster ein nettes 3-Sterne-Hotel. Die Zimmer sind mit historischen Möbeln und Gemälden geschmackvoll eingerichtet. Wenn man Glück hat, bekommt man eines, das direkt an einen kleinen Garten anschließt. Via Laura 50, Tel. 055 2344747, www.hotelmorandi.it

EINKAUFEN

Il Bisonte. Leder, Leder und nochmals Leder, und zwar von höchster Qualität und in allen nur erdenklichen Formen und Varianten.
Via del Parione 31r, Tel. 055 215722

Pampaloni. Wer stilvollen Schmuck kaufen möchte, sollte sich zu dieser Top-Adresse begeben: Seit 1902 sorgt Pampaloni in Sachen Schmuck für Furore. Borgo Santo Apostili 47rm Tel. 055 289094

Via de' Tornabuoni und Via della Vigna Nuova. Diese zwei Straßen eignen sich ideal für einen Einkaufsbummel in den namhaften Shoppingadressen von Florenz.

AKTIVITÄTEN

Spaggia Sull'Arno. Florenz hat auch ein (öffentliches) Strandbad, das sich am linken Arnoufer (in Höhe von San Niccolò) befindet. Dort erholt man sich auf Liegestühlen zwischen Oleanderbüschen, wo man an der Strandbar ein gekühltes Lemonsoda erstehen kann. Lungarno Serrestor.

INFORMATION

Fremdenverkehrsamt Florenz. Via Manzoni 16, Tel. 055 23320, www.firenzeturismo.it

Comune di Firenze Information für Touristen. Piazza della Stazione 4, Tel. 055 212245, www.comune.fi.it

DER NORDOSTEN

11 Florenz – die Uffizien
Kunstsammlung der Medici

Die bedeutendste Kunstgalerie Italiens ist ein Muss auf jeder Toskana-Reise, denn sie vereint architektonische Besonderheiten mit unermesslichen Kunstschätzen, die zur Identität einer ganzen Epoche beigetragen haben. Die Uffizien beherbergen neben dem Louvre in Paris oder der Tate Gallery in London eine der wichtigsten und berühmtesten Kunstsammlungen der Welt, und wer einmal drin ist, kommt aus dem Staunen nicht mehr heraus.

Der Name »ufficii« (ital. *ufficio* = »Amt«, »Büro«) verweist darauf, dass der Bau einst als Bürogebäude diente, nämlich als zentraler Ämter- und Verwaltungssitz der Medici. Cosimo I. beauftragte den Architekten Vasari 1559 mit dem Bau direkt neben dem Palazzo Vecchio.

Architektur

Der U-förmige Palast sollte für die Verwalter, das Rechtswesen und die Zünfte der Stadt dienen. Zusätzlich war ein Privatzugang vom Palazzo Pitti, dem Herrschaftssitz der Medici, zum Palazzo Vecchio gewünscht, der mit dem Corridoio Vasariano, einer direkten Verbindung zwischen den beiden Gebäuden, realisiert wurde. Doch Vasari starb noch während des Baus, und das Monsterprojekt lastete fortan auf den Schultern der Architekten Alfonso Parigi und Bernardo Buontalenti. Letzterer bekam 1574 bereits den Auftrag, das Obergeschoss so umzubauen, dass dort Platz für die Kunstwerke war, die Francesco I. gesammelt hatte. Die lichtdurchfluteten Korridore, ursprünglich als offene Loggia gedacht, dienten fortan als Galerieräume.

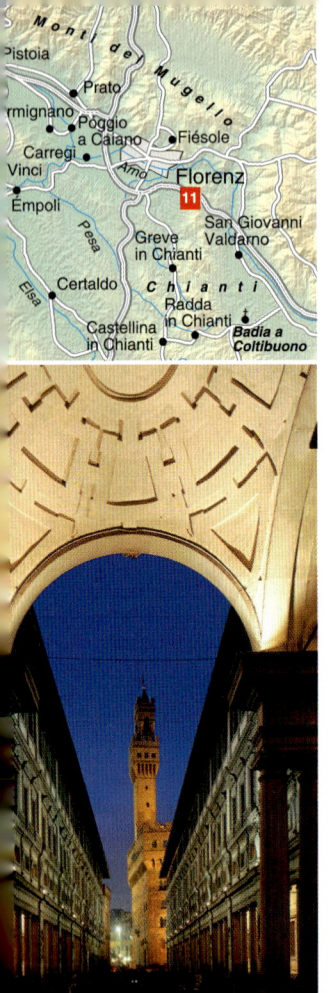

Der Palazzo Vecchio als Fluchtpunkt im langen Korridor der Uffizien-Galerie. Nach den Plänen von Giorgio Vasari wurden die beiden Flügel 1559 als zentraler Verwaltungssitz im Auftrag der Medici erbaut. Auf deren Palast hin waren sie ausgerichtet.

Florenz – die Uffizien

Zur Orientierung

Der Rundgang beginnt im oberen Stock des östlichen Gebäudeteiles, wo man nach dem Eingang (nahe der Piazza della Signora) die Haupttreppe nimmt. Die Sammlung ist chronologisch und nach den verschiedenen Schulen sortiert. Von griechischen Skulpturen in den Galerien entlang der Innenseite bis hin zu barocken Gemälden in den Sälen 43 bis 45 im Westtrakt ist hier alles vertreten, was in der Kunst Rang und Namen hat. Am wichtigsten sind für viele die Werke aus der Renaissance und dem Manierismus im Ost- und Westflügel. Zwei lang gestreckte Gebäudeteile teilen die Ausstellung in »Osten« (*corridoio di levante*) und »Westen« (*corridoio di ponente*); sie sind durch eine Loggia miteinander verbunden.

Gotik (Saal 2–6)

Der Saal Nummer 1 fällt mit seinen antiken Statuen etwas aus dem Konzept. Den Anfang des eigentlichen Rundgangs machen die toskanischen Meister des 12. bis 14. Jahrhunderts in Saal 2. Hier sind riesige Altartafeln aus florentinischen Kirchen ausgestellt, darunter die »Madonna in Maestà« (»thronende Madonna«), die von Giotto (ca. 1310), Duccio (ca. 1285) und Cimabue (ca. 1275) jeweils auf eigene Weise auf die Leinwand gebracht wurde. Alle drei gehören zu den großen italienischen Malern des 13. Jahrhunderts. Hier kann man schrittweise den Weg von der steifen byzantinischen Kunst zur freieren Gotik und später Renaissance sehen. Besonders augenscheinlich wird diese Entwicklung auf Giottos Gemälde »Madonna aus Ognissanti« Ⓐ, auf dem vielschichtige Gefühle der Heiligen und Engel herausgearbeitet sind. Auch die Darstellung des Throns der Jungfrau weist eine völlig neue Technik mit mehr Tiefe und Detailreichtum auf.

AUTORENTIPP!

SCHLANGE MEIDEN

Wer die Uffizien möglichst ohne Stress und lästiges Schlangestehen besuchen möchte, kann dies mit dem richtigen Know-how ganz einfach tun: Im Internet kann man Tickets vorbestellen, dort bekommt man auch den Zeitpunkt mitgeteilt, wann man sich vor den heiligen Hallen einfinden soll, zu dem man dann auch ins Museum eingelassen wird – ganz ohne Warten! So einfach geht's: Die unten angegebene Website aufrufen und dann die Karten vorbestellen; Datum und Zeit für den Museumsbesuch werden Ihnen zugeteilt und mittels Reservierungsnummer zugesichert. Diese muss man vorweisen, wenn man zu den Uffizien kommt und das Ticket zahlt. Durch Schilder kommt man relativ zügig zu den dafür zuständigen Schaltern und zu einem speziellen Eingang für Reservierungen.

Ticketvorverkauf. www.firenzemusei.it, www.virtualuffizi.com

Egal ob Domfassade, Porträtzeichner oder Pflastermaler – für Touristen gibt es viele Attraktionen.

Oben: Die Uffizien zum Arno hin
Mitte und unten: Diese zwei Highlights sollte man gesehen haben: die »Annunciatione« des Erfindergenies Leonardo da Vinci und das Symbolbild für den Frühling »La Primavera« von Botticelli, äußerst blüten- und detailreich dargestellt.

DER NORDOSTEN

Ebenfalls zu dieser Epoche gehört die »Annunciazione« ⓑ (»Verkündigung«) aus dem Jahr 1333, die von Simone Martini geschaffen wurde. Sie zeigt die Madonna in einem Meer von Gold und ist vor allem wegen ihrer zeichnerischen Eleganz, der betonten Linien der Gewänder sowie der subtilen Ausgewogenheit von Gesten und Bewegungen der Höhepunkt in Saal 3.

Frührenaissance (Saal 7–14)

Vor allem ein neues Verständnis für perspektivische Gestaltung und die Erkundung von Tiefe und Raum brachte die Entwicklung der Kunst im 15. Jahrhundert um einen bedeutenden Schritt weiter. Einer, der die Vorreiterrolle übernahm, war Paolo Uccello: Seine »Schlacht von San Romano« ⓒ (1456, Saal 7) ist eines der wirkungsvollsten Werke in den ganzen Uffizien. Es erinnert an den Sieg der Florentiner Truppen über die vereinten Streitkräfte Mailands und Sienas. Hier sieht man schön den skurrilen und an die Grenzen der Abstraktion gehenden Erfindungsreichtum, für den Paolo Uccello berühmt war.

In Saal 8 sind die ersten Renaissanceporträts ⓓ zu sehen. Berühmt ist das Diptychon des Federico da Montefeltro mit seiner Gattin Battista Sforza (1465) von Piero della Francesca. Die berühmten Profildarstellungen zeigen den Herzog mit krummer Nase in rotem Gewand und die Herzogin von Urbino. Der Herzog wird stets mit (vom Betrachter aus) nach links gerichtetem Blick porträtiert, da sein rechtes Ohr bei einem Turnierunfall verstümmelt wurde. Mit der auffallenden Blässe seiner Gattin kommt zum Ausdruck, dass das Porträt erst nach ihrem Tod gemalt wurde.

In den Räumlichkeiten der Sala di Botticelli (10–14) befand sich einst das Theater der Medici, deshalb auch die hohe Decke. Heute ist sie einer der Hö-

Florenz – die Uffizien

Rundgang Uffizien

Ⓐ Madonna aus Ognissanti (1310) Saal 2
Giottos Darstellung war revolutionär, was räumliche Tiefe und körperliche Präsenz anbelangt. Ein Meilenstein der perspektivischen Malerei.

Ⓑ Verkündigung (1333) Saal 3
Simone Martini aus Siena schuf dieses von der französischen Gotik beeinflusste Meisterwerk. Die Heiligen an den Seiten wurden von seinem Schüler Lippo Memmi gemalt.

Ⓒ Schlacht von San Romano (1456) Saal 7
Auf dem Gemälde von Niccolò da Tolentino wird die für Florenz siegreiche Schlacht gegen die Truppen von Siena und Mailand gezeigt.

Ⓓ Herzog und Herzogin von Urbino (1465-70) Saal 8
Die leichenblasse Herzogin und der krummnasige Herzog in einem der ersten Renaissanceporträts. Gemalt wurde es von Piero della Francesca.

Ⓔ Die Geburt der Venus (um 1485) Saal 10/14
Botticellis Werk zeigt die Göttin der Liebe, wie sie auf einer Muschel stehend ans Ufer geweht wird. Sie soll die Geburt des Schönen durch die göttliche Befruchtung symbolisieren.

Ⓕ Die Heilige Familie (1507) Saal 25
Das einzige Werk Michelangelos in der gesamten Galerie. Er brach mit der Konvention, Christus immer auf dem Schoß Marias zu zeigen und inspirierte mit seinen Farbkombinationen die ihm folgenden Manieristen.

Ⓖ Venus von Urbino (1538) Saal 28
Ein sinnlicher Akt von Tizian.

Ⓗ Medusenhaupt (1595) Saal 43
Ursprünglich wurde dieses beängstigende Gemälde vom Barockmaler Caravaggio für einen Kardinal geschaffen. Es zeigt das abgeschlagene Haupt der Medusa.

INFO: Modernisierung der Uffizien
Da die Beleuchtung und Inszenierung der Kunstwerke schon lange nicht mehr zeitgemäß ist, werden die Uffizien seit 2007 modernisiert. So kann es passieren, dass die Gemälde nicht immer an dem Ort sind, an denen sie laut Plan sein sollten. Allerdings braucht man nach der Fertigstellung der neuen Uffizien nicht mit einem Multimedia-Aufgebot wie in manchen anderen Museen zurechnen: Die Florentiner wollen ihre konventionelle Ausstellungsweise wohl auch in Zukunft beibehalten.

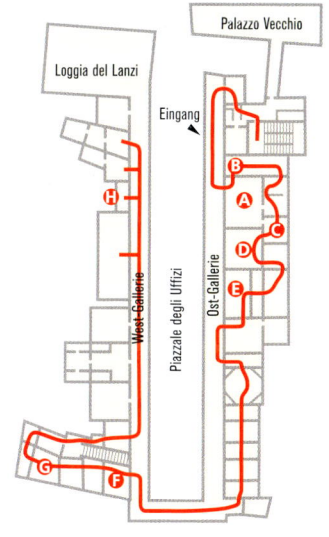

Ⓐ Madonna aus Ognissanti
Ⓑ Verkündigung
Ⓒ Schlacht von San Romano
Ⓓ Herzog und Herzogin von Urbino
Ⓔ Die Geburt der Venus
Ⓕ Die Heilige Familie
Ⓖ Venus von Urbino
Ⓗ Medusenhaupt

DER NORDOSTEN

hepunkte eines Uffizien-Besuchs: Die Gemälde »Nascita di Venere« ⓔ (»Geburt der Venus«) und »Primavera« (»Frühling«) zählen zu den bekanntesten Werken des Renaissance-Meisters. In Ersterem nimmt die von Engeln umschwärmte Liebesgöttin den Platz der Jungfrau Maria ein und belegt so die Faszination, die zu dieser Epoche von der antiken Mythologie ausging. Auch im »Frühling« steht die Venus im Mittelpunkt des Geschehens.

Hochrenaissance und Manierismus (Saal 15–29)

Saal 15 beherbergt die Werke des jungen Leonardo da Vinci, vor allem in der »Verkündigung« (1472–75) sind schon Ansätze seines späteren Stils erkennbar. Der als »Tribuna« bekannte Saal 18, der ursprünglich für die Lieblingsstücke der Medici geplant war, birgt heute die Mediceische Venus, die in der Antike als sehr erotisch galt. Sie ist eine Kopie des griechischen Bildhauers Praxiteles aus dem 1. Jahrhundert v. Chr. Weitere Highlights in diesem Saal sind die Porträts von Agnolo Bronzino »Cosimo I.«, »Eleonora di Toledo« (beide sind um 1545 entstanden) und »Cosimo il Vecchio« (1517). Im Saal 20 und 22 sind Werke der deutschen und

Oben: Die »Geburt der Venus« (Ausschnitt) von Sandro Botticelli ist eines seiner bekanntesten Werke.
Unten: Unbedingt ganz herumgehen! – Giambolognas (1529 bis 1608) »Raub der Sabinerinnen« in der Loggia dei Lanzi ist ein Höhepunkt der Bildhauerkunst.

> ### MAL EHRLICH!
> **WER NIMMT SICH SCHON EINEN GANZEN TAG ZEIT?**
> Wenn man die Uffizien richtig kennenlernen möchte, braucht man wirklich Ausdauer. Aber es steigert nicht gerade die Begeisterung, wenn man sich stundenlang durch die schier endlosen Korridore der ehemaligen Medici-Büros quält. Daher der simple Tipp: Vorher sich ein bisschen einlesen und danach aufs Wesentliche konzentrieren. Wer nur ein paar der fast 50 Räume erkundet, behält die Uffizien so spannend in Erinnerung, wie sie eigentlich sein sollten.

Florenz – die Uffizien

niederländischen Malerei der Renaissance. Künstler wie Albrecht Dürer, Lukas Cranach, Albrecht Altdorfer und Hans Holbein sind vertreten.

Saal 25 wird von Michelangelos »Die Heilige Familie« ❼ beherrscht (1508; auch Doni-Tondo genannt): Dieses Glanzlicht der Hochrenaissance hatte vor allem wegen seiner lebendigen Farbgebung einen großen Einfluss auf zukünftige Malergenerationen. Ungewöhnlich ist die Komposition: Josef hält einen etwas molligen Jesus an die muskulöse Schulter seiner Mutter, während sie ihn anblickt.

Die »Venus von Urbino« ❽ (1538) von Tizian im Saal 28 ist laut Mark Twain »das abscheulichste, schändlichste und obszönste Bild der Welt«. Für andere ist der Akt einer der schönsten, der je gemalt wurde. Tizian zeigt die Venus ruhend, in vollendeter Schönheit, zwar ohne Scheu, aber doch in koketter Pose mit etwas herausforderndem Blick.

Spätere Gemälde

Viele der Besucher sind an diesem Punkt bereits übersättigt von der Fülle an Kunstwerken. Vor allem in den Caravaggio-Räumen (Säle 41–45) sollte man sich aber nicht dazu verleiten lassen, nur noch unkonzentriert hindurchzueilen. Saal 43 zeigt die berühmte »Medusa« ❾, die Caravaggio zwischen 1596 und 1598 für einen römischen Kardinal geschaffen hat, auch der »Bacchus« (etwa 1589), sein erstes anerkanntes Werk, wird hier ausgestellt. Vor allem die Tatsache, dass er von vielen Traditionen abweicht und zum Beispiel faule Früchte malt, ist für sein Werk bezeichnend. Caravaggio war der Hauptvertreter des italienischen Barock und verkörpert dessen ausdrucksstarken, dramatischen Charakter. Im furiosen Gemälde, das den enthaupteten Medusenkopf zeigt, hat das mit Schlangen besetzte Haupt die Furcht einflößende Wirkung noch nicht verloren. Der Mund ist zu einem letzten Schrei geöffnet.

INFOS ZU DEN UFFIZIEN

Tickets:
Mit der Online-Reservierung der Eintrittskarte spart man sich eine Menge Wartezeit. Es gibt Vollpreistickets und reduzierte für Jugendliche unter 26 Jahren und Lehrer der EU. Unter 18 und über 65 zahlen Einwohner der EU die Hälfte.

Ticketreservierung:
Tickets für das Museum und/oder eine Tour kann man vor Ort im Palazzo Pitti, in der Rezeption der »neuen Uffizi« und in der Info des Museums erwerben (Di–So 8.30–9 Uhr) oder reservieren.

Korridor-Tour:
Beliebt, aber nicht allzu günstig, ist die (englischsprachige) Tour durch den Vasari-Korridor. Für 95 Euro ist man dabei, erlebt aber faszinierende Blicke auf den Arno, die Stadt und den Ponte Vecchio. Di, Fr, So ab 10 Teilnehmern, Treffpunkt 15 Minuten vor der Tour bei der David-Statue auf der Piazza della Signoria. Dauer: 2 Stunden. Die möglichen Termine erfährt man bei der Online-Anmeldung (www.uffizi.com).

Museums-Tour:
Die solide Museumstour konzentriert sich auf die wesentlichsten Werke, vermittelt zu diesen aber einen umfassenden Überblick. Eintritt und Führung kosten 39,50 Euro, Treffpunkt ist 15 Minuten vor Beginn vor dem dritten Tor auf der rechten Seite, wenn man von der Piazza de Signora kommt. Dauer:1,5 Stunden. Die Termine erfährt man bei Anmeldung (www.florence-tickets.com).

Mitte: Filippo Brunelleschis Domkuppel thront über Florenz seit 1434. Tipp: Unbedingt besteigen. Zwischen den beiden Schalen schliefen damals sogar die Bauarbeiter.
Unten: Das Original von Michelangelos »David« steht heute neben anderen seiner Skulpturen in der Accademia.

DER NORDOSTEN

12 Florenz – die Architektur
Ein Gesamtkunstwerk

In Florenz haben viele geniale Künstler über Jahrhunderte hinweg ihre Spuren hinterlassen. Wo man auch hinschaut – überall sieht man berühmte Fassaden, Kuppeln, Kirchen und Palazzi, Fresken, Gemälde und Skulpturen. Um bei einer so riesigen Auswahl an künstlerischen Versuchungen nicht den Überblick zu verlieren, werden die allerwichtigsten Bauwerke hier vorgestellt.

Il Duomo

Schon von Weitem sieht man die wuchtige 91 Meter hohe Kuppel, die mit ihren 45,5 Metern Durchmesser so überwältigend ist, dass man sich daneben unbedeutend klein fühlt. Dass der Dom Santa Maria del Fiore in solch großen Dimensionen gebaut wurde, war typisch für die damalige Zeit, denn die Florentiner, allen voran der einflussreiche Medici-Clan, versuchten stets führend zu sein. Auch heute noch ist der Dom das höchste Gebäude der Stadt und die viertgrößte Kirche Europas.

Bei einem Projekt solchen Ausmaßes müssen viele hochprofessionelle Künstler und Architekten mitarbeiten: Arnolfo di Cambio war der erste Dombaumeister, Giotto der Erbauer des Campanile, folgte ihm, Francesco Talenti leitete die Bauarbeiten bis zur Fertigstellung. Bei der Gestaltung des Innenraums wirkten unter anderem Giorgio Vasari und Frederico Zuccari mit.

Nachdem viele an der Frage, wie man der Kirche eine angemessene selbst tragende Kuppel aufsetzen könne, scheiterten, konstruierte Filippo Brunelleschi ein statisches Wunderwerk mit einem Skelettsystem aus 24 Rippen, Querbalken und Zie-

Florenz – die Architektur

gelsteinen. Der Bau, bestehend aus einer äußeren und einer viel enger geführten inneren Schale, wurde 1420 bis 1434 ausgeführt. Danach, im Jahr 1436, konnte Papst Eugen IV. den Dom einweihen.

Das Innere des Doms

Ein Hinweis vorweg: Beim Besuch des Doms sollte man auf angemessene Kleidung achten und nicht zu viel nackte Haut zeigen.

Auf den ersten Blick wirkt der weitläufige, dreischiffige Innenraum überraschend leer. Auf der linken Seite, kurz bevor man zur Kuppel kommt, setzt Domenico di Michelinos Fresko »Dante e I Suoi Mondi« (»Dante und seine Welten«) dem Dichter Dante Alighieri ein Denkmal. Der Florentiner wird vor einer Stadtansicht und Szenen aus seiner »Göttlichen Komödie« gezeigt. Die farbenfrohen Fenster wurden nach Entwürfen von Paolo Uccello, Donatello und Lorenzo Ghiberti gefertigt. Sehr prachtvoll ist auch der farbige Marmorboden aus dem 16. Jahrhundert. Der Innenraum der Kuppel ist mit dem »Jüngsten Gericht« von Giorgio Vasari geschmückt, unglücklicherweise verstarb der Künstler 1574, zwei Jahre nachdem er mit den Fresken begonnen hatte, danach stellten Federico Zuccari und seine Gehilfen das Kunstwerk bis 1574 fertig. Im östlichen Teil der Kirche sind drei gleichförmige Chorarme, jeder umschreibt jeweils fünf Seiten eines Achtecks. Die Ostkapelle beherbergt den Reliquienschrein des Heiligen Zeno. Gestaltet wurde er von Luca della Robbia mit einem Kandelaberengel (1450). In der Sagrestia Nuova etwas nördlich befindet sich die »Auferstehung Christi« (1444) von Luca della Robbia, die Sagrestia Vecchia (bzw. Sagrestia die Canonici) wartet mit dem Relief der Himmelfahrt Christi (1442 bis 1445) auf. Die Marmorbrüstung rund um den Hochaltar wurde von Baccio Bandinelli 1555 gestaltet.

Giorgio Vasari begann 1572 mit dem »Jüngsten Gericht« in der Florentiner Domkuppel. Er wollte Michelangelos sixtinisches Fresko übertreffen.

INFOS ZUM DOM

Dom:
Piazza del Duomo,
Tel. 055 2302885,
Mo–Mi, Fr 10–17, Do bis 15.30,
Sa bis 16.45, So 13.30–16.45 Uhr

Krypta:
Mo–Fr 10–17, Sa bis 16.45 Uhr

Baptisterium:
Mo–Sa 12–19, So 8.30–14 Uhr

Kuppel:
Mo–Fr 8.30–19, Sa bis 17.40 Uhr

Campanile:
Tägl. 8.30–19.30 Uhr
Für alle diese Bereiche gibt es Führungen in regelmäßigen Abständen, die direkt an der Stelle starten, an der man die Eintrittskarten kauft. Messe auf Englisch, Sa 17 Uhr,
www.operaduomo.firenze.it

DER NORDOSTEN

Dommuseum und Baptisterium

Im Dommuseum werden Kunstwerke aus Dom, Baptisterium und Campanile gezeigt. Zu den Prachtstücken der Sammlung zählen die zehn Originaltafeln der Porta del Paradiso des Baptisteriums, aber auch Details der Domfassade aus dem 16. Jahrhundert. Unter den Skulpturen ersten Ranges sei hier die marmorne Johannes-Statue (1415) von Donatello hervorgehoben. Der späte Michelangelo schuf für den Florentiner Dom eine »Pietà« (Piazza del Duomo 9, www.operaduomo.firenze.it, tägl. 9–19.30, an Sonn- und Feiertagen bis 13.30 Uhr).

Grün und weiß gemustert zieht der achteckige Marmorbau des Baptisteriums gegenüber des Doms die Besucherscharen an. Die 1128 vollendete Taufkirche erhielt ihren letzten Schliff mit den vier prächtigen Bronzeportalen: Andrea Pisano schuf das älteste mit Szenen aus dem Leben Johannes des Täufers bereits von 1330 bis 1336. Besonders prächtig ist das Ostportal, die Porta del Paradiso (1425–1452) von Lorenzo Ghiberti, des-

Oben: Die Frontseite des Palazzo Vecchio wurde 1302 fertiggestellt.
Unten: Die Fontana del Nettuno, dem Meergott Neptun geweiht, brachte Wasser mitten in die Stadt, auf die Piazza Signoria. Die Skulpturen stammen von Bartolomeo Ammanati (1511–1592).

MAL EHRLICH!

DER FRÜHE VOGEL

Florenz kann einem vor allem von Mai bis September ganz schnell auf die Nerven gehen, wenn man auf Schritt und Tritt Horden von Touristen um sich hat. Man fragt sich irgendwann, warum man eigentlich hierher gekommen ist, doch dann ist es schon zu spät, die Besichtigung noch einmal neu zu planen. Machen Sie es lieber gleich richtig: Früh aufstehen heißt die Devise! Denn in den frühen Morgenstunden, wenn es zwar schon hell ist und die Stadt in ein warmes Licht getaucht wird, kann man sich frei bewegen! Zwar haben die Museen und Kirchen noch geschlossen, dafür kann man die Aura der Piazza della Signoria und die beeindruckende Architektur des Doms in aller Ruhe auf sich wirken lassen.

Florenz – die Architektur

sen Reliefs alttestamentliche Szenen zeigen. Von Ghiberti stammen auch die Nordtüren (1403–1424) mit Szenen aus dem Alten und Neuen Testament. Im Innenraum des Battisterio sind herrliche Mosaike (ab 1225) vertreten, allen voran »Majestas Domini« (Christus als Weltenrichter) und das »Jüngste Gericht« (Mo–Sa 12–19, So 8.30–14 Uhr).

Piazza della Signoria

Der Mittelpunkt des politischen und sozialen Lebens in Florenz ist nach einer großen Glocke benannt, die früher die Bürger zum »Parlamento« (öffentliches Treffen) rief. »Signoria« nannte man auch die neunköpfige Kommunalregierung, die im Palazzo Vecchio tagte. Mit seiner hohen Dichte an Renaissance-Bauwerken zieht der zentrale Platz Besucher und Einwohner gleichermaßen in seinen Bann.

Der Palazzo Vecchio dominiert die Piazza an der Ostseite. Er wurde 1332 fertiggestellt und dient/e als Sitz der Kommunalregierung. Auf dem blau unterlegten Fries über dem Eingang steht auf Lateinisch geschrieben »Christus ist der König«, was alle weltlichen Herrscher an ihre Sterblichkeit erinnern sollte. Direkt an den Palazzo Vecchio schließt sich die berühmteste Kunstgalerie Italiens an, die Uffizien (ab S. 82). Vor dem Palazzo wurde im 16. Jahrhundert der von Bartolomeo Ammanati 1575 geschaffene Neptunbrunnen aufgestellt, mit dem sich die Florentiner bis heute nicht anfreunden können. Wegen der etwas grobschlächtigen Neptunfigur verspotten sie ihn als »Il Biancone« (»der große Weiße«). Die Markierung am Boden vor dem Brunnen erinnert daran, dass der Bußprediger Savonarola 1498 auf der Piazza della Signora in Ketten gelegt und verbrannt wurde.

Auf der anderen Seite des Palazzo Vecchio steht eine Kopie des 5,3 Meter großen »David« von Michelangelo.

AUTORENTIPP!

SO WERDEN SIE DIE MASSEN LOS

Nehmen Sie sich mindestens zwei Tage Zeit für die Arno-Metropole: Dann können Sie die Hauptsehenswürdigkeiten am ersten Tag abhaken und sich am zweiten etwas abseits der Touristenpfade begeben. Denn auch dort findet man Kunstschätze von unschätzbarem Wert wie Michelangelos Wendeltreppe, die zur Biblioteca Laurenziana Medicea führt. Die einstige Bibilothek der Medici wurde von Michelangelo geplant und gehört zur Renaissance-Kirche San Lorenzo ganz in der Nähe des Doms. (Piazza San Lorenzo 9, www.bml.firenze.sbn.it; Mo–Do 8–14 Uhr). Oder man bucht sich schon weit im Voraus eine private Führung im Corriioio Vasasrio (Tel. 055 294883; zum Vasari-Korridor. Doch auch die Schlangen vor den Hauptsehenswürdigkeiten lassen sich manchmal vermeiden, zum Beispiel, im Fall der herrlichen Boboli-Gärten hinter dem Palazzo Pitti, die man quasi durch den Hintereingang betreten kann, nämlich vom benachbarten Giardino Bardini aus (Via dei Bardi, Tel. 055261 2214).

Hauptsaal des Palazzo Vecchio ist der Saal der Fünfhundert. Savonarola rief nach venezianischem Vorbild einen Großen Rat ins Leben.

DER NORDOSTEN

Ponte Vecchio

Bis 1218 verfügte die Stadt nur über diesen einen Übergang über den Arno. Der heutige Bau mit vielen kleinen Juwelierläden hat seine Wurzeln im Jahr 1345, denn seitdem ist verbürgt, dass Handwerker und Händler auf der Brücke ansässig waren.

Palazzo Pitti

Der Palazzo am Südufer des Arno wurde 1457 von Filippo Brunelleschi für den Bankier Luca Pitti errichtet. Dieser wollte mit dem Palast den Medici Paroli bieten, allerdings musste er schon knapp 100 Jahre später verkauft werden, da Pittis Nachfahren pleite gingen. Wer sonst, wenn nicht die Medici, sollte den wuchtigen Palast übernehmen? Bei Erweiterungsbauten wurde penibel darauf geachtet, den ursprünglichen Stil beizubehalten. Seit 1919 ist der Palast im Staatsbesitz, und heute beherbergt er mehrere Museen. Hier sind Kunstwerke ausgestellt, die die Medici über die Jahrhunderte angesammelt haben, darunter Werke von Tizian, Botticelli, Perugino oder Tintoretto (Piazza de' Pitti, Di–So 8.15–18.50 Uhr).

Santa Croce

In der gotischen Kirche mit ihrer dreigeteilten Marmorfassade aus dem 19. Jahrhundert haben einige der größten Söhne der Stadt ihre letzte Ruhestätte gefunden: Galilei, Dante, Ghiberti und Machiavelli. Aufwendig gestaltet ist das Grab Michelangelos (rechts vom Eingang). Von Giotto und seinem Schüler Gaddi stammen die Fresken der Cappella Bardi und der Cappella Peruzzi (rechts vom Hochaltar). Ein weiteres Highlight ist die Cappella de Pazzi (rechts vom Hauptschiff), die 1443 von Brunelleschi begonnen wurde. Ihre Form mit für die Renaissance bezeichnenden Proportionen macht sie zu einem der Meisterwerke dieser Epoche.

Oben: Durch den Palazzo Pitti gelangt man in die Boboli-Gärten, die mit ihren Alleen, Treppen, Brunnen viel Raum zum Flanieren bieten; im dazugehörigen Café genießt man auch ein wunderbares Panorama.
Unten: Die Franziskanerkirche Santa Croce

Florenz – die Architektur

Rundgang Florenzer Dom

Ⓐ Baptisterium
Im achteckigen Becken wurde unter anderen auch Dante getauft. Besonderes Augenmerk soll man auch auf die Portale richten, die von Lorenzo Ghiberti (Nord, Ost) und Andrea Pisano (Süd) gestaltet wurden.

Ⓑ Campanile
Der 85 Meter hohe Glockenturm von Giotto ist zwar ein paar Meter niedriger als die gewaltige Kuppel, allerdings fällt das bei der Besichtigung nicht ins Gewicht: Der Aufstieg zu beiden Bauwerken ist gleich anstrengend!

Ⓒ Marmorfassade
Die Fassade ist neogotisch und wurde an den Stil vom Campanile angepasst. Sie wurden erst Mitte des 19. Jh. hinzugefügt.

Ⓓ Dante e I Suoi Mondi
Dieses Gemälde von Michelino entstand 1465 und zeigt den Dichter Dante Alighieri, wie er sein Meisterwerk der Dichterkunst erklärt.

Ⓔ Kapellen im Osten
Jede dieser drei Apsiden birgt fünf Kapellen und ist von einer kleineren Kuppel gekrönt. Ghiberti ist teilweise für die bunten Glasfenster verantwortlich.

Ⓕ Marmorbrüstung
Baccio Bandinelli schuf hier im Jahr 1555 diese Marmorbrüstung, die um den Hochaltar geht.

Ⓖ Kuppel
Die Kuppel ist Brunelleschis Meisterwerk der Statik. Im Inneren sieht man Vasaris Fresken, die das Jüngste Gericht darstellen.

Ⓗ Laterne
Auch die Laterne wurde von Brunelleschi geplant. Wer es bis hier oben schafft, wird mit einem atemberaubenden Blick über eine der schönsten Städte Europas belohnt.

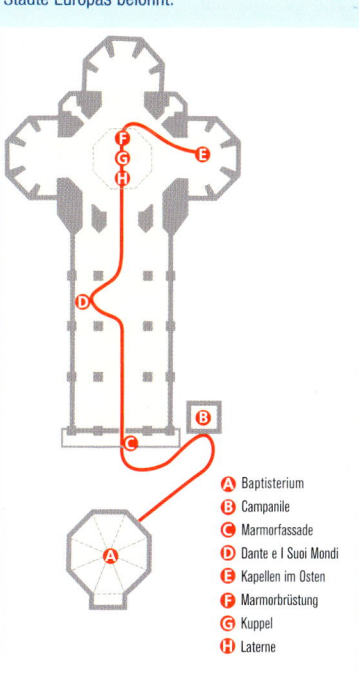

Ⓐ Baptisterium
Ⓑ Campanile
Ⓒ Marmorfassade
Ⓓ Dante e I Suoi Mondi
Ⓔ Kapellen im Osten
Ⓕ Marmorbrüstung
Ⓖ Kuppel
Ⓗ Laterne

DER NORDOSTEN

13 Fiesole
Stadt mit Aussicht

Fiesole eignet sich perfekt, um nach dem Besuch der hektischen Großstadt Florenz ein wenig Ruhe zu genießen. Wer sich eine Auszeit von der Kunstmetropole nehmen will, kommt in die überschaubare Kleinstadt nur acht Kilometer nördlich. Mit ihren 15 000 Einwohnern strahlt sie Ruhe aus, fast zauberhaft wirkt die Atmosphäre in der kühlen Luft zwischen den idyllischen Hügeln und Renaissance-Villen.

Literaturreif

Die Aussicht von 295 Metern Seehöhe ist unüberbietbar. Umspielt von der südlichen Sonne mit den Winden der luftigen Höhen ist hier auch das Klima ideal. Kein Wunder, dass Fiesole im 19. und frühen 20. Jahrhundert ein beliebter Anziehungspunkt für Maler und Dichter war. Henry James lobte die Aussicht in seinem Reisebericht »Italian Hours« (1909), aber auch Marcel Proust und Gertrude Stein waren von der Ruhe Fiesoles begeistert.

Blick vom Kloster

Entspannt im Liegestuhl dösen mit dem Blick auf die meilenweite Landschaft? Das kann man am besten in der Villa San Michele (Autorentipp!), einem erstklassigen Hotel, das früher einmal ein Kloster war. Die Franziskanermönche suchten die Einsamkeit fernab der Stadt und errichteten in den Anhöhen über Florenz ihr Kloster. Wer heute hier wohnt, dem liegt nicht nur Florenz zu Füßen, sondern auch die typische Toskana-Idylle: Weinstöcke, Olivenbäume, Zypressen und kleine Bauernhäuser. Und außerdem gibt es in Fiesole auch noch eine Menge zu sehen.

Mitte und unten: Die Villa San Michele, ein exklusives Hotel in einem ehemaligen Kloster mit Blick über Florenz wirbt damit, einer der romantischsten Orte der Welt zu sein. Michelangelo hat wohl die Fassade entworfen, die Loggia bietet einen atemberaubenden Blick.

Fiesole

Auf dem zentralen Piazza Mino da Fiesole

Antike Kostbarkeiten

Im 7. Jahrhundert v. Chr. entstand hier eine Etruskersiedlung, die lange ein bedeutendes Machtzentrum war. Auch die Römer hielten sich hier gerne auf, was leicht an den römischen Thermen und dem gut erhaltenen Amphitheater erkennbar ist. Sehenswert sind vor allem die archäologischen Schätze der ehemaligen römischen Tempelanlagen sowie des Theaters aus der Zeit rund um 60 v. Chr., die noch im Wesentlichen erhalten sind (Via Portigiani 1, www.fiesolemusei.it).

Kulturelle Hauptattraktion des kleinen Städtchens sind die Ausgrabungsstätten mit etruskischen Tempeln, römischen Bädern und einem archäologischen Museum, das Skulpturen, Keramik und Schmuck von der Bronzezeit bis ins Römische Kaiserreich zeigt.

Highlight des gesamten Areals ist das römische Theater, das im 1. Jahrhundert v. Chr. errichtet wurde. Fast 2000 Menschen fasst der Zuschauerraum, der sich halbkreisförmig an den Hügel lehnt. Sogar die ehemaligen Eingänge und Türen, die »Vomitoria«, sind noch erkennbar. Hier finden in den Sommermonaten während des Festivals »Estate Fiesolana« Musik- und Theateraufführungen statt (www.estatefiesolana.it).

AUTORENTIPP!

RENAISSANCE LIVE!

Wer sich das Doppelzimmer für 600 Euro leisten kann, sollte hier mindestens eine Nacht verbringen! Dieses Fünf-Sterne-Hotel ist heute Luxusadresse Nummer eins in Fiesole, wenn nicht überhaupt in den Hügeln um Florenz. Dass das Gebäude im 15. Jh. als Kloster gegründet wurde, kann man heute kaum noch erkennen: Alles ist luxuriös, stilvoll und mit viel Liebe zum Detail eingerichtet. In den Zimmern mit Blick über Florenz gruppieren sich Pastelltöne mit dunklem Holz, und die original erhaltenen Fresken machen den Renaissance-Effekt perfekt. Im Garten kann man zwischen Zitronenbäumen und Rosenstöcken spazieren gehen. Herz, was willst du mehr? Auch Kochkurse werden im Restaurant San Michele angeboten: Sie finden in englischer Sprache statt und widmen sich verschiedenen Themen. Hier können Einsteiger, Singles, Kinder oder auch erfahrene Hobbyköche ihre Kenntnisse erweitern.

Villa San Michele. Via Doccia 4, Tel. 055 5678200, www.villasanmichele.com

Die Villa »San Michele« von innen

DER NORDOSTEN

Dom und kirchliche Bauten

Den Rundgang durch die Innenstadt beginnt man am besten am Hauptplatz, wo der romanische Dom, der Palazzo Pretorio, der Palazzo Comunale und das alte Oratorium Santa Maria Primerana versammelt sind. Diese repräsentativen Gebäude ergeben ein ansehnliches Ensemble. Mit dem Bau des Doms von Fiesole (Piazza della Cattedrale 1), zu dem ein massiger Campanile gehört, wurde 1028 begonnen. Durch die sorgfältige Restaurierung im 19. Jahrhundert kann man seine ursprüngliche Pracht gut erkennen. Sein schlichtes romanisches Interieur wird von einer glasierten Terrakottastatue San Romolos (Giovanni della Robbia, 1521), des Namenspatrons der Kirche, dominiert.

Vom Hauptplatz aus führt ein Fußweg auf der Via San Francesco in wenigen Minuten zum Franziskanerkloster San Francesco (14. Jahrhundert) hinauf, einem romanischen Bau mit Rosette über dem Portal. Nur wenige Meter weiter gelangt man zur Basilica di Sant' Allessandro mit neoklassizistischer Fassade aus dem Jahr 1399. Von hier oben hat man wohl den schönsten Blick auf Florenz.

San Domenico di Fiesole

Nimmt man von hier die Via Vecchia Fiesolana, kommt man in das Dorf San Domenico. Es handelt sich eigentlich nur um eine kleine Ansammlung von alten Häusern, allerdings lohnen zwei Kirchen den Besuch: In San Domenico sind Kunstwerke wie »Madonna mit Kind, Engeln und Heiligen« oder »Kreuzigung« von Fra Angelico (beide um 1430) zu besichtigen. Die romanische Badia Fiesolana in der Via della Badia dei Roccettini erkennt man leicht an ihrer unfertigen, grün-weiß gestreiften Marmorfassade. Das Innere ist ein einziger weiß-grauer Raum: Vom einschiffigen Langhaus gehen tiefe Seitenkapellen ab.

Oben: Morgenstimmung über Florenz
Mitte und unten: Im Garten der Villa San Michele laden Rosenbeete und Zitronenbäume zum Flanieren ein.

Fiesole

Adressen in Fiesole

ESSEN UND TRINKEN

Casa del Prosciutto. Nomen est omen: Hier kommt ausschließlich bodenständige Küche und vor allem viel Schinken auf den Tisch! Die Trattoria liegt 9 km nördlich von Fiesole, doch die Reise dorthin zahlt sich wirklich aus. Und wer schon einmal dort ist, sollte sich wirklich gleich als Vorspeise eine gehörige Portion Prosciutto gönnen. Torre di Buiano, Via dei Bosconi 58, Tel. 055 548830, www.casadelprosciutto.com

La Reggia degli Etruschi. In gemütlichem Ambiente sitzt man auf hellen Holzsesseln und genießt die sagenhaft stimmige Atmosphäre. Besonders toll ist die Terrasse, die gleich neben dem Franziskanerkloster einen wahrhaft traumhaften Blick aufs Arnotal verspricht. Kosten Sie sich ruhig durch die Speisekarte – alles schmeckt köstlich und die Preise sind moderat! Via San Francesco 18, Tel. 055 59385, www.lareggiadeglietruschi.com

Etrusca. Hier bekommt man drei Lokale in einem, denn das »Etrusca« ist Pizzeria, Café und Bar zugleich. Wegen der zentralen Lage am Hauptplatz ist es ideal für den Kaffee zwischendurch oder einen kleinen Snack. Viele Bäume spenden auf der Terrasse Schatten für alle, denen es trotz milderem Klima zu heiß wird. Piazza Mino da Fiesole 2, Tel. 055 599484.

ÜBERNACHTEN

Villa dei Bosconi. Die Zimmer wie die Preise sind zwar eher durchschnittlich, dafür ist die Lage direkt am kühlen Waldrand sehr verlockend, vor allem im Hochsommer. Das freundliche Hotel liegt ein paar Kilometer abseits der Stadt und bietet so angenehme Ruhe. Manche der Zimmer haben sogar direkten Blick auf Florenz! Via Ferrucci 51, Tel. 055 59578, www.villadeibosconi.it

Villa Aurora. Zentral gelegenes Vier-Sterne-Hotel mit modern eingerichteten Zimmern, ausgezeichnetem Restaurant und weitem Ausblick. Durch die Nähe zu Florenz (nur 5 km) eignet es sich auch ideal für Gäste, die zwar tagsüber die Vorzüge der Stadt genießen möchten, es abends aber lieber ruhig angehen wollen. Piazza Mino da Fiesole 39, Tel. 055 59363, www.villaurora.net

INFORMATION

Via Portigiano 3, Tel. 055 59477, www.fiesolemusei.it

Ein Zimmer in der Villa »San Michele« ...

... und die Fassade im Stil Michelangelos

DER NORDOSTEN

14 San Miniato
Trüffelsuche zu Füßen der Kaiserburg

Übers Jahr hinweg verströmt San Miniato den typischen Charme einer toskanischen Kleinstadt zwischen Florenz und dem Meer. Für Touristen gibt es außer der mittelalterlichen Festung und einigen reizvollen Klerikalbauten keinen besonderen Anlass, hierherzukommen. Doch die Beschaulichkeit endet schlagartig Mitte September, denn dann ist die Trüffelsaison eröffnet – und die hält die Einheimischen bis Ende Dezember auf Trab!

Magie des Trüffels

Im November erreicht die Trüffelsaison ihren Höhepunkt. Beim größten Trüffelmarkt der Toskana, der »Mostra Mercato Nazionale del Tartufo Bianco di San Miniato«, wird das Städtchen San Miniato mit seinen etwa 26 000 Einwohnern zum Epizentrum des Genusses und lockt Feinschmecker aus

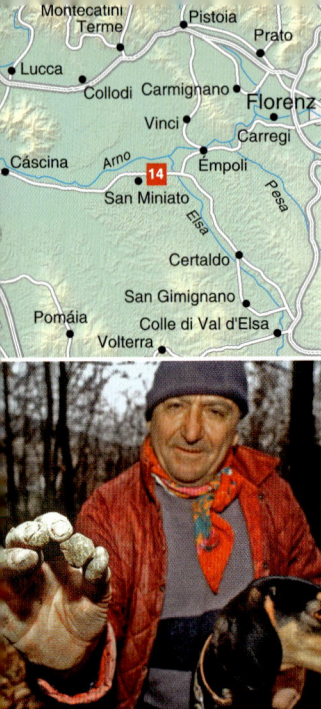

Hunde können den Trüffel sehr gut wittern und melden ihn dem Herrchen, ohne ihn – im Gegensatz zu Schweinen – zu verzehren.

MAL EHRLICH!
UNTER WELCHEN UMSTÄNDEN?

Wenn Sie einen Aufenthalt in San Miniato planen, dann rechnen Sie bitte folgende Punkte in Ihre Planung mit ein: San Miniato hat zwar das ganze Jahr über etwas zu bieten, möchte man allerdings etwas Besonderes erleben, sollte man unbedingt zur Trüffelzeit dorthin fahren. Abgesehen von dem Trubel, der von September bis Dezember herrscht, ist es hier recht ausgestorben! Wer keine Trüffel mag oder die Faszination um diesen Pilz nicht verstehen kann, sollte sich allerdings auf gar keinen Fall zu dieser Zeit nach San Miniato begeben.

San Miniato

der ganzen Welt an. Schon Tage vorher beginnen die Vorbereitungen zum Highlight des Jahres: Die Straßen werden für Autos gesperrt, und auf der Piazza Repubblica und der Piazza XX Settembre weiße Zelte errichtet. Dort werden drei Wochen lang alle Spezialitäten angeboten, die die Toskana zu bieten hat. Der Star neben all dem Schinken, Pecorino oder Olivenöl ist der Tartufo Bianco (weißer Trüffel). Trüffelfanatiker pilgern nach San Miniato, denn hier kann man den Trüffel nicht nur kaufen, sondern auch in vielen Trattorien und Restaurants zu vergleichsweise günstigen Preisen probieren.

Abseits der Trüffel

Von feuchten Wäldern auf sandigem Boden umgeben, liegt San Miniato auf drei Kuppen zwischen dem Arno- und Elsatal. So thront das malerische Städtchen San Miniato hoch über den stark industrialisierten Tälern, fast so, als würde es ein wenig über den Dingen stehen. Aus der Ferne sticht als Erstes die Festung ins Auge, die davon kündet, dass hier San Miniato einst ein wichtiger Posten des Römischen Reiches Deutscher Nation war. Wegen seiner historischen Beziehungen zu Deutschland seit den Stauferkaisern trägt die Stadt heute noch den Beinamen »al Tedesco« (»zum Deutschen«). Prominente historische Persönlichkeiten wie Barbarossa, Heinrich IV., Otto I. und Friedrich II. hinterließen hier ihre Spuren. Friedrich II. ließ im Jahr 1218 an der höchsten Stelle die Rocca (Festung) errichten, von der aus man an klaren Tagen bis zum Meer oder nach Volterra blicken kann. Der sorgfältig restaurierte Turm der Festung (Torre di Federico II) sieht heute wieder fast so aus wie im Mittelalter. Allerdings wurde der Rest der Burg nach erheblicher Beschädigung im Zweiten Weltkrieg bis auf die Grundmauern abgerissen.

AUTORENTIPP!

DEN RICHTIGEN RIECHER

Wer die Begeisterung der Trüffelsuche einmal selbst miterleben möchte, der kann in San Miniato einen erfahrenen Trüffelsucher auf die Pirsch begleiten. Ricardo Nacci erklärt Ihnen alles Wissenswerte über Trüffel, und Sie sind mitten ins Geschehen eingebunden, wenn sie durch die Wälder San Miniatos streifen, auf den Spuren derjenigen, die schon seit dem Mittelalter alljährlich im Herbst auf Suche gingen. Speziell für die Trüffelsuche ausgebildete Hunde weisen den Weg. Ricardo Nacci verdient sein Geld mit Trüffeln, und Herbst ist wahrscheinlich seine liebste Jahreszeit, denn dann kann er mit seinen Hunden hinausgehen, um wertvolle Knollen zu entdecken. Das ist wie Ostereier suchen, nur sind die Fundstücke ein wenig farbloser und viel kostbarer. Nachdem man von der mehrstündigen Trüffeltour zurückkommt, kann man sich in seinem Spezialitätenladen mit allerlei Formen von Trüffeln für zu Hause eindecken

Tartufi Nacci. Ortsteil Corranzzano, Tel. 0571 409528, www.tartufi-nacci.com

Aus San Miniato stammt der größte jemals gefundene Trüffel, dessen äußerst aromatische Knolle unglaubliche 2520 Gramm wog.

Sehenswertes

Der eindeutig schönste Platz der Stadt ist die Piazza della Repubblica, wo der Bischofspalast und das Seminargebäude (Seminario Vescovile) aus dem 17. Jahrhundert mit ihren schön bemalten Fassaden stehen. Hier sind auch noch einige Gebäude aus dem 14. Jahrhundert erhalten, die alle vorbildlich restauriert sind. Wenige Schritte östlich gelangt man zur romanischen Kirche San Domenico, die um 1330 an der Piazza del Duomo errichtet wurde. Ihre Fassade besteht aus Backstein mit eingelassenen Majolikaplatten, die vermutlich die astronomischen Konstellationen des Großen und Kleinen Bären sowie des Polarsterns wiedergeben sollen, die drei wichtigsten Orientierungspunkte der Seefahrer. Der Innenraum birgt viele Kunstwerke verschiedenster Epochen, von denen einige Originale gleich nebenan im Museo Diocesano d'Arte Sacra zu sehen sind. Besonders interessant sind die »Kreuzigung« (um 1430), die aller Wahrscheinlichkeit nach von Filippo Lippi stammt, und die »Jungfrau mit dem heiligen Gürtel« (1417–57), ein Werk von Andrea del Castagno sowie eine Christusbüste von Verrocchio (1435 bis 88). (Piazza del Duomo 1, Di–So 10–13 und 15–19 Uhr, im Winter bis 18 Uhr).

Oben: Der Bischofspalast von San Miniato al Monte
Unten: Beim Geplätscher des Brunnens lässt sich gut rasten.

San Miniato

Adressen in San Miniato

ESSEN UND TRINKEN

Fattoria di Sassolo. Auf diesem großzügig angelegten Weingut auf einem Hügel bei San Miniato werden seit vier Generationen wunderbare Tropfen gekeltert. Der Vin Santo, ein Dessertwein, ist besonders empfehlenswert, aber auch der Chianti ist nicht zu verachten. Wer schon mal hier ist, kann auch gleich eines der feinen Olivenöle für zu Hause mitnehmen! Via Bucciano 59,
Tel. 0571 460001, www.fattoriadisassolo.it

Pepenero. Frech und charmant zaubert der junge Küchenchef Gilberto Rossi modern angehauchte Versionen traditioneller Gerichte auf die Teller. Im Kellergewölbe sorgen großformatige, moderne Grafiken auf den weiß getünchten Wänden für Stimmung. Von der Terrasse hat man eine traumhafte Aussicht. Lustig und überraschend sind auch die bunten Gläser, die eine Art Markenzeichen des Pepenero sind. Via IV Novembre 13,
Tel. 0571 419523, www.pepenerocucina.it

ÜBERNACHTEN

Albergo Miravalle. Das Schönste an diesem eleganten Vier-Sterne-Haus ist, dass man nur die paar Stufen vom Zimmer ins Restaurant gehen muss, um vorzüglich zu speisen. Die Front des Hotels geht auf den Domplatz hinaus, von den hinteren Zimmern hat man einen traumhaften Blick aufs Arnotal. Zentraler und schöner kann man eigentlich nicht wohnen. Piazza Castello 3,
Tel. 0571 418075, www.albergomiravalle.com

Albergo Quatro Gigli. Schon seit den 1930er-Jahren ein Familienbetrieb, bietet dieses Haus mit seinem kinderfreundlichen Personal und moderaten Preisen den perfekten Platz für einen gelungenen Familienurlaub. Die Zimmer haben einen historischen Touch, sind aber wohnlich und sehr komfortabel. Das vorzügliche Restaurant steht auch Nichtgästen offen und bietet in original italienischer Hektik-Atmosphäre ausgezeichnete Pasta-Gerichte. Von der Terrasse blickt man auf das saftige Arnotal. Piazza Michele da Motòpoli,
Tel. 0571 466878, www.quattrogigli.it

INFORMATION

Piazza del Popolo 1, Tel. 0571 42745,
www.cittadisanminiato.it

Trüffel – der letzte Schliff für viele Pastagerichte

DER NORDOSTEN

15 Vinci
Stadt des Genius

Die heutige Kleinstadt hat Großes hervorgebracht. Das Universalgenie der Renaissance wurde hier vor mehr als 500 Jahren in einem ärmlichen, schlichten Bauernhof geboren, der heute als »Casa Natale« besichtigt werden kann. Die Rede ist von Leonardo da Vinci – Visionär, Erfinder, Künstler und Bürger des kleinen Vinci, das in wunderschöne Umgebung eingebettet ist.

Zunächst macht sich Verwunderung breit: Der Ort, in dem eines der größten Genies der Menschheit geboren wurde, zählt nur knapp 15 000 Einwohner und liegt mehr im Nirgendwo denn auf den Hauptrouten der meisten Toskana-Urlauber. Von Florenz sind es 50 Kilometer, von Pistoia 30 Kilometer und von Lucca 53 Kilometer nach Vinci, das sich an die Hügel des Montalbano schmiegt. Anders als die vergleichsweise reichen Dörfer des Chianti hat Vinci etwas ganz Eigenständiges, Authentisches. Die Häuser sind alt, und das sieht man ihnen auch an. Die Ruine hatte schon einmal bessere Zeiten gesehen, doch keiner will dies verbergen. Hier glänzt nichts, alles ist echt, unverfälscht und natürlich.

Casa Natale di Leonardo

Wer zu den Ursprüngen Leonardos vordringen möchte, muss einen kurzen Abstecher machen: Das vermutliche Geburtshaus des Universalgenies liegt etwa drei Kilometer außerhalb in Anchiano. Ein ausgeschilderter Wanderweg mit Beginn im Dorfkern führt zu dem einfachen Bauernhaus, das alleine inmitten von Olivenhainen steht. Mit dem Auto folgt man der Beschilderung auf der »Strada Verde« vier Kilometer in nördlicher Richtung. Der

Mitte: Die Stadtmauer von Vinci
Unten: Das vermutliche Geburtshaus Leonardo da Vincis in Anchiano

Vinci

Sohn eines erfolgreichen Florentiner Notars und einer arabischen Sklavin liebte es, Muscheln im Arno zu suchen. Noch heute kann man einige Zeichnungen wie eine toskanische Landschaft oder eine Landkarte vom Arnotal in seinem Geburtshaus begutachten. Es ist mit einer Büste geschmückt und gut restauriert. Leonardo verbrachte hier eine unbeschwerte Kindheit, bevor seine Begabung entdeckt wurde und er zur Ausbildung nach Florenz zog (März–Okt. 9.30–19 Uhr, Nov.–Feb. 9.30–18 Uhr. Eintritt frei).

Der Visionär

»Es werden Menschen miteinander sprechen, sich berühren und umarmen, die weit voneinander entfernt sind und gegenseitig die Sprache des anderen verstehen«, sprach er und erfand kurz darauf die automatische Sprechanlage. Leonardo da Vinci lebte im ausgehenden Mittelalter, wurde 1452 in Vinci geboren und starb mit 67 Jahren auf Schloss Clos Lucé in Amboise (Frankreich). Er war seiner Zeit voraus. Und das in allen nur erdenklichen Bereichen. Vor allem die Vielseitigkeit seines Genies verblüfft immer wieder aufs Neue: Neben neuen Mitteln zur Fortbewegung wie einem Fahrrad oder dem frühen Versuch eines Autos beschäftigte er sich mit dem Ursprung der Erde, der menschlichen Anatomie, der Mechanisierung der Arbeit oder damit, wie man aus Kleber und Farbe Kunststoff herstellen könnte. Außerdem entwarf er das Perpetuum mobile, Stühle, auf denen man therapeutisch sitzen konnte, Uhren, Schnellbaubrücken und Panzerschiffe. Doch auch auf dem künstlerischen Gebiet war da Vinci ein Visionär: Ab 1472 war er Mitglied der Lukasgilde in Florenz. Sein erstes Werk entstand in Zusammenarbeit mit Verrocchio: In der »Taufe Christi« malte er sowohl die Engel als auch die Landschaft im Hintergrund. Doch vor allem durch seine Skizzen und anatomi-

AUTORENTIPP!

PICKNICK IM MOHN

Vinci ist besonders im Frühsommer eine Augenweide, dann schimmern die Olivenhaine silbrig, die mit Wein bewachsenen Hügel strotzen vor Fruchtbarkeit und vor allem: Die Gegend ist in ein Meer von Klatschmohn getaucht. Idealerweise macht man auf dem 3 km langen Weg von Vinci zu Leonardos Geburtshaus einen kleinen Stopp, um sich zwischen Ölbaumterrassen ein Picknick zu genehmigen. Karierte Picknickdecke in der roten Mohnwiese, umrahmt von uralten Olivenbäumen, dazu noch die einzigartigen Geschmäcker der Toskana am Gaumen: Das macht Lust auf das berühmte »Dolcefarniente« (süßes Nichtstun), das man leider auch im Urlaub viel zu selten betreibt.
Die Zutaten fürs Picknick kauft man am besten im Supermarkt Incoop in Empoli, südlich von Vinci (Via Palmiro Togliatti 55).

Selbstbildnis von Leonardo da Vinci

DER NORDOSTEN

schen Studien, für die er Leichen als Vorbilder benutzte, tat er sich hervor. Berühmt sind heute vor allem das Fresko »Abendmahl« (1497), das im Speisesaal des Klosters Santa Maria delle Grazie steht, und die weltberühmte »Mona Lisa« (zwischen 1502 und 1505) im Pariser Louvre.

Museo Leonardiano

Das Kastell, das um 1000 gebaut wurde, fiel nach der Florentiner Machtübernahme in den Besitz der Grafen Guidi. Im unterirdischen Gewölbe vermittelt ein Museum einen guten Überblick über Leonardos Schaffen. Schon am Eingang werden die Besucher mit mittelalterlicher Musik in die damalige Epoche zurückversetzt. Die Ausstellungsstücke sind gut beschriftet und meist mit Skizzen versehen, sodass sich der Werdegang von Leonardo da Vinci gut nachvollziehen lässt. Auch die Eingangstür seines Geburtshauses und seine Muschelsammlung sind im Original zu sehen. Darüber hinaus befindet sich die weltweit größte Sammlung von Modellen und Maschinen, die von Leonardos Plänen gebaut wurden, im Museo. So kann man etwa sein frühes Automobil oder sein Fahrrad inspizieren und auch die Probe aufs Exempel ist oft erlaubt (Castello dei Conti Guidi, tägl. 10–13 und 15–19 Uhr, www.museoleonardiano.it).

Ein zweites Museum, das Museo Ideale Leonardo da Vinci, wurde in den 1990er-Jahren in zwei ehemaligen Weinkellern der Burg eingerichtet. Zwar präsentiert es sich etwas moderner und mit multimedialen Elementen, allerdings sind nur die Studien zur Umleitung des Arno sehenswert, ansonsten gibt es dort wenig Originale. Am Fuß der Festung befindet sich ein Dokumentationszentrum mit 7000 Reproduktionen aller Handschriften, Werke und Zeichnungen, die Leonardo jemals angefertigt hat.

Oben: Holzskulptur in Vinci von Mario Ceroli; nach: »Der vitruvianische Mensch« von Leonardo da Vinci
Unten: Das 1953 gegründete Museo Leonardiano da Vinci beherbergt Zeichnungen, Modelle und Repliken von Leonardos Maschinen und Erfindungen.

Vinci

Adressen in Vinci

ESSEN UND TRINKEN

Ristorante La Torreta. Trotz seiner Größe wirkt das Lokal noch gemütlich. Seine bodenständige, toskanische Küche lernt man am besten und preiswertesten in Form eines Tagesmenüs mit Vor-, Haupt- und Nachspeise kennen. Besonders empfehlenswert sind die Profiteroles – ein Traum! Via della Torre 19, Tel. 0571 56100.

Leonardo Ristorante Pizzeria. Mit großen, urigen Holzfässern dekoriert gibt sich dieses Restaurant ganz ursprünglich. Die ausgeklügelten Kreationen sind nicht überteuert, obwohl man merkt, dass der Koch etwas Besonderes bieten möchte. Toskanisch mit mediterranem Einschlag werden hier sowohl einfache Fleischgerichte als auch Trüffelspeisen und Köstlichkeiten mit Meeresfrüchten zubereitet. Via Montalbano Nord 16, Tel. 0571 567916, www.ristoranteleonardo.com

ÜBERNACHTEN

Hotel Monna Lisa. Ein wenig altmodisch, doch durchwegs komfortabel und stilvoll eingerichtet ist dieses zentral gelegene Drei-Sterne-Hotel. Es eignet sich ideal als Ausgangspunkt für sportliche Aktivitäten (Golf, Tennis, Wandern etc.) oder auch nur für die einmalige Übernachtung, wenn man in Vinci auch noch genüsslich zu Abendessen möchte, bevor man weiterreist. Via Lamporecchiana, 27/29, Tel. 0571 56266, www.hotelmonnalisavinci.it

INFORMATION

Via della Torre, 11, Tel. 0571 568012,
www.comune.vinci.fi.it,
terredelrinascimento@comune.vinci.fi.it

Gemütliches Zimmer im Hotel Monna Lisa in Vinci

DER NORDOSTEN

16 Montecatini
Glanz der Jahrhundertwende

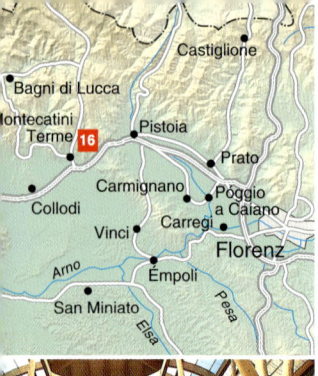

Der größte und beliebteste Kurort der Toskana ist Montecatini. Das Kuren hat hier eine lange Tradition: Bereits Etrusker und Römer genossen die heilenden Quellen. Um 1900 erlebte Montecatini eine Blütezeit, wovon noble Bauten zeugen. Heute zieht es die Urlauber in die neun großen Thermen, die über den Ort verteilt sind. Teilweise erstrahlen sie im Jugendstil, teils wurden sie auch neu gebaut – so findet jeder garantiert das Seine.

Montecatini gibt es eigentlich doppelt: Auf der einen Seite Montecatini Alto, der alte Festungsort auf der Anhöhe, der 1554 unter die Macht der Medici kam, und südwestlich davon Montacatini Terme mit den Bagni, deren Heilwirkung schon seit dem 14. Jahrhundert dokumentiert ist und die davor schon bei Etruskern und Römern beliebt waren.

> ### MAL EHRLICH!
> **NICHTS FÜR NACHTSCHWÄRMER**
> Auch wenn Sie in puncto soziales Leben vielleicht das Gegenteil gehört haben: Montecatini ist relativ verschlafen, und wer auf ein ausgedehntes Nachtleben aus ist, sollte lieber woanders sein Glück versuchen. Schließlich suchen die Gäste des Kurorts vor allem Ruhe und Erholung. Einige Stadtteile rund um die Thermen sind sogar als besondere Ruhezonen ausgewiesen. Sicher gibt es auch hier Jugendliche, die etwas erleben wollen, doch sie stellen eine Minderheit dar, und die Möglichkeiten zum Feiern sind begrenzt. Ein beliebter Jugendtreff ist der Kurpark, wo es aber durchaus vorkommt, dass mit Drogen gehandelt wird. Also Finger weg und woanders feiern.

Mitte: Der Glanz vergangener Tage liegt über der Montecatini Terme.
Unten: Unterirdische Heilwasser – die Grotta Giusti mit dem warmen See entdeckte man erst 1849.

Montecatini

Prominenz beim Baden

Päpste, Könige und Mitglieder der einflussreichen Medici-Dynastie verkehrten hier, die Komponisten Verdi und Puccini fanden Entspannung, und bis heute begeben sich Prominente in die Obhut der Heilquellen. So ließen es sich auch Audrey Hepburn und Woody Allen nicht nehmen, in den Jungbrunnen von Montecatini Terme zu steigen. Wenn man sich die prachtvollen Thermenpaläste ansieht, wundert es nicht, dass diesem Ort weltweit ein Ruf vorauseilt. Zudem wird alles angeboten, was man sich an Wellness-Behandlungen wünschen kann: Von Ayurveda bis Thai muss der anspruchsvolle Gast nichts missen! Das alles hat aber seinen Preis ...

Die Thermen

Insgesamt gibt es in Montecatini vier Quellen – Leopoldina, Tettuccio, Rinfresco und Regina –, die bei unterschiedlichen Beschwerden helfen. Das Wasser aus der Quelle Leopoldina wird speziell bei chronischen Verstopfungen eingesetzt. Tettuccio ist ein regelrechtes Aufputschmittel und reinigt die Leber. Ihr Wasser hilft auch bei erhöhten Cholesterinwerten und regt die Verdauung an. Rinfresco sorgt für Leichtigkeit: Es wirkt harntreibend und erfrischt den ganzen Körper, indem es ihn entschlackt. Regina steht für die Balance und Ausgeglichenheit, sie verbessert die Funktionen von Galle, Leber und Darm.

Für jede der Thermen kann man direkt am Eingang eine Tageskarte kaufen. Sollte man nur einen Tag Zeit haben, ist natürlich die älteste, Tettuccio, ein Muss, denn sie erstrahlt im reinen neo-klassizistischen Baustil und hat einen schicken Garten. Mit Marmorbecken, Brunnen und Wassernymphen ist sie die aufregendste der neun Anlagen in Montecatini. Im Inneren findet man Fresken, Dekors und Keramiken im Jugendstil.

AUTORENTIPP!

AUF ZUM PFERDERENNEN!
Passend zu seinem noblen Image, besitzt Montecatini Terme auch eine Trabrennbahn am westlichen Ende der Stadt. Wer noch nie die aufregende Atmosphäre beim Pferderennen erlebt hat, sollte sich an einem Donnerstag freinehmen und auf eines der Pferde setzen. In das »Ippodromo di Montecatini trotto« passen 9600 Zuschauer, was bei vollem Haus eine gewaltige Stimmung garantiert. Riskieren Sie ein paar Euro Wetteinsatz, das macht die Sache gleich um einiges spannender! An 80 Wettschaltern kann man auf sein Lieblingspferd setzen. Im Stadion gibt es zwei Restaurants, drei Cafés und einen Kinderspielplatz, sodass bei Jung und Alt für genügend Zerstreuung gesorgt ist.

Ippodromo di Montecatini trotto.
Viale Cadorna, 30/B,
Tel. 0572 925512, www.ippodromimilano.it. Genaue Termine der Rennen auf der Homepage.

Ein Rennpferd, geschmückt nach italienischer Tradition.

DER NORDOSTEN

Einige der Thermen sind nach den Quellen benannt: Thermae Leopoldine (Viale Verdi 67), deren Säulengang im Original von 1775 erhalten ist, Thermae Tettuccio (Viale Verdi 71) und Thermae Regina (Viale Verdi 71) mit ihrem klassizistischem Tempel und der Brunnenschale mit Storch – dem Wahrzeichen Montecatinis – am Eingang. Doch auch die übrigen Häuser haben alle ihren eigenen Reiz: Das »Excelsior« ist im Jugendstil gehalten und war zunächst als Casino geplant (Viale Verdi 61), Thermae La Salute (Viale della Salute 20) und Thermae Redi (Viale Bicchierai 64) sind stilvolle alte Thermen, die um die Jahrhundertwende errichtet wurden und seitdem für den gewissen Prunk beim Baden sorgen.

Montecatini Alto

Ein Ausflug nach Montecatini Alto führt auf 260 Meter Meereshöhe. Wer gut zu Fuß ist, bewältigt den steilen Weg in einer kurzen Wanderung, einfacher geht es mit dem Auto über eine kurvenreiche Straße. Am erlebnisreichsten ist sicher die Fahrt mit der knallroten historischen Standseilbahn (s. rechte Seite), denn sie fährt direkt durch das Oliven- und Weinanbaugebiet. Oben angekommen sind es nur ein paar Schritte zum (Bus-)Bahnhof, von dem aus man einen ersten schönen Blick auf die Thermen und das Tal genießen kann.

Montecatini Alto mit seinem autofreien Zentrum ist ein historisches Bilderbuchstädtchen: Steile Gassen, eine mittelalterliche Burg und immer wieder der beeindruckende Blick ins Tal machen den Ausflug zum Erlebnis. Die Orientierung verliert man hier bestimmt nicht, da der Turm der Dorfkirche von der ganzen Altstadt aus zu sehen ist. Zur Rast laden die Restaurants auf der Piazza San Guiseppe Guisti, von denen die meisten kleine Tische im Freien aufgestellt haben.

Oben: Morgendlicher Blick von Montecatini Alto auf die Kurstadt mit ihren ausgedehnten Parkanlagen
Mitte: In der Tettuccio-Therme
Unten: Der schlossähnliche Innenhof der Therme Tettuccio spiegelt die Eleganz vergangener Tage wider.

Montecatini

Adressen in Montecatini

ESSEN UND TRINKEN

Ristorante La Torre. Historisches Lokal in Montecatini Alto, das in einem Turm residiert. Bei moderaten Preisen wird Qualität großgeschrieben, sowohl beim Essen als auch beim Wein. Das zuvorkommende Personal hilft auch gern beim Bestellen. Piazza Giusti 8, Tel. 0572 70650 www.latorre-montecatinialto.it

Ristorante Cosaro Verde. Früher war hier eine Raststätte für Eisenbahner, heute ist es ein relativ modernes Gasthaus, das Spezialitäten vom Fisch, Fleisch, Grill oder Steinofen anbietet. Der Familienbetrieb in der dritten Generation bietet exzellenten Service und große Portionen zu angemessenen Preisen. Besonders toll ist der luftige Garten. Piazza XX Settembre 11, Tel. 0572 911650, www.corsaroverde.it

ÜBERNACHTEN

Grand Hotel Croce de Malta. Dem gediegene Luxus eines feinen Landhauses erfüllt schon den Eingangsbereich, die wohnlichen Zimmer – ganz in Pastelltönen gehalten – verströmen stilvolle Behaglichkeit, dazu ein Swimmingpool zwischen Bäumen und Blumen: Das Grand Hotel macht seinem Namen alle Ehre. Hier vergisst man ganz leicht die Zeit, wenn man sich mit einem guten Buch an den Pool legt. Viale IV Novembre 18, Tel. 0572 9201, www.crocedimalta.com

Hotel Maestoso. Gepflegt und preiswert ist dieses Drei-Sterne-Haus, das auch mit einem kleinen Pool ausgestattet ist. Das Ambiente ist sehr hell und freundlich und wirkt sehr heimelig. Die Zimmer sind zweckmäßig, aber komfortabel eingerichtet. Viale G. Puccini, 63, Tel. 0572 78214, www.hotelmaestoso.it

INFORMATION

Viale Verdi 66, Tel. 0572 772244, www.montecatini.it

DIE SEILBAHN

Die Funicolare di Montecatini wurde Ende des 19. Jh. aufgrund der stetig wachsenden Touristenzahlen erbaut. Sie legt eine Strecke von 1055 Metern zurück, bei einer maximalen Steigung von 38,5 Prozent. 1897 begannen die ersten Schienenarbeiten, zur Freude der Einwohner, denn bis dahin war es recht beschwerlich, in den anderen Stadtteil zu kommen. Im Juni 1898 waren alle Brücken und Viadukte gebaut und alle Schienen verlegt, und es konnte im Beisein von Prominenten wie Giuseppe Verdi groß Eröffnung gefeiert werden. Die besten Plätze in der Seilbahn sind übrigens jene auf den zwei »Balkonen«, denn von ihnen hat man eindeutig die beste Sicht und kann auch fensterlos fotografieren.

Talstation: Viale Diaz am nordöstlichen Ende des Kurparks, Bergstation: Via Vittorio Veneto; täglich halbstündlich bis Mitternacht, Okt.–März nur bis 19.30 Uhr, www.funicolare1898.it

Therme Tettuccio (oben) und das Grand Hotel »La Pace« in Montecatini – eine lebendige Reminiszenz an die Belle Époque (unten).

DER NORDOSTEN

17 Prato
Textilwirtschaft und herrschaftliche Paläste

Zugegeben, Prato ist eine typische Industriestadt. Aber deshalb sollten Sie nicht gleich einen Bogen darum machen. Denn sie bietet viele verborgene Schätze und spannende Entdeckungen wie den Dom Santo Stefano mit seiner extravaganten Außenkanzel oder den reich mit Fresken verzierten Palazzo Datini. Und schließlich lädt das eine oder andere Outlet zur Schnäppchenjagd ein.

Das Manchester Italiens

Der erste Eindruck von Prato ist nicht gerade der beste: Um ins Zentrum zu gelangen, fährt man durch ausgedehnte Gewerbegebiete, in deren Fabriken Wolle und Textilien verarbeitet werden. 75 Prozent der aus Italien exportierten Textilien werden hier produziert, und fast alle bekannten italienischen Modefirmen lassen hier arbeiten. Schon im 11. Jahrhundert war Prato Hochburg der Wollproduktion, und bis heute bilden Wolle und Leder das wirtschaftliche Rückgrat der mit 170 000 Einwohnern zweitgrößten Stadt der Toskana. Trotz der beachtlichen Größe ist der Stadtkern überschaubar. Da beinahe alle Sehenswürdigkeiten innerhalb der Stadtmauer zu finden sind, kann man die Besichtigung problemlos zu Fuß bewältigen.

Mitte: Wo die Handwerkskunst der Maßschneiderei noch gepflegt wird.
Unten: Romanik pur auf dem Domplatz von Prato

Der Dom

Der Mittelpunkt der Stadt, der Duomo Santa Stefano an der Piazza del Duomo, wurde im 13. und 14. Jahrhundert errichtet. Seine Fassade mit den Querstreifen aus weißem und grünem Marmor

Prato

wirkt extravagant, ebenso die Außenkanzel auf der rechten Seite. Sie wurde von Michelazzo und Donatello gestaltet und ist mit einer Reihe von Reliefs geschmückt, die eine Gruppe tanzender Putten zeigen.

Beim Fest Sacra Cintolla wird auf der Kanzel der sogenannte Mariengürtel, eine Marienreliquie, präsentiert. Angeblich hat die Jungfrau Maria diesen Gürtel vor ihrer Himmelfahrt dem Apostel Thomas gegeben. Über 1000 Jahre später, nach dem Zweiten Kreuzzug von Jerusalem, wurde er nach Prato gebracht. Diese Geschichte wird im Freskenzyklus »Legende des Heiligen Gürtels« erzählt, der sich in der nordwestlichen Ecke des Mittelschiffs befindet. Der Gürtel selbst wird in der Cappella del Sacro Cingolo gleich rechts nach dem Eingang aufbewahrt. In der Hauptchorkapelle des Innenraums findet man Fresken von Filippo Lippi, der in Prato geboren wurde.

Weitere Höhepunkte

Vom Dom aus gelangt man über die Via Guiseppe Mazzini und die Via Cairoli zur Piazza del Comune, die der Palazzo Pretorio mit seiner Marmorfassade dominiert. Zuerst Wohnhaus und ab 1284 Amtssitz des »Capitano del Popolo«, des Stadtverwalters, wurde er im 14. Jahrhundert modernisiert und erweitert. Der kleine Glockenturm stammt aus dem 16. Jahrhundert. Anhand der unterschiedlichen Materialien und Fensterformen kann man die einzelnen Bauphasen klar erkennen. Seit 1850 ist im Palazzo Pretorio die städtische Kunstsammlung, das Museo Civico, untergebracht (Mo–So 9–18 Uhr). Es zeigt Werke verschiedener Schulen aus dem 16. und 17. Jahrhundert, darunter plastische Arbeiten von della Robbia. Auf der Piazza erinnert eine Statue an den Kaufmann Francesco di Marco Datini (1330–1410).

AUTORENTIPP!

HART ABER GUT

Als Cantucci oder Cantuccini haben sie ihren Siegeszug durch die ganze Welt angetreten, in vielen guten Caffès werden sie als Beigabe zum Kaffee serviert. Ursprünglich wurden die auch »Biscotti di Prato« genannten Kekse in den Vin Santo getunkt und als Nachspeise genossen. Erfunden hat die Mischung aus Mehl, frischen Eiern, Zucker, Mandeln und Pinien der Bäcker Antonio Mattei im Jahr 1858. Auch heute noch werden sie in der historischen Backstube jeden Tag frisch hergestellt, um dann in einer edlen, blauen Tüte zu verschwinden. Dieses Original eignet sich nicht nur zum Genuss gleich im Café, sondern auch ideal als Mitbringsel. Immerhin hat dieser italienische Klassiker schon kurz nachdem es auf den Markt gekommen ist, einige internationale Preise eingefahren!

Antonio Mattei. Via Ricasoli 10-22, Tel. 0574 25756, www.antoniomattei.it

Im Park des angesehenen Museums »Luigi Pecci« trifft man auf eine lebendige Kunstszene.

DER NORDOSTEN

Palazzo Datini

Ein kurzer Weg führt über die Piazza San Francesco nach Nordwesten zum Palazzo Datini, dessen Fassade mit Fresken und Fenstern mit schwarz-weiß gestreiften Rundbögen verziert ist. Sein früherer Besitzer, der schwerreiche Kaufmann Francesco di Marco Datini, schrieb sein Lebensmotto auf alle seine Geschäftsbücher: »Im Namen Gottes und des Geschäfts«. Von Letzterem sind im Palazzo zahlreiche Belege und Schriften ausgestellt. So kann man gut nachvollziehen, wie ein erfolgreicher Geschäftsmann im Mittelalter agierte.

Santa Maria delle Carceri/Castello

Die in ihrer würfelartigen Form sehr kompakt wirkende Kirche Santa Maria delle Carceri gilt als eines der Hauptwerke der Renaissance. Sie wurde an der Stelle eines Gefängnisses errichtet. Dort soll 1484 ein wundertätiges Marienbild existiert haben, dem zu Ehren die Kirche mit ihrer Außenverkleidung aus weißem Alberese-Gestein und Verzierungen aus grünem Serpentin erbaut wurde.

Beim Verlassen der Kirche fällt der Blick auf das Castello dell' Imperatore. Pompös ragen die hohen, fensterlosen Steinmauern der 1237–1248 vom Stauferkaiser Friedrich II. erbauten Festung in die Höhe. Von der Burg genießt man einen schönen Blick auf die Stadt (Piazza Santa Maria delle Carceri, Okt.–März 10–16, April–Sept. 10–17 Uhr).

Textilmuseum

Das Textilmuseum am südlichen Rand des Zentrums widmet sich der Geschichte der Bekleidungsindustrie. Zu sehen sind Stoffe aus China, Indien und Amerika, auch die technologische Entwicklung wird erläutert (Museo del Tessuto. Via Santa Chiara 24, Mo, Mi–Fr 10–18, Sa 10–14 Uhr So 16–19 Uhr).

Oben: Stauferkaiser Friedrich II. ließ das Castello dell'Imperatore 1237 zur Festung ausbauen.
Mitte: Stillleben eines Schneiders
Unten: Eliseo Matthiaccis Werk »Reflex der kosmischen Ordnung« im Park des Centro per l'Arte Contemporanea »Luigi Pecci«.

Adressen in Prato

ESSEN UND TRINKEN

Il Pirana. Das exquisite Restaurant ist sehr weitläufig und modern eingerichtet. Auf den Hauptinhalt der Speisekarte verweist das Aquarium am Eingang, in dem ein Piranha schwimmt: Die ambitionierte Küche verzichtet auf umfangreiches Drumherum und bietet puren Fischgenuss! Via Tobia Bertini, Tel. 0574 25746, www.ristorantepirana.it

Ristorante Lo Scoglio. Hier gibt es für jeden Geschmack etwas: Von der Pizza bis zu mediterranen Leckerbissen bietet die Speisekarte eine breite Auswahl an lokalen Spezialitäten. Die Einrichtung ist einfach, aber stimmig, und die Weinkarte bietet eine großartige Auswahl an regionalen Tropfen. Via Verdi 42, Tel. 0574 22760, www.ristoranteloscoglioprato.it

BARS UND CAFÉS

Caffè delle Logge. Am nettesten Platz der Stadt befindet sich diese Loggia, die tagsüber Café und abends eine Cocktailbar ist. Schickes Ambiente mit weißer Stuckdecke und Möbeln aus den 1950er-Jahren. Piazza Mercatale 49, Tel. 0574 600078.

ÜBERNACHTEN

Wallart. Als originelle Mischung aus Hotel, Kongresszentrum und Galerie präsentiert sich dieses

Das Centro per l'Arte Contemporanea »Luigi Pecci« birgt eine Sammlung zeitgenössischer Kunst.

Vier-Sterne-Hotel. Alle Zimmer sind sehr modern eingerichtet. Viale delle Repubblica 4–8, Tel. 0574 596600, www.wallart.it

EINKAUFEN

Manifatture 7 Bell Outlet. Hier kann man günstige Qualitätsware kaufen, vor allem Jeans und andere Hosen. Campi Bisenzio, Via B. Buoni 172, Tel. 055 8963306; Mi–Fr 15.20–19 Uhr. Ausfahrt Prato Est, dann weiter Richtung Campi Bisenzio.

VERANSTALTUNGEN

Festival delle Colline. Konzertreihe von Ende Juni bis Ende Juli an den verschiedensten Schauplätzen rund um Prato. Dabei werden überwiegend Jazz und Weltmusik, aber auch modernes Theater gespielt. www.contemporaneacolline.it

Sacra Cintola. Kirchenfest, bei dem der Gürtel der Maria an der Außenkanzel des Domes präsentiert wird. Termine: Ostern, 1. Mai, 15. August, 8. September und zweiter Weihnachtstag. Am 8. September findet dabei auch die Truppenparade mit lauter Musik und historischen Kostümen statt.

INFORMATION

Piazza S. Maria delle Carceri 15, Tel. 0574 24112, www.prato.turismo.toscana.it

»Un caffè« mit leckeren Pralinen zum Genießen

DER OSTEN

18 Poppi
Kleinod im Casentino   116

19 Arezzo
Am schiefen Platz   120

20 Cortona
Filmreife Traumkulisse   126

21 Bibbiena und La Verna
Der Geheimtipp   130

Vorangehende Doppelseite:
In Poppi ist Kunst und Klasse mit grüner Umgebung vereint.
Mitte: Das Dorf Poppi inmitten des Naturparks Casentino
Unten: Mächtig aufthronendes Castello di Poppi

DER OSTEN

18 Poppi
Kleinod im Casentino

Das Dorf Poppi liegt inmitten des Naturparks Casentino, einer der schönsten Waldgegenden in Europa, und gilt gemeinhin als dessen beeindruckendste Siedlung. Seine Glanzzeit als Sitz der Grafen Guidi hat es zwar längst hinter sich, allerdings haben die Adeligen den Ort geprägt. So schwelgt man heute in Erinnerungen, erobert das eindrucksvolle Castello und blickt gelassen auf die Arno-Ebene herab, wie es einst auch die Grafen Guidi getan haben.

In Poppi finden Toskana-Touristen die Ruhe und Entspannung, die im Chianti, in Florenz oder Siena oft fehlen. Dabei braucht man in dem 6000-Einwohner-Ort auf Glanzpunkte nicht zu verzichten. Im 13. und 14. Jahrhundert war er Hauptsitz der Grafen von Guidi und auch, wenn die gepflasterten Straßen, repräsentativen Plätze und interessanten Bauwerke viel kleiner ausfallen als anderswo, bezaubern sie doch gerade deswegen. Die 40 Kilometer, die man von Arezzo Richtung Norden zurücklegen muss, zahlen sich auf jeden Fall aus, denn Poppi ist ein echter Geheimtipp. Der Ort ist in zwei Hälften geteilt: einerseits das historische Zentrum, das sich auf einem Hügel rund ums Castello gruppiert, andererseits der modernere Teil nördlich davon.

Das Castello dei Conti Guidi

Hauptsächlich kommt man nach Poppi, um die Festung der Grafen Guidi, einer mächtigen Adelsfamilie des 14. Jahrhunderts, zu besichtigen. Schon von Weitem sieht man die imposante Burg, die schlicht, aber eindrucksvoll über dem Ort

Poppi

thront. Sie wurde um 1260 errichtet und in der Renaissance baulich verändert, was sie sozusagen zum Prototyp für den Palazzo Vecchio in Florenz machte, denn beide Gebäude stammen vermutlich vom selben Architekten, Arnolfo di Cambio. Bei der Besichtigung ist man immer wieder vom fantastischen Blick hingerissen, den man von der Burg aus genießen kann. Wie schön haben es doch die Feudalherren gehabt, die jeden Morgen von hier aus ihre gesamten Besitztümer überblicken konnten! Im Park, der das Castello umgibt, kann man interessante Skulpturen und Büsten bewundern.

Im Inneren der Festung

Das Castello in Poppi (www.buonconte.com) ist eine der besterhaltenen mittelalterlichen Burgen der Toskana. Besonders sehenswert beim Rundgang sind das kleine »alte Gefängnis«, der steinerne Hof, der steinerne Treppenaufgang mit Balkon, der Innenhof voller Wappen, die Holzgalerie und vor allem die prunkvolle Sala delle Feste mit ihren gut restaurierten mittelalterlichen Fresken und der schönen Kassettendecke. Im zweiten Stock befindet sich das Highlight des Rundgangs: die reich geschmückte Kapelle mit ihren bewundernswerten Fresken, die im 12. Jahrhundert von niemand Geringerem als Taddeo Gaddi gefertigt wurden. Im Fresko »Gastmahl des Herodes« tanzt Salome zur Musik eines Lautenspielers, während ihr Opfer, Johannes, kopflos und zusammengesunken in der Ecke liegt. Weitere Fresken verbildlichen zum Beispiel »Die Geburt Johannes des Täufers« und »Die Himmelfahrt des Evangelisten«.

Doch der wahre Schatz, der sich innerhalb der starken Wehrmauern verbirgt, sind die rund 25 000 Bücher und 1000 Manuskripte der Biblioteca Rilliana. Ihre Räumlichkeiten aus dem

AUTORENTIPP!

ENTSPANNT LERNEN IM URLAUB

Im Kulturzentrum Piero della Francesca können Ausländer Italienisch lernen, aber es gibt auch Kurse für Kochen, Steinmetzarbeiten und Spezialklassen, die sich der Oper oder dem Werk Dantes widmen. In zwangloser Atmosphäre lernt man in kleinen, familiären Gruppen das, worauf man gerade Lust hat. Der kleine Ort Poppi eignet sich ideal, wenn man gerne neue Leute aller Altersgruppen kennenlernen und mit seinen Mitschülern auch abends etwas unternehmen möchte. Erfreulich ist auch, dass die Einheimischen gerne die Geduld aufbringen, die eine oder andere leichte Konversation mit den Sprachschülern zu führen.

Centro di Cultura Italiana Piero della Francesca. Via Cesare Battisti n.5, Tel. 0575 529774, www.parlital.it/deutsch

Gewölbe im Inneren der Festung

DER OSTEN

16. Jahrhundert sind absolut sehenswert, und wenn man schon mal in Poppi ist, sollte man sie unbedingt besuchen. (Sommer: 9–13 Uhr, Winter 9–13 und 15–18 Uhr).

Zum Abschluss der Burgbesichtigung lädt das Restaurant Casentino in den ehemaligen Wirtschaftsgebäuden zu einer Stärkung (Piazza della Repubblica 6, Tel. 0575 529090, ww.albergocasentino.it).

Stadtrundgang

Zum ersten Mal wurde Poppi 1163 erwähnt, heute gibt es in der mittelalterlichen Stadt auf einem einsamen Hügel im Casentino-Tal noch erstaunlich viel aus dem Mittelalter zu sehen. Neben der Burg an der Piazza della Repubblica gilt dies auch für den Palazzo Pretorio, der ebenfalls von Taddeo Gaddi erbaut wurde. Etwas unterhalb verläuft die Via Cavour, die malerisch von Arkaden gesäumte Hauptstraße mit kleinen netten Geschäften und Bars. Die kleine Kirche Madonna del Morbo am südlichen Ende der Straße, ein Kuppelbau aus dem 17. Jahrhundert mit hexagonalem Grundriss, ist im Inneren eher unspektakulär. Ihr Erbauer, der Arzt Francesco Folli da Poppi, forschte auch auf dem Gebiet der Bluttransfusion. Am anderen Ende schließt die Via Cavour mit der romanischen Abteikirche Badia San Fedele ab. Ihre Fassade aus dem 12. Jahrhundert ist viel auffälliger und markanter.

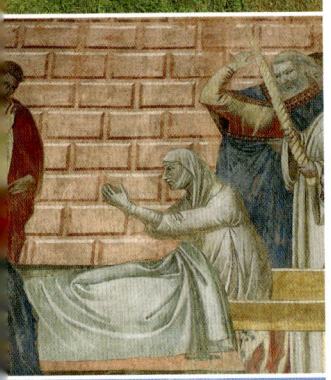

Oben: Urlaub auf dem Bauernhof in der Fattoria di Celli Poppi – Kunst und Landwirtschaft verschwimmen.
Mitte: Kunst im Castello
Unten: Poppi zählt zu den schönsten Dörfern Italiens.

Alljährlich Ende Juni werden in einer feierlichen Prozession große Heiligenbilder von der Chiesa della Madonna del Morbo zur Chiesa dei Santi Martini getragen. Bei diesem Fest kommt die ganze Stadt zusammen, und man kann die Lebenslust und Feierlaune der Casentino-Einwohner live erleben.

Poppi

Adressen in Poppi

ESSEN UND TRINKEN

Ristorante Campaldino. Im Backsteingewölbe der ehemaligen Poststation (seit 1789) kommt toskanische Küche auf den Tisch: Pilze, Wild, Schwein und hausgemachte Desserts sind ausgesprochen schmackhaft, bei vernünftigen Preisen. Die Weinkarte ist voller Spezialitäten aus dem Chianti. Wer nicht mehr weiterfahren möchte, kann hier auch übernachten. Das ehrwürdige Hotel wird schon in der siebenten Generation von der gleichen Familie geführt. Via Roma, 95, Tel. 0575 529008, www.campaldino.it

ÜBERNACHTEN

Parc Hotel. Sich die Sonne am Pool auf den Bauch scheinen lassen und gleichzeitig einen wunderschönen Blick auf die einmalige Festung von Poppi genießen – das ist im Parc Hotel möglich! Abgesehen vom Swimmingpool ist das Drei-Sterne-Hotel eher altmodisch, was aber nicht weiter stört, da alles sehr sauber und komfortabel ist. Wenn man eine Kategorie über dem Standardzimmer bucht, ist sogar ein Jacuzzi dabei. Via Roma 214, Tel. 0575 529994, www.parchotel.it

EINKAUFEN

Plateau Pasta. Wie der Name schon sagt, dreht sich in diesem Geschäft ein paar Gehminuten außerhalb der Altstadt alles um Pasta! Hier bekommt man garantiert handgemachte Ricotta-Tortellini, für die der Casentino berühmt ist, doch auch weitere traumhafte Spezialitäten wie Mozzarella-Ravioli, Eier-Pici oder Ravioli mit Ricotta und Spinat. Via dell'Artigianato 5/7, Tel. 0575 52507.

INFORMATION

Via Cavour 11, www.comune.poppi.ar.it

LEGENDÄRER KOCHKURS

In der Casa Ombut werden die wohl berühmtesten – und auch teuersten – Kochkurse der Toskana abgehalten. Die 7-tägigen Seminare sind minutiös vorbereitet, auch das Ambiente ist sehr angenehm und man fühlt sich von Anfang an wohl. Erfahrene Köche, die auch Englisch sprechen, führen Tag für Tag tiefer in die Geheimnisse der toskanischen Küche ein – so lernt man auf entspannte Weise und ganz zwanglos. Die Abende klingen mit einem gemeinsamen Festessen aus, danach ziehen sich die Teilnehmer in ihre stilvollen, gemütlichen Zimmer zurück. Ein Geschenktipp für jene, die jemanden mit etwas ganz Besonderem überraschen wollen!

Casa Ombut, Larniano 21, Tel. 0871 5041501, www.italiancookerycourse.com

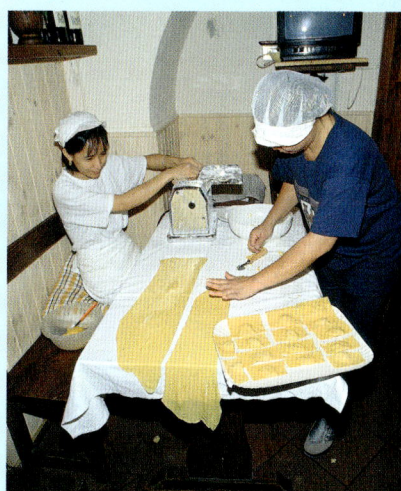

In der Toskana werden in vielen Restaurants Ravioli oder Nudeln noch selbst gemacht.

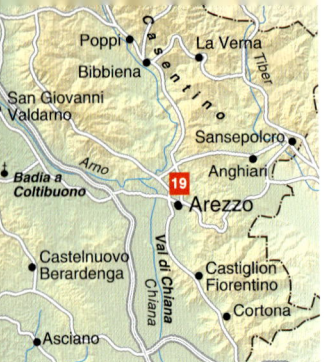

DER OSTEN

19 Arezzo
Am schiefen Platz

Arezzos abschüssige Innenstadt erfüllt jedes Italien-Klischee. Nicht umsonst wählte Roberto Benigni sie als Kulisse für seinen Film »Das Leben ist schön«. Der Architekt Giorgio Vasari wurde hier geboren und verewigte sich unter anderem mit dem Palazzo delle Logge, unter dessen Arkaden heute Restaurants und Cafés zur Rast einladen. Unbestrittenes Highlight ist jedoch die gotische Kirche San Francesco mit dem Freskenzyklus von Piero della Francesco.

Heute ist Arezzo eine lebhafte und wegen seiner Schmuckindustrie sehr reiche Provinzhauptstadt, die neben der Kultur auch elegante Einkaufsmöglichkeiten und ein reiches Angebot an Restaurants und Bars bietet. Gründe genug, um sich hier etwas länger aufzuhalten! Arezzo ist keine Stadt für Kurzbesuche. Man sollte mindestens zwei bis drei Tage einplanen.

Geschichte

Unter der Herrschaft des Bischofs Tarlati (1312 bis 1327) erlebte Arezzo eine Blütezeit. Erstmals konnte sie als freie Kommune selbst über ihr Schicksal bestimmen und eignete sich zahlreiche Ländereien in der Umgebung an. In dieser Zeit entstanden unvergleichliche Baudenkmäler wie der majestätische Dom San Francesco und die Festung. Nach dem Tod des Bischofs setzte ein rapider Abstieg ein, dem eine Art Dornröschenschlaf folgte. Erst nach dem Anschluss an das geeinte Italien 1861 konnte sich Arezzo wieder erholen. Bei Bombenangriffen im Zweiten Weltkrieg wurden viele der mittelalterlichen Gassen zerstört, deshalb findet man heute mehr breite Straßen als in anderen Städten.

Mitte: Über den Consuma-Pass im Gebirgstal Casentino kommt man nach Arezzo.
Unten: Die »Cattedrale« – der Duomo di San Donato in Arezzo

Arezzo

Für Filmfans

Die berührende Geschichte des Juden Guido, der versucht, die Verfolgung durch die Nazis mit Humor und Durchhaltewillen zu meistern, hat Millionen begeistert. »La vita é bella« (»Das Leben ist schön«, 1998) nannte Regisseur und Hauptdarsteller Roberto Benigni seinen oskargekrönten Film, der anfangs in Arezzo spielt. Grund genug für die stolzen Stadtväter, die Originalschauplätze des Holocaust-Dramas auszuschildern, sodass Cineasten ihre Erinnerungen mühelos auffrischen können. Auf Tafeln, die in der ganzen Stadt an den ehemaligen Drehorten befestigt sind, werden Dialoge in englischer und italienischer Sprache zitiert. Zu finden sind sie an der Piazza de la Liberta, Piazza Grande, Piaggia San Martino, Piazza della San Francesco, Piazza delle Badia, am Teatro Petrarca, an der Via Garibaldi und an der Schule an der Via Porta Bula.

Berühmte Fresken

Kunsthistorik pur ist die Chiesa di San Francesco (Piazza San Francesco) mit ihrem außergewöhnlichen Freskenzyklus von Piero della Francesca. Kirchenbesucher können das Meisterwerk »Legende des Wahren Kreuzes« von Weitem sehen, doch wer es aus nächster Nähe betrachten möchte, muss ein separates Ticket für die Hauptchorkapelle (auch »Cappella Bacci«) erwerben. Im Eintrittspreis enthalten ist ein Audioguide, der die einzelnen Szenen detailliert erklärt. Vor allem in der Hochsaison ist es ratsam, die Eintrittskarten vorher zu reservieren, da immer nur 25 Personen pro halbe Stunde eingelassen werden (telefonisch oder im Internet, www.pierodellafrancesca.it, Führung auch auf Deutsch).

Die Fresken, die die gesamte Apsis aus dem 14. Jahrhundert schmücken, wurden zwischen 1452

AUTORENTIPP!

DIE GIOSTRA DEL SARACINO

Was für Siena der Palio, ist für Arezzo die Giostra del Saracino (»Turnier der Sarazenen«). Bei diesem mittelalterlichen Spektakel treten die vier Stadtviertel in einem Lanzenkampf gegeneinander an und versuchen, die goldene Lanze, mit der viel Ruhm und Ehre verbunden ist, heimzuholen. Am zweitletzten Sonntag im Juni und am ersten Sonntag im September ist die ganze Stadt auf den Beinen, vielfach in mittelalterlichen Kostümen. Falls Sie zu dieser Zeit Ihren Toskana-Urlaub geplant haben, schauen Sie auf jeden Fall in Arezzo vorbei. Wer das ganze Spektakel mitbekommen möchte, muss allerdings früh aufstehen: Alles beginnt um 7 Uhr mit der Lesung des Herolds, dann folgt eine Prozession durch die ganze Stadt, bei der genau 311 Personen in mittelalterlichen Kostümen und 31 Pferde teilnehmen.

Berühmte Fresken im Palazzo Pretorio – auch Palazzo Albergotti genannt – von 1322

DER OSTEN

Oben: Altstadt und Dom von Arezzo
Mitte: Auch hier gibt es viele kleine Geschäfte mit Kunsthandwerk.
Unten: Denkmal auf der Piazza Guido Monaco. Guido von Arezzo (auch Guido Monaco) war Musiker um 1000 n. Chr. und entwickelte die moderne Notenschrift.

und 1466 geschaffen. Wie ein mittelalterliches Comic mutet der Bilderzyklus an, dessen detailreiche und farbenfrohe Einzelmotive jeweils eine Episode einer unterhaltsamen Geschichte erzählen. Sie beginnt damit, dass Seth einen Baum auf Adams Grab pflanzt, aus dem schließlich das Heilige Kreuz gefertigt wird. Bei der Darstellung des »Traums Konstantins« bedient sich Piero della Francesca neuartiger Darstellungsweisen: In der nächtlichen Szene setzt er das Mondlicht gekonnt ein, indem er das Bild in ein fahles, aber kräftiges Licht taucht.

Dom und Stadtzentrum

Der imposante Duomo di San Donato (1277) ist vor allem für seine farbenfrohen Buntglasfenster von Guillaume de Marcillat berühmt. Im rechten und südlichen Seitenschiff sind Szenen aus den Evangelien auf Glas gebrannt, deren farbliche Harmonie und räumliche Gestaltung revolutionär waren.

Das Zentrum des kommunalen Lebens in Arezzo bildet von jeher die Piazza Grande. Der stark abfallende Platz wird von historischen Gebäuden mit Wappen umschlossen, unter denen im Norden der Palazzo delle Logge Vasariane mit seinen Säulengängen und im Westen der Palazzo della Fraternità hervorstechen. Letzterer wurde im Jahr 1262 errichtet und erscheint aufgrund diverser Renovierungen heute in einem Stilmix aus Gotik und Renaissance. Der Palazzo delle Logge von Giorgio Vasari besitzt monumentale Porportionen, die von seiner streng gegliederten Fassade noch unterstrichen werden. Auf der Piazza Grande finden die traditionellen Reiterspiele »Giostra del Saracino« und der berühmte Antiquitätenmarkt statt.

Das Äußere der Kirche Santa Maria della Pieve südlich des Palazzo della Fraternità kann als der

Arezzo

Stadtrundgang Arezzo

Ⓐ Museo Archeologico
Via Margaritone 10, Tel. 0575 20882. In einem ehemaligen Kloster kann man die Spuren von Etruskern und Römern besichtigen.

Ⓑ Chiesa di San Francesco
Piazza San Francesco. Die Kirche ist mit den berühmten Fresken von Piero della Francesca geschmückt (1452–66). Mo-Sa 9–18, Sa 17.30, So 13–17.30 Uhr.

Ⓒ Piazza Grande
Auf dem abschüssigen Hauptplatz findet neben dem monatlichen Antiquitätenmarkt das Turnier »Giostra del Saracino« statt (siehe Autorentipp).

Ⓓ Palazzo delle Logge Vasariane
Piazza Grande. An der von Vasari 1573 entworfenen Loggia beeindrucken vor allem die Säulengänge. Leider kann man den Palazzo nicht besichtigen.

Ⓔ Santa Maria della Pieve
Die Kirche hat eine der schönsten romanischen Fassaden der Region. Ihr Glockenturm ist eines der Wahrzeichen der Stadt. Corso Italia 7.

Ⓕ Casa di Petrarca
Hier verbrachte der große Dichter seine ersten Lebensjahre. Zu besichtigen ist das Haus nur auf Anfrage. Via dei Pileati.

Ⓖ Duomo di San Donato
Highlights bilden die bunten Glasfenster von Piero della Francesca sowie das aufwendig mit Marmorreliefs verzierte Grab des Bischofs Guidi Tarlati im hinteren Teil der Kirche links. Piazza Duomo.

Ⓗ Casa Vasari
Sein Haus hat der große Sohn der Stadt nicht nur selbst geplant, sondern auch mit Malereien im Inneren üppig verziert. Via XX Settembre 55, Tel. 0575 409050.

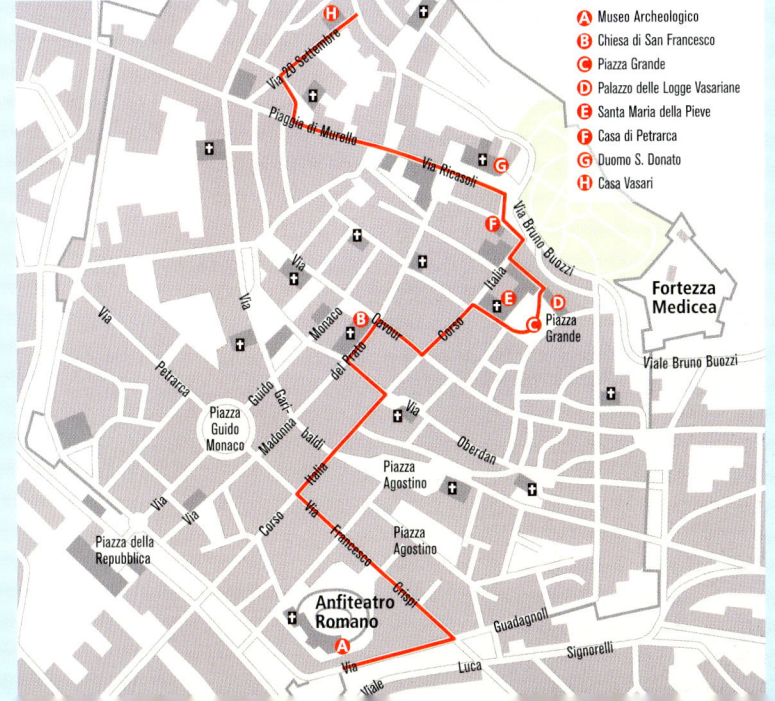

- Ⓐ Museo Archeologico
- Ⓑ Chiesa di San Francesco
- Ⓒ Piazza Grande
- Ⓓ Palazzo delle Logge Vasariane
- Ⓔ Santa Maria della Pieve
- Ⓕ Casa di Petrarca
- Ⓖ Duomo S. Donato
- Ⓗ Casa Vasari

DER OSTEN

Inbegriff des romanischen Stils gelten. Weit und breit weist sie die schönste romanische Fassade auf, und ein wenig erinnert sie an den Dom in Pisa mit seinen Galeriegängen im Mittel- und Obergeschoss. Der massive, quadratische Glockenturm aus dem 14. Jahrhundert mit seinen 40 Fensteröffnungen ist eines der Wahrzeichen von Arezzo.

Casa di Petrarca

Die Via G. Vasari, die in die Via Albergotti übergeht, führt zum angeblichen Geburtshaus des großen Literaten Francesco Petrarca, der 1304 in Arezzo das Licht der Welt erblickte. Am bekanntesten sind seine Liebes- und Lehrgedichte, in denen er den einfachen Menschen in den Mittelpunkt rückte – ein großer Kontrast zum mittelalterlichen Denken. In dem Haus aus dem 16. Jahrhundert in der Via dei Pileati wurde ein kleines Museum eingerichtet, größeren Raum nimmt allerdings die dortige Accademia Petrarca ein, die als Bibliothek und Forschungszentrum dient. Die Besichtigung ist daher vor allem für Petrarca-Experten empfehlenswert und nur nach Voranmeldung möglich.

Casa di Vasari

Richtung Nordwesten entlang der Via Madonna Laura und der Via San Domenico gelangt man zum Wohnhaus von Giorgio Vasari. Der aus Arezzo stammende Architekt und Maler konstruierte einzigartige Bauten wie die Florentiner Uffizien. In seiner Geburtsstadt erbaute er 1540 sein eigenes Wohnhaus im Stil des Manierismus und stattete es prunkvoll aus. Falls das Museum geschlossen zu sein scheint, kann man einfach läuten (Via XX Settembre 55, Tel. 0575 409040).

Oben: Der 1033 vollendete Duomo di San Donato, dessen großformatige Glasgemälde von Fra Guillaume de Marcillat besonders sehenswert sind.
Unten: Glaskunst in der Casa Vasari

Arezzo

Adressen in Arezzo

ESSEN UND TRINKEN

La Antica Trattoria al Principe. Das traditionsreiche Lokal ist im Erdgeschoss eines mittelalterlichen Gebäudes im Vorort Giovi untergebracht. Die Weine des Tages werden auf einem kleinen Tisch in der Mitte des Speisesaales präsentiert. Zu günstigen Preisen bekommt man hier ausgezeichnete toskanische Küche. Fisch kann man vor der Zubereitung in einer Vitrine auswählen. Ortsteil Giovi 25, Tel. 0575 362046, www.anticatrattoriaalprincipe.it

Buca di San Francesco. In dem Kellerlokal geschieht alles mit Bezug auf die gegenüberliegende Kirche. So heißen die drei in Umfang und Preis gestaffelten Tagesmenüs »Mönch«, »Abt« und »Prior«, die Malereien an den Wänden sind den Meisterwerken in der Kirche nachempfunden. Die aufmerksame Bedienung hilft auch gerne bei der Bestellung à la carte. Via San Francesco 1, Tel. 0575 23271, www.bucadisanfrancesco.it

BARS UND CAFÉS

Crispi's. Nicht nur qualitativ hochwertige Getränke, sondern auch leckere Snacks und Pizzen werden hier serviert. Ab etwa 22 Uhr wird es voll und laut. Via Francesco Crispi 10/12.

Vita Bella. Lebhaftes Café voller junger Leute. Hier kann man am Stadtleben teilnehmen oder sich auch nur darauf beschränken, das Drumherum zu beobachten. Piazza San Francesco 22.

ÜBERNACHTEN

La Corte del Re. Sechs Appartments in zentraler Lage, gleich um die Ecke von der Piazza Grande. Das historische Gebäude erhielt eine moderne Ausstattung mit komfortablen Extras und bietet so den idealen Ausgangspunkt für die Stadtbesichtigung. Von einigen der Zimmer sieht man auch auf die Piazza. Via Borgunto 5, Tel. 0575 296720.

Cavaliere Palace Hotel. Vier-Sterne-Haus in der Nähe des Bahnhofs. Die Zimmer sind zwar etwas klein und zweckmäßig eingerichtet, bieten aber die nötige Ruhe, um sich zu erholen. Parkplatzbenutzung gegen Aufpreis. Via della Madonna del Prato 83, Tel. 0575 26836, www.cavalierehotels.com

VERANSTALTUNGEN

Antiquitätenmesse. Der große Antiquitätenmarkt an jedem ersten Wochenende des Monats an der Piazza Grande ist ein Erlebnis: Mehr als 500 Aussteller aus ganz Italien und teilweise auch aus dem Ausland präsentieren ihre besten Stücke.

Arezzo Wave. Das Musikfestival, bei dem Stars aus dem In- und Ausland auftreten, dauert Mitte Juli sechs ganze Tage. Informationen und Karten gibt's unter www.arezzowave.com

Giostra del Saracino. s. Autorentipp S. 121.

INFORMATION

Via Ricasoli, Tel. 0575 403574, www.arezzocitta.com

Was das Herz begehrt – in der Küche des Ristorante »Il Cantuccio« in Arezzo

DER OSTEN

20 Cortona
Filmreife Traumkulisse

Ein Zimmer mit Aussicht zu bekommen, ist in Cortona sicherlich kein Problem, denn hier gehört der wunderschöne Weitblick zu den Hauptattraktionen. In den stimmungsvollen Gässchen mit ihren gut erhaltenen Häusern und Palästen aus dem Mittelalter lässt es sich herrlich italienische Lebenslust und Geschichte einsaugen.

Cortona bietet alles, was Toskana-Besucher erwarten: bezaubernde Landschaft, uralte Häuser und die richtige Mischung von Palästen, Kirchen und erstklassigen Restaurants. Kein Wunder, dass große Teile des romantisch-idyllischen Hollywoodstreifens »Unter der Sonne der Toskana« (»Under the Tuscan Sun«, 2004) hier gedreht wurden. In der Liebesgeschichte mit Diane Lane in der Hauptrolle erlebt eine Amerikanerin alle nur erdenklichen Abenteuer inklusive Liebe, Leid und Kulturunterschieden fernab von zu Hause.

Alt, aber gut erhalten

Cortona, eine der ältesten Städte der Toskana, hat seinen Ursprung in einer Etrusker-Siedlung. Heute zählt die Stadt 23 000 Einwohner, und ihre sandfarbenen Häuser wirken, als wären sie den steilen Berg hinuntergegossen worden. Allein schon die einmalige Lage des auf einem Berg erbauten Ortes ist eine Reise wert, dazu kommt noch ein kostenloser Bonus für alle Übernachtungsgäste: Wer ein Zimmer bucht, genießt von dort garantiert einen wunderbaren Blick auf eine der typischsten Landschaften der Toskana. Die Aussicht über das Val de Chiana und auf den Lago di Trasimeno ist absolut spektakulär. Obwohl die Stadtbesichtigung auch in nur wenigen Stunden möglich ist, lohnt sich

Mitte: Regenbogen vor Cortona. Im Sommer kann es am Lago Trasimeno immer wieder kurze, aber ergiebige Regenschauer geben.
Unten: Cortona wurde von den Etruskern gegründet und war eine ihrer ältesten und bedeutendsten Städte.

Cortona

Die »Locanda del Molino« ist in einer alten Mühle untergebracht.

AUTORENTIPP!

PILZE STATT STEAK
Bei der Sagra del Fungo Porcino, einem kulinarischen Festival Mitte August, kommen endlich auch einmal Vegetarier voll auf ihre Kosten. Die Festivität ähnelt zwar einem Steakfestival, wird aber zu Ehren einer köstlichen Pilzart abgehalten.

die Übernachtung also auf jeden Fall. Dann bleibt auch mehr Zeit, die hervorragenden Restaurants auszuprobieren, von denen diese Kleinstadt eine beachtliche Anzahl besitzt.

Stadtrundgang

Das steile Gefälle schlägt sich auch im Stadtbild nieder: Die verwinkelten Straßen scheinen in alle möglichen und unmöglichen Richtungen abzubiegen, sodass man sich eigentlich verlaufen müsste, wäre das Städtchen nicht so überschaubar. An fast jeder Ecke stößt man auf geschichtsträchtige Bauten wie den im 13. Jahrhundert erbauten Palazzo Comunale mit seinem zinnenbekrönten Turm (16. Jahrhundert) an der windschiefen Piazza della Repubblica oder den Palazzo Casali, der schon seit dem 13. Jahrhundert die Piazza Signorelli schmückt. In Letzterem ist das Museo dell'Accademia Etrusca (MAEC) untergebracht, in dem man vor allem etruskische Fundstücke besichtigen kann. Zum Stolz der Sammlung gehört neben den detailreichen Bronzestatuetten eine reich verzierte, bronzene Öllampe, die stolze 55 Kilogramm auf die Waage bringt. Kein Wunder, ist sie doch

Oben: Gedeckter Tisch mit Pasta und Wein
Unten: Blick auf den Lago Trasimeno

DER OSTEN

Oben: Der typische toskanische Mohn blüht in voller Pracht.
Mitte: Im Souvenirladen gibt es Wein aus der Region zu kaufen.
Unten: Das Klosterhotel am Hang des Monte Sant Egidio erhebt sich schon von Weitem sichtbar aus dem Chiana-Tal.

mit Sirenen, Satyrn und dem Kopf einer Gorgonen geschmückt. Das Museum hat auch einige Leichen im Keller, bei denen es sich um Mumien aus dem fernen Ägypten handelt (Piazza Signorelli 9, tägl. 10–19 Uhr, im Winter bis 17 Uhr, www.cortonamaec.org).

Chiesa di Santa Margherita

Wandert man nach dem Museumsbesuch weiter durch das Gassenlabyrinth, kommt man im Osten zur Chiesa di Santa Margherita, in der man über dem Hauptaltar das mit gläsernen Wänden ausgestattete Grab (14. Jahrhundert) der heiligen Margareta besuchen kann. Für eine Heilige hatte sie ein eher wechselvolles Leben: Bevor sie nach Cortona kam, hatte sie mehrere Geliebte und sogar einen unehelichen Sohn. Doch Cortona veränderte ihr Gemüt und sie kümmerte sich als Franziskanerin fortan um Kranke, Arme und andere von der Gesellschaft Ausgeschlossene. Der Architekt Giovanni Pisano bekam im 14. Jahrhundert den Auftrag, die ursprünglich sehr kleine Kirche zu vergrößern. Im Barock wurde sie sehr den damaligen Trends angepasst, doch die Grundstruktur von Chor, Kapellen und dem Hauptschiff blieb unverändert. Sehenswert sind heute vor allem das Mausoleum aus Marmor an der linken Seite und die Urne der heiligen Margareta, die von Pietro da Cortona geschaffen wurde. Auffallend ist auch ein hölzernes Kruzifix, dessen Entstehung auf das 13. Jahrhundert zurückgeht. (Piazza Santa Margherita, April bis Okt. 7.30–12 und 15–19 Uhr, Nov. bis März 8.30–12 und 15–18 Uhr).

Wer nach der Kirchenbesichtigung noch ein wenig Lust auf Bergsteigen hat, kann sich bis zur Fortezza Medicea durchschlagen. Am höchsten Punkt der Stadt genießt man einen wunderschönen Blick auf die sanfte toskanische Landschaft.

Cortona

Adressen in Cortona

ESSEN & TRINKEN

La Grotta. In heimeligem Ambiente genießt man in nur zwei Gasträumen das Flair einer typischen Trattoria. Besonders empfehlenswert sind die Pilzgerichte. Piazzetta Baldly 3, Tel. 0575 630271.

Osteria del Teatro. Alle Tische sind mit frischen Blumen dekoriert und alle Wände mit Fotos berühmter Persönlichkeiten, deren Geschmacksknospen hier schon mit allerlei toskanischen Leckereien erfreut wurden. Via Maffei 2, Tel. 0575 630556, www.osteria-del-teatro.it

Bucaccia. Hier lässt sich der Abend bei einem gemütlich Mahl verbringen, denn die bodenständige Küche ist ausgezeichnet. Wer zu wenig Zeit mitbringt, könnte unter Umständen verärgert das Lokal verlassen, denn der Service in diesem ehemaligen etruskischen Keller ist äußerst langsam. Via Ghibellina 17, Tel. 0575 606039, www.labucaccia.it

Typisch Toskana – in der urigen »Locanda del Molino« bekommt man typische Gerichte der Region.

ÜBERNACHTEN

Locanda del Molino. Wie in einem toskanischen Landhaus lebt man in diesem gepflegten Hotel. Das Restaurant ist ein Traum: Mit alten Töpfen an der Wand weist es den Weg zur himmlischen Küchenkunst, die hier betrieben wird.
Ortsteil Montanare 10, Tel. 0575 614016, www.locandadelmolino.com

Hotel San Michele. Mit seinen prunkvollen und geräumigen Zimmern hat das erste Haus am Platz diese Bezeichnung auf jeden Fall verdient.
Via Guelfa 15, Tel. 0575 604348
www.hotelsanmichele.net

VERANSTALTUNGEN

Giostra dell Archidado. Zu Christi Himmelfahrt, also im Mai oder Juni, kehrt Heiterkeit in Cortona ein. Mittelalterliche Paraden der Bevölkerung und Wettbewerbe zwischen den einzelnen Stadtvierteln finden ihren Höhepunkt im mittelalterlichen Armbrustschießen. Ein weiteres Highlight ist der Run auf den »verretta d'oro«, einen goldenen Pfeil, um den die Bewohner Cortonas in mittelalterlichen Roben wettkämpfen.

Mostra Antiquaria. Wenn der August in den September übergeht, wird es alljährlich Zeit für die größte Antiquitätenmesse von ganz Italien. Diese findet überall in Cortona statt.

Sagra della Bistecca. Beim Steak-Festival, das vom 14. auf den 15. August stattfindet, verwandelt sich der Giardino del Parterre zu einem einzigen gigantischen Grill. Hier kann man die Palette der besten toskanischen Grillspezialitäten durchkosten. Ein Erlebnis!

INFORMATION

Via Nazionale 42, Tel. 0575 630352,
www.cortonaweb.net

Mitte: Die lang gezogene, dem Apennin vorgelagerte Gebirgskette des Pratomagno mit Gipfeln bis zu 1592 m erstreckt sich vom Sieve-Tal bis in die Gegend von Arezzo.
Unten: Piazza Grande im historischen Zentrum von Bibbiena

DER OSTEN

21 Bibbiena und La Verna
Der Geheimtipp

Wo die Toskana noch ursprünglich ist und man sich nicht in langen Warteschlangen anstellen muss, mitten im beschaulichen Casentino, liegt Bibbiena. Spärlich sind in der Altstadt die Glanzstücke gesät, die aber für Theaterfreunde besonders reizvoll sind: Wegen seines historischen Theaters und seines Bühnenbildmuseums ist Bibbiena als »Theaterstadt« bekannt. Ein Ausflug in die waldreiche Umgebung, zum Wallfahrtsort La Verna oder in den Naturpark Foreste Casentinesi, rundet den Besuch ab.

Bibbiena ist mit seinen 10 000 Einwohnern sowohl größte Stadt als auch geografischer Mittelpunkt des Casentino-Tals. Die Region 50 Kilometer östlich von Florenz und 30 Kilometer nördlich von Arezzo ist ländlich geprägt. Die malerische Landschaft mit ihren saftig-grünen Hügeln wird vom mächtigen Monte Falcone (etwa 1600 m) überragt.

Das historische Zentrum

Im Zentrum wartet eine stattliche Anzahl an Geschäften, Kirchen und Adelspalästen darauf, entdeckt zu werden. Die Fenster des Palazzo Mazzoleni (16. Jahrhundert) in der Via Cappucci sind mit Maskaronen verziert, die Dämonen darstellen. Weiter in Richtung Osten kommt man in der Via Dovizi zum Palazzo Poltri, an dessen Fassade die Wappen der Medici und Habsburger prangen. Warum? Maria Magdalena von Österreich war Gattin von Cosimos II. de' Medici und unternahm 1618 eine Pilgerreise zu dem Wallfahrtsort La Verna. In der gleichen Straße steht die Kirche von San Lorenzo, die aller Wahrscheinlichkeit nach von Andrea della Robbia erbaut wurde.

Bibbiena und La Verna

Geht man am Ende der Via Dovizi nach links die Via Berni entlang, kommt man zum Oratorium von San Francesco aus dem 16. Jahrhundert. Es wurde Mitte des 18. Jahrhunderts komplett in den Rokokostil gebracht – eine Seltenheit in der Toskana – und im 19. Jahrhundert mit einer klassizistischen Fassade versehen. Zur Besichtigung muss man sich unter Tel. 9575 594195 anmelden.

Palazzo Dovizi und Dovizi-Theater

In Bibbiena wurde Kardinal Bernardo Dovizi geboren, der als einer der ersten bedeutsame Komödien verfasste (z.B. »La Calandria«, 1513). Sein Wohnhaus, der Palazzo Dovizi aus dem 15. Jahrhundert mit einer Loggia im zweiten Stock, zählt zu den schönsten Gebäuden Bibbienas, kann aber leider nicht besichtigt werden. Auch das prunkvolle Dovizi-Theater trägt seinen Namen. Der Bau aus dem 19. Jahrhundert wurde vor Kurzem renoviert, sodass seine gold-weißen Ränge in neuem Glanz erstrahlen. Bibbienas Ruf als Theaterstadt wird durch das Museo di Scenografia untermauert, das sich der Geschichte des Bühnenbildes widmet. Neben Modellen und Skizzen von Theaterbühnen gibt es prächtige Kostüme aus früheren Epochen (Via Berni 25, Tel. 0575 593791, www.cittadelteatro.it).

Santa Maria del Sasso

Die Wallfahrtskirche Santa Maria del Sasso, etwa einen Kilometer nordwestlich der Stadt gelegen, wurde auf einem kleinen Felsen errichtet (ital. *sasso*). Aus dem Hauptaltar ragt die Spitze des berühmten Marienfelsens hervor, der Anlass für die Gründung des bis heute bestehenden Klosters war. Das Altarbild zeigt die »Madonna mit Kind« von Bicci di Lorenzo (1435). In der Kapelle Madonna del Buio ist eine Holzskulptur aus der Schule Donatellos. Sehenswert ist auch der Kreuzgang.

AUTORENTIPP!

GROSSE FREUDE FÜR CAMPINGFREUNDE

Mitten in einem Laubwald des Nationalparks, etwa 20 km östlich von Bibbiena, befindet sich dieser äußerst kinderfreundliche Campingplatz. Mit modernen Sanitäranlagen und einem Swimmingpool ausgestattet, genießt man hier naturnahen Komfort in einer der schönsten Landschaften der Toskana. Nur ein paar Kilometer vom Wallfahrtsort La Verna entfernt, kann man hier doch eine große Abgeschiedenheit erfahren, ähnlich wie die Mönche, die im Mittelalter diese Region aufsuchten. Mit nur 90 Stellplätzen herrscht im Camping Village eine familiäre Atmosphäre, außerdem bietet es auch eine Pizzeria, eine Bar, Beachvolleyball und Tischtennis. Haustiere sind erlaubt.

Camping Village La Verna. Ortsteil Vezzano, Chiusi della Verna, Tel. 0575 532121, www.campinglaverna.it

Bibbiena ist der größte und wichtigste Ort des Casentino-Tals. Zum Wallfahrtsort La Verna sind es 15 km.

DER OSTEN

Kloster La Verna

Die Wälder rund um Bibbiena waren früher beliebt bei Einsiedlern und Mönchen, die den weltlichen Verlockungen entsagten und sich in die Höhlen zurückzogen. Einer dieser Mönche war Anfang des 13. Jahrhunderts der heilige Franz von Assisi. Der Legende nach empfing er hier die Stigmata des gekreuzigten Jesus. Dem heiligen Franziskus zu Ehren wurde an dieser Stelle, 20 Kilometer östlich von Bibbiena auf 1100 Metern Höhe, das Kloster La Verna errichtet, das heute eine beliebte Pilgerstätte ist. Besonders am Franziskus-Tag (3. Okt.) und zum Stigmata-Fest (17. Sept.) strömen die Gläubigen in Scharen hierher.

Zu der berühmten Höhle, in der sich seit 1263 eine Kapelle, die Chiesa delle Stimmate (»Kirche der Stigmata«) befindet, führt ein mit Fresken verzierter Wandelgang, auf dem die Entstehungsgeschichte des Klosters bebildert ist.

Die im 14. Jahrhundert erbaute Chiesa Maggiore beherbergt viele Reliquien des heiligen Franz von Assisi. Den Grundstein der ältesten Kirche in La Verna, der Cappella Santa Maria degli Angeli, legte der heilige Franz 1216.

Nationalpark Casentino

Im 36 000 Hektar großen Parco Nazionale delle Foreste Casentinese, der sich über die Regionen Florenz, Arezzo und Forlì erstreckt, leben Bergschafe, Wildschweine und Rehe, ja sogar Wölfe und Braunbären. Die Wälder des Parks lassen sich zu Fuß, mit dem Bike oder auf dem Pferderücken erkunden (Infos auf www.parcoforestecasentinesi.it oder Tourismusbüro »Sede del Parco«, Tel. 0575 50301). In Camaldoli gibt es ein Infobüro und ein ornithologisches Museum, das in die Vogelwelt des Parks einführt (Tel. 0575 556130).

Oben: La Verna (auch Alverna) liegt in der Nähe des Geburtsortes von Michelangelo. An dieser Stelle soll der hl. Franz von Assisi 1224 im Gebet die Stigmata erhalten haben.
Mitte: Kloster Camaldoli, ein weiterer heiliger Ort im Casentino
Unten: Erfrischung im Fluss Carsalone

Bibbiena und La Verna

Adressen in Bibbiena und La Verna

ESSEN UND TRINKEN

Ristorante Al Ritrovo. In mittelalterlichem Ambiente speist man im ehemaligen Palazzo del Podestà: Das Restaurant ist mit Wappen verziert, bietet aber nur Platz für drei Tische. Lauschig ist es vor allem im Garten. Besonders empfehlenswert sind die Pizzen, die hier so richtig knackig und vor allem auch günstig sind! Piazetta Pieruoli 4, Tel. 0575 536209.

Ristorante il Tirabusciò. Im Herzen von Bibbiena kann man hervorragende toskanische Küche genießen, natürlich immer der jeweiligen Saison angepasst. Das Kalbsteak mit Bohnen und der Apfelkuchen mit Vanillesauce sind allerdings Dauerbrenner – und das mit Recht! Das Restaurant hat nur 30 Plätze, also rechtzeitig reservieren. Via Borghi 73, Tel. 0575 595474, www.tirabuscio.it

EINKAUFEN

Jeden Donnerstagvormittag findet ein Markt im Stadtzentrum statt. Wer sich gerne ins rege Marktgetümmel wirft, ist hier richtig.

ÜBERNACHTEN

Borgo Antico. Das passable Drei-Sterne-Haus im Zentrum von Bibbiena besteht schon seit 1700. Das gemütliche Restaurant bietet einfache toskanische Küche. Via Dovizi 18, Bibbiena, Tel.0575 536445, www.brami.com

Letizia. Einfache Pension in historischem Steinhaus mitten im Wald. Zweckmäßig eingerichtete Zimmer mit Bad und Toilette. Fernseher gibt's im Gemeinschaftszimmer. Wer Luxus möchte, ist hier falsch. Via Roma 26, Chiusi della Verna, Tel. 0575 599020, www.hotel-letizia.net

INFORMATION

Ufficio Informazioni Turistiche Casentino. Piazza Giacomo Matteotti 3, Tel. 0575 593098, turistico.bibbiena@casentino.toscana.it, www.comune.bibbiena.ar.it

Lebendige Wochenmärkte findet man in vielen kleinen Städten der Toskana.

DER WESTEN

22 Cécina und Cécina Mare
Urlaub unter Italienern　　　　　　**136**

23 Massa Marittima
Mittelalterliche Perle　　　　　　　**140**

24 Volterra
Die Stadt der Etrusker　　　　　　**144**

25 Colle di Val d'Elsa
Typisch Toskana　　　　　　　　**150**

DER WESTEN

22 Cécina und Cécina Mare
Urlaub unter Italienern

Den Duft der schattigen Pinienwälder Cécinas vergisst man nicht so schnell wieder. Auch den grobsandigen Strand behält man in bester Erinnerung, denn dort lässt sich ein herrlicher Badeurlaub verbringen: Für Abwechslung ist gesorgt mit Beachvolleyball oder Kanu- und Tretbootfahren sowie dem feucht-fröhlichen Wasserpark »Aquavillage«. An Regentagen stehen ansprechende Museen auf dem Programm.

Am Südufer des gleichnamigen Flusses und im Norden der Maremma-Ebene liegt das als Handelszentrum bekannte Cécina. Nach erheblicher Beschädigung im Zweiten Weltkrieg musste alles neu aufgebaut werden, weshalb das heutige Stadtzentrum relativ modern anmutet.

Traditioneller Italien-Urlaub

Das weitläufige Zentrum der 30 000-Einwohner-Stadt reicht von den Colline Metallifere im Wes-

Vorangehende Doppelseite:
Urgemütliche und typisch italienische Wohnhäuser in Volterra
Mitte: Am Strand von Vada nördlich von Cécina
Unten: Weite Pinienwälder gibt es rund um Cécina.

MAL EHRLICH!

IM AUGUST? NEIN DANKE!

Im Grunde ist es zwar recht angenehm, als Ausländer zwischen den italienischen Touristen eingebettet zu sein, allerdings kann zu viel des Guten auch das Gegenteil bewirken: Vor allem im August starten alle Italiener in den Sommerurlaub. Wer sich zu dieser Zeit in Cécina erholen oder entspannen will, ist arm dran. Die Italiener fallen in Massen ein, und somit steigen nicht nur die Zimmerpreise, sondern auch der Lärmpegel enorm! Cécina kann man das ganze Jahr über besuchen, nur im August sollte man die italienische Riviera lieber meiden.

Cécina und Cécina Mare

ten bis zum Meer. Hier ist ein Paradies für Badeurlauber entstanden. In der Fußgängerzone herrscht Trubel wie auf dem Jahrmarkt: Kinder schlecken Eis, während sie sich schon auf die nächste Fahrt im Autoscooter freuen, Familien vergnügen sich beim Minigolf oder genießen herzhafte toskanische Spezialitäten in den Restaurants und Trattorien. In kaum einer anderen Touristenhochburg ist eine so entspannte und zufriedene Stimmung.

Relaxtes Strandleben

Wegen der besonders guten Qualität des Wassers werden die Strände bei Cécina Mare regelmäßig mit der begehrten »Blauen Flagge« ausgezeichnet. Dabei sind sie so weitläufig, dass nicht jeder Quadratmeter von Strandbädern belegt wird. So haben Besucher die Wahl, im »Bagno« ein Plätzchen mit Liege und Sonnenschirm zu mieten oder Strand und Meer etwas abseits der Massen zu genießen. Mit Ausnahme von Sonntagen, an denen es für gewöhnlich richtig voll wird, findet man immer ein ruhiges Plätzchen. Die kühlen Pinienwälder im Rücken und das unendliche, blaue Meer im Blick, wünscht sich mancher, nie wieder wegzumüssen.

In südlicher Richtung reicht der grobsandige Strand bis nach Bibbona. Der schönste Strandabschnitt liegt aber etwas nördlich von Cécina Mare, im Nachbarort Vada. Dort erinnert das Strandbild mit dem türkisfarbenen Wasser und dem schneeweißen Sand an die Karibik, und es gibt – wie auch in Cécina – frei zugängliche Abschnitte. Wer den 15 Kilometer langen Weg dorthin nicht am Strand, sondern lieber im Schatten zurücklegen will, der kann den parallel laufenden Pfad durch die Pinienwälder nehmen. Dieser lässt sich auch gut auf einem Fahrrad zurücklegen. Räder verleiht Biancani Massimo Cicli (Corso Matteotti Giacomo 323, Tel. 0586 683363).

AUTORENTIPP!

IL CALASOLE

In diesem bezaubernden Restaurant fühlt man sich wie in einem Märchenreich. Verspielte, bunte Tischdekorationen, stets an der Grenze zum Kitsch, sind nur ein Detail des zauberhaften Ambientes. Dazu fügen sich die filigranen weißen Stühle, die vielen Kerzen und die herrliche Blumendekoration zu einem harmonischen Gesamtkunstwerk. Doch auch kulinarisch entführt Sie das Calasole in eine Traumwelt: Hausgemachte Gnocchi, die butterweich mit den Venusmuscheln und kleinen Tomaten harmonieren, danach ein gemischter Fischteller, der seinesgleichen sucht. Für diese Genüsse gibt man gerne einmal ein bisschen mehr aus.

Il Calasole. Cécina Mare, Viale della Vittoria 38, Tel. 0586 622280, www.ristorantecalasole.it

Spuren im Sand – der romantische Strand für einen herrlichen Badeurlaub

DER WESTEN

Wasser-Action

Zur sportlichen Betätigung am Strand stehen Tretboote und Kanus bereit, auch Segeln und Tauchen sind im Angebot. Einen Wasserspaß ganz anderer Art bietet das Erlebnisbad »Aquavillage« am Ortseingang von Cécina Mare (Via Tevere, 25, Tel. 0586 622539).

Riserva Statale Tomboli di Cécina

Rund um Cécina wurden weitläufige Pinienwälder angelegt, um das Landesinnere vom Küstenwind abzuhalten. Das Naturschutzgebiet der »Tomboli« – langer, mit einer dichten Vegetation bewachsener Dünenstreifen, die vom Strand ins Landesinnere drängen – erstreckt sich über 15 Kilometer. In Größe und Ursprünglichkeit ist der intensiv duftende Pinienwald unvergleichlich. Für Erkundungstouren sind Fahrräder ideal (Seite 137).

Sehenswertes

Für das Kulturprogramm sorgen in Cécina zwei Museen in der Villa Guerrazzi: Das volkskundliche Museo de la Vita e del Lavoro steckt voller historischer Geräte aus Wein- und Ackerbau. Im Museo Archeologico Comunale Etrusco-Romano stehen lokale Ausgrabungen von der frühgeschichtlichen Zeit bis zur Besiedelung der Etrusker und Römer im Fokus (Via Francesco Domenico Guerrazzi, Juli bis Aug. Di–So 16–19.30 Uhr, Sept bis Juni Sa, So 15.30–19 Uhr). Wer das wahre Cécina kennenlernen möchte, sollte an einem Dienstag mal früh aufstehen, um den großen Wochenmarkt zu besuchen. Bereits um 7 Uhr werden im ganzen Zentrum die Stände aufgebaut, um 12 Uhr mittags ist Schluss. Hier bekommt man die ganze Pracht an toskanischen Spezialitäten – Früchte, Gemüse, Käse, Fisch, Fleisch- und Wurstwaren – vor Augen geführt.

Oben: Volterra liegt wie ein Adlernest über dem Land der Cécina.
Unten: Sonnenuntergang am Mittelmeer in Cécina-Livorno.

Cécina und Cécina Mare

Adressen in Cécina und Cécina Mare

ESSEN UND TRINKEN

Scacciapensieri. Hier dreht sich alles um fangfrischen Fisch: Der Meeressalat, das Garnelenrisotto oder die Fritto misto sind ein Traum! Wenn man Glück hat, steht auch die einmalige Fischsuppe nach altem Rezept auf der Tageskarte. Wer keinen Fisch mag oder Wert auf ein großes Nachspeisenangebot legt, ist hier fehl am Platz. Via Verdi 22, Tel. 0586 680900.

Il Frantoio. Ausgesprochen feine Küche mit ausschließlich regionalen Zutaten und freundlicher Bedienung. Fleisch und Fischgerichte halten sich die Waage. Mit einem Schweinskarree oder Frittura mista ist man immer gut beraten. Via della Madonna 11, Tel. 0586 650381.

Ristorante Fiammetta. Wer hier nie zu Gast war, hat wirklich etwas versäumt. Vor allem die Cacciucco (eine für die livornische Küste typische Fischsuppe) ist ein Traum! Via Sforza 3, Cecina Mare, Tel. 0586 620391.

BARS UND CAFÉS

Bar il Sole. Der ideale Ort zum Frühstücken. Mit gefüllten Croissants und anderen Brioche-Leckereien startet man optimal in den Tag. Wer an der Bar im Stehen isst, zahlt um einiges weniger. Cecina Mare, am Kreisverkehr.

MÄRKTE

Antiquitätenmarkt. Sonntags wird ein Lebensmittel- und Antiquitätenmarkt in der Viale della Repubblica abgehalten. Der belebte kleine Straßenmarkt in der Viale della Vittoria lädt täglich zum Bummeln ein. Hier gibt's vor allem Modeschmuck, Keramik, Tücher, Bikinis und Krimskrams.

ÜBERNACHTEN

La Buca del Gatto. Komfortables Hotel mit Pool und Tennisplatz. Die Zimmer sind zwar etwas altmodisch eingerichtet, dafür ist der Weg zum Strand nicht allzu lang. Via della Astronomia 1. Tel. 0586 629076, www.labucadelgatto.com

INFORMATION

Via Nazario Sauro (neben der modernen Kirche), www.cecina.net oder
www.costadeglietruschi.it/defaultde.asp

Entspannte Atmosphäre am Swimmingpool im Hotel La Buca del Gatto an der Küste von Cécina Mare

DER WESTEN

23 Massa Marittima
Mittelalterliche Perle

Als »Gemma de la Maremma« – »Edelstein der Maremma« – wird Massa Marittima im Volksmund bezeichnet. In der sonst so rauen Maremma sticht die Kleinstadt mit ihrer feinen, mittelalterlichen Siedlungsstruktur und den historischen Bauwerken heraus. Jahrhundertelang war sie für ihre Minen und den Abbau von Bodenschätzen bekannt, im 10. Jahrhundert schwang sie sich gar zum Bischofssitz auf.

Eigentlich hat Massa Marittima seine Schönheit zwei Unglücksfällen zu verdanken. Zum einen wurde 835 die damalige Bischofsstadt Populonia von griechischen Seeräubern zerstört und der Bischof dazu veranlasst, ins Innere des Landes zu flüchten. So landete er auf den Hügeln von Massa, wo er später in der Burg von Monte Regio residierte. Zum anderen wütete um 1300 die Malaria in den Sumpfgebieten rund um Massa Marittima, vor der viele Menschen Reißaus in die luftigen Anhöhen nahmen.

Sieneser Herrschaft

Im Jahr 1228 wurde Massa Marittima, wie viele andere toskanische Städte, eine freie Kommune. Die Oberstadt, oder Città Nuova, entstand nach und nach. Heute noch ist sie ein Abbild der damaligen Zeit und stark von der Architektur des 14. bis 18. Jahrhunderts geprägt. Nach gut 100 Jahren als freie Stadt wurde Massa Marittima 1335 von der Sieneser Republik geschluckt, was man heute noch daran erkennt, dass am Palazzo Pretorio das Stadtwappen Sienas mit der Wölfin prangt.

Mitte: Natursteinästhetik pur – Massa, ein städtebauliches Juwel
Unten: Römische Löwin (1474) als Zeichen der Macht am Palazzo Vescovile, dem Bischofspalast

Massa Marittima

3000 Jahre Bergbaugeschichte

Schon die Etrusker begannen in den Hügeln von Massa mit dem Abbau von Bodenschätzen wie Kupfer, Zinn, Blei, Eisen und Silber. Die Römer folgten – wie meistens – dem Beispiel ihrer Vorgänger und beuteten die Berge ebenfalls aus. Heute ist der Anteil an Bodenschätzen so gering, dass sich ein Abbau nicht mehr lohnt. Das Museo della Miniera, das passenderweise in einem ehemaligen Bergwerk untergebracht ist, gibt einen schönen Einblick in die regionale Bergbaugeschichte (Via Corridoni, Tel. 0566 902289, www.massamarittimamusei.it; Führungen auch auf Englisch).

Città Vecchia / Piazza Garibaldi

Massa Marittima birgt unerwartete Kunstschätze. Allein die recht überschaubare Piazza Garibaldi, einer der schönsten Plätze der Toskana, ist eine Reise wert. Hier steht auch der romanische Dom San Cerbone, den nicht zuletzt sein unregelmäßiger Grundriss aus dem Kirchengetümmel der Toskana heraushebt. Zwischen 1228 und 1304 errichtet, ragt er in den Platz hinein, wodurch er noch eindrucksvoller wirkt. Auf seinem gestuften Sockel sitzen stets Menschen, die sich ausruhen, unterhalten oder von dort das Geschehen auf der Piazza verfolgen.

Im dreischiffigen Inneren zieht vor allem der Taufstein aus Travertin mit Szenen aus dem Leben Johannes des Täufers die Blicke auf sich. Das quadratische untere Becken wurde 1267 von Giroldo da Como gefertigt, der tempelartige Aufsatz geht auf einen unbekannten Meister des 15. Jahrhunderts zurück. Das Glanzstück des Doms ist die Arca di San Cerbone (»Sarkophag des heiligen Cerbonius«) aus dem Jahr 1324. Goro di Gregorio verzierte sie mit Flachreliefs, die das Leben des Heiligen dokumentieren.

AUTORENTIPP!

BALESTRO DEL GIRIFALCO

Beim Armbrustfest treten die Bewohner der drei Stadtviertel gegeneinander an. Bei einem Armbrust-Wettschießen und anderen historischen Wettbewerben sind Spaß und Spannung garantiert. Natürlich gehören auch feucht-fröhliche Umzüge in bunten historischen Gewändern dazu. Die einzelnen Stadtviertel erkennt man an ihren Fahnen: Schwarz-weiß kariert mit gelben Verzierungen ist die Flagge der »Cittavecchia« (Altstadt), die »Cittanuova« (Neustadt) ist mit den Farben Rot, Weiß und Grün vertreten und die »Borgo« (Vorstadt) wird durch die Farben Blau, Gelb und Rot repräsentiert. Als Besucher fühlt man sich beim Balestro del Girifalco gleich mitten im Geschehen, da die Stadt nicht allzu groß ist. Somit wird der Besuch zum unvergesslichen Erlebnis.

Balestro del Girifalco. Immer am vierten Sonntag im Mai sowie am zweiten Sonntag im August auf der Piazza Garibaldi.

Zwei Mal jedes Jahr kleidet sich Massa beim »Balestro del Girifalco«, dem Wettkampf der Armbrustschützen, in mittelalterliches Gewand.

DER WESTEN

Machtzentrum Palazzo Comunale

Gegenüber erhebt sich der vierstöckige Palazzo Comunale, der aus zwei Turmhäusern (13. bzw. 14. Jahrhundert) zusammengefügt wurde, was an der Anordnung der Fenster und an den Steinfugen des Travertin zu erkennen ist. Von hier aus wurden jahrhundertelang die Geschicke der Stadt gelenkt. Mittig über der Eingangstür lassen sich sowohl das Medici-Symbol (Schild, sechs Kugeln und drei Lilien) als auch das Wappen der Stadt Siena (Wölfin mit Romulus und Remus) ausmachen. Unter den Räumen der heutigen Stadtverwaltung sticht vor allem der repräsentative Empfangssaal des Bürgermeisters hervor: Er wurde in einer ehemaligen Kapelle eingerichtet.

Palazzo Pretorio

Ein schmuck- und turmloser Block aus weiß-grauem Travertin dominiert die südwestliche Ecke der Piazza Garibaldi: Im Palazzo Pretorio (13. Jahrhundert), der das Stadtwappen von Massa Marittima sowie das sienesische trägt, befindet sich das Museo Archeologico e Comunale. Es nennt unter anderem einen versteinerten Affen und eine Stele aus dem 3. Jahrtausend v. Chr. sein Eigen. Die Sammlungen römischer und etruskischer Artefakte in den oberen Geschossen können mit diesen Highlights nicht mithalten (Piazza Garibaldi 1, Tel. 0566 902289, www.coopcollinemettallifere.it).

Die Oberstadt

Der Aufstieg auf den Hügel führt in die Città Nuova, wo die Gassen nicht verwinkelt sind wie unten, sondern in einem Gittermuster angelegt. Der Torre Candeliere an der Piazza Matteotti ist durch den Arco Senese mit den ehemaligen Bastionen der Stadtmauer verbunden. Von dem 22 Meter hohen Bogen hat man einen schönen Blick auf die Altstadt.

Oben: Magischer Platz in Massa Marittima: die Piazza Garibaldi
Mitte: Etruskische Ausgrabungen
Unten: Bei Volksfesten markiert man die Grenzen der einzelnen Stadtviertel mit Fahnen.

Massa Marittima

Adressen in Massa Marittima

ESSEN UND TRINKEN

Bracali. Den äußerst gut sortierten Weinkeller halten manche für einen der besten in der ganzen Toskana. Wer beim Essen auf Nummer sicher gehen möchte, bestellt sich das Tagesmenü, das eine ausgewogene Mischung aus köstlichen Traditionsgerichten bietet. Das Ambiente ist sehr schick, die Preise sind relativ hoch. Ortsteil Ghirlanda, Via di Perolla 2, Tel. 0566 902318, www.bracaliristorante.it

L'Antica Osteria. Vor allem Vegetarier freuen sich, hier auch einige fleischlose Gerichte auf der Karte zu entdecken. Viele der Ravioli sind einfach traumhaft, bei der Pizza besticht vor allem der sagenhaft günstige Preis. Via Norma Parenti 19, Tel. 0566 902644.

BARS UND CAFÉS

Pub di Fantasmi. Hier geht man nach dem Abendessen hin, wenn man in Feierlaune ist. Vor allem junge Leute in ausgelassener Stimmung geben hier so richtig Gas. Manchmal gibt es auch Livemusik unterschiedlicher Richtungen, von Latin über Jazz bis Rock. Via Norma Parenti 2/4, Tel. 0566 903950.

ÜBERNACHTEN

Podere Riparbella. Der neu renovierte Agriturismo-Hof bietet luxuriöses Landleben zum vergleichsweise kleinen Preis. Hier kann man auch Mitbringsel kaufen: Vom selbst produzierten, hochqualitativen Olivenöl über Wein bis zum frischen Gemüse gibt es alles direkt vom Produzenten. Arbeitswillige, die gerne länger bleiben würden, sollten sich die Stellenangebote auf der Homepage ansehen. Sopra Pian die Mocini, Tel. 0566 915557, www.riparbella.com

Tenuta del Fontino. Dieses Landgut bietet alles, was man sich für einen Traumurlaub in der Toskana wünscht: Eine idyllische Lage mit Ausblick zum Schwachwerden, einfach und geschmackvoll eingerichtete Zimmer, dazu hervorragende Tropfen aus eigener Produktion. Erfrischen kann man sich im Pool und hauseigenen Badeteich. Ortsteil Accesa, Tel. 0566 919232, www.tenutafontino.it

VERANSTALTUNGEN

Tosana Foto Festival. Die Reihe fantastischer Ausstellungen von Profi-Fotografen beginnt Anfang Juli und zieht sich bis in den August hinein. www.toscanafotofestival.com

INFORMATION

Via Todini 3/5, Tel. 0566 902756, www.altamaremmaturismo.it

Gemütliche Atmosphäre in der »Osteria Da Tronca«

DER WESTEN

24 Volterra
Die Stadt der Etrusker

Als eine der zwölf Bundesstädte des alten Etrurien war Volterra eine der wichtigsten etruskischen Städte. Neben Relikten der Etrusker besitzt die älteste Stadt Italiens einen ansehnlichen mittelalterlichen Kern und bietet eine historische Vielfalt, die ihresgleichen sucht. Ein Besuch des »Museo Etrusco Guarnacci« ermöglicht einen interessanten Ausflug in die Welt eines Volkes, das in der Antike in vielen Bereichen die Trends vorgab.

Vor mehr als 2000 Jahren hieß Volterra noch Velathri und war eine mächtige Etruskerstadt, ein wichtiges Handelszentrum und das gewichtigste Mitglied des etruskischen Städtebundes, mit einem Herrschaftsgebiet von Pisa bis Populonia. Die Glanzzeit ist aber längst vorbei, denn die Einwohnerzahl Volterras ist von mehr als 25 000 Men-

Mitte: Der Kern der heutigen Stadt Volterra liegt abgeschieden auf einem 550 m hohen Bergrücken über dem Tal der Cécina.
Unten: Im 1761 gegründeten Museo Etrusco Guarnacci findet man nach Rom und Florenz die reichste etruskische Sammlung Italiens.

MAL EHRLICH!

SCHÖNER ANKOMMEN

Wer nach Volterra fährt, sieht sich meistens auch San Gimignano an und umgekehrt. Dabei machen viele den Fehler und nehmen die viel befahrene SS 68 als Verbindungsweg. Es gibt nämlich eine viel schönere Route, bei der man das bezaubernde toskanische Hinterland so richtig genießen kann. Am Parkplatz in San Gimignano fährt man links, nach etwa zwei Kilometern kommt man zu einem Kreisverkehr, den man in Richtung Montaione verlässt. Ab dort verläuft die Landstraße fast sieben Kilometer lang durch liebliche toskanische Gefilde. Nach einer Kurve biegt man links ab und nach weiteren zehn Kilometern gehts rechts auf die SS68, auf der man noch ein kleines Stück bis nach Volterra fährt.

Volterra

schen zur Etruskerzeit auf heute 13 000 gesunken. Berühmt ist es heute hauptsächlich für seine Alabastervorkommen und -werkstätten: Volterra gilt als Zentrum der europäischen Alabasterproduktion.

Alabasterproduktion

Die bekannteste aller Alabasterwerkstätten mit dem Namen Rossi produziert schon seit ihrer Gründung 1912 immer wieder neuartige Alabasterkreationen. Bei einer Betriebsbesichtigung kann man im Rahmen einer Vorführung die Bearbeitung hautnah miterleben und man erfährt viel über die Arbeitsvorgänge, die nötig sind, um ein formschönes Endprodukt zu erhalten. Ergänzende Erklärungen bekommt man in Dia- und Filmvorführungen. Fein gearbeitete Skulpturen in vielen klassischen Formen wie Vögel, Pferde oder menschliche Büsten zeugen von einer beeindruckenden Handwerkskunst, wobei auch stilvolle praktische Einrichtungsgegenstände wie Lampen, Vasen oder Schalen gefertigt werden (Piazza della Pescheria, Tel. 0588 86133, www.rossialabastri.com).

Auf stolzer Höhe

Volterra liegt auf einem Hochplateau 550 Meter über dem Meeresspiegel und wirkt mit den Resten seiner sieben Kilometer langen Stadtmauer beinahe abweisend. Wie ein Solitär scheint es auf der felsigen Anhöhe über den Dingen zu stehen. Die sanfte toskanische Landschaft ringsherum ist immer wieder durch sogenannte Bicane (Tonaufschlüsse aus dem Pliozän) unterbrochen. Hier gibt es einige Ausgrabungsstätten, doch in der Stadt warten auch etruskische Stadttore, über 2000 Jahre alte Mauerreste, römische Ruinen, ein mittelalterliches Zentrum und steinalte Adelspaläste darauf, erkundet zu werden.

AUTORENTIPP!

DER ULTIMATIVE PECORINO ...

... kommt nicht etwa aus Pienza, sondern wird von wahren Kennern in Volterra gekauft. Den ultimativen Käsegenuss erlebt man in Motemiccioli nahe Volterra, wo Guido Pinzani einen Pecorino herstellt, der zum Niederknien ist. Für die Produkte wird ausschließlich Milch von Schafen aus Sardinien verwendet. Diese freuen sich ihres Lebens auf den Wiesenfleckchen bei Volterra, wo sie sich von besonders würzigem Gras ernähren. Auch für den Käse der Toskana gilt: Was sich »Classico Riserva« nennt, muss lange ruhen. Für Pecorino bedeutet das eine Zeitspanne von zwei Monaten, die er auf Tannenholzbrettern reift.

Caseificio Pinzani. Verkauf direkt ab Hof, Ortsteil Motemiccioli, Volterra S.P. 52 Casole d'Elsa, Tel. 0577 953005, www.caseificiopinzani.com

Kunstvolle Alabasterkreation der bekannten Werkstätte Rossi in Volterra

Oben: Figuren im Museo Etrusco
Mitte: Das Teatro Romano, erbaut zur Zeit des Kaisers Augustus. Von der Zuschauertribüne für etwa 2000 Personen blickt man auf die Bühnenwand.
Unten: Via Gramsci im etruskischen Juwel Volterra

DER WESTEN

Museo Etrusco Guarnacci

Im Gewirr der mittelalterlichen Gassen Volterras hat schon mancher die Orientierung verloren. Von den Parkplätzen bei der mittelalterlichen Porta Florentina oder bei der Viale Francesco Ferrucci gelangt man schnell zum Römischen Theater Ⓐ (Scavi del Teatro Romano), das wie die ehemalige römische Badeanlage dort noch in Ruinen erhalten ist. Danach folgt man der Via Guarnacci bis zur Piazza San Michele, wo man links (in östlicher Richtung) in die Via di Solto abbiegt und immer der Nase nach bis zum archäologischen Museo Etrusco Guarnacci Ⓑ in der Via Don Minzoni geht. Dieses Museum bietet eine der bedeutendsten Ausstellungen der Kultur der Etrusker. Alle Exponate wurden entweder in oder um Volterra herum gefunden. Leider lässt die Präsentation meist zu wünschen übrig. Etwas altmodisch wirkt die Aufbereitung, Erklärungen stehen meist nur auf Italienisch zur Verfügung. Am besten leiht man sich daher einen Audioguide, der alle wichtigen Informationen zur etruskischen Zivilisation vermittelt. Nicht entgehen lassen sollte man sich die Bronzefigur »Ombra della Sera« (»Abendschatten«), die – typisch für etruskische Skulpturen – in Teilen sehr übertrieben wirkt. Die Votivstatuette mit ihren überaus langen Beinen könnte auch in einem Museum moderner Kunst stehen. Wieder ein Beweis dafür, dass die Etrusker absolute Trendsetter waren.

Fortezza Medicea Ⓒ und Parco Archeologico Ⓓ

Einige Schritte südlich des Museums wurde im 14. Jahrhundert die Fortezza erbaut, in der heute ein Gefängnis untergebracht ist. Wenn man der Via di Castello folgt, sieht man zur Linken den Parco Acheologico. Dort wo in der Antike die Akropolis stand, wurden etruskische Grabhügel freigelegt

Volterra

Stadtrundgang Volterra

ⓐ Römisches Theater
Gut erhaltene Ruinen von Theater und römischem Bad.

ⓑ Museo Etrusco Guarnacci
Museum mit vielen Fundstücken aus der Ära der Etrusker. Spektakulär sind die rund 600 aus Tuff und Alabaster gefertigten Urnen im 2. und 3. Stock: Die darauf abgebildeten menschlichen Figuren sind sehr schön herausgearbeitet. Via Don Minzoni 15, Tel. 0588 86347.

ⓒ Fortezza Medicea
Frühere Wehranlage, heute ein Gefängnis. Aus diesem Grund ist ein Besuch der historischen Anlage nicht möglich. Via di Castello.

ⓓ Parco Archeologico
Mäßig gut erhaltene Ruinen der antiken Akropolis. Hier kann man ein paar etruskische Grabmäler besichtigen. Via di Castello.

ⓔ Palazzo dei Priori
Beeindruckendes Bauwerk und wahrscheinlich Vorbild für den Palazzo Vecchio in Florenz. Ältestes Rathaus der Toskana. Vom kleinen Vorzimmer des Ratssaals genießt man einen herrlichen Blick auf die Piazza die Priori. Piazza dei Priori im Zentrum von Volterra.

ⓕ Dom Santa Maria Assunta
Kirche aus dem 12. und 13. Jh. mit einigen Glanzstücken. Einer der Höhepunkte ist das kleine Fresko »Die Prozession der Weisen aus dem Morgenland« von Benozzo Gozzoli, das sich hinter der Terrakottakrippe der Kapelle des Nordschiffs versteckt. Über dem Hochaltar ist ein atemberaubendes Werk der Alabasterkunst: Das Tabernakel aus dem 15. Jh. wurde in der Werkstatt von Mino da Fiesole gefertigt. Piazza San Giovanni.

ⓖ Museo Diocesano d'Arte Sacra
Museum, das Einblick in die Geschichte sakraler Kunst gibt. Via Roma 1.

ⓗ Palazzo Pretorio
Alter Stadtpalast mit einem Turm, der nach der Skulptur eines Schweins benannt ist, die von oben hervorschaut.

ⓘ Pinacoteca Comunale
Im Palazzo Minucci Solaini befindet sich eine Sammlung aus Kunstwerken verschiedenster toskanischer Künstler. Neben Werken von Pietro de Witte ist vor allem das sehr bewegende Werk »Kreuzabnahme« (1521) von Rosso Fiorentino hervorzuheben, das überwältigende Theatralik verbreitet. Via dei Sarti 1, Tel. 0588 87580.

Oben: Fortezza Medicea – eine frühere Wehranlage, die heute ein Gefängnis ist
Mitte: Pinakothek und städtisches Museum der Kunst – seit 1982 im Minucci-Solaini-Palast untergebracht
Unten: Deckenfresken im Palazzo dei Priori

DER WESTEN

(März–Okt. 10.30–17.30, im Winter 10–16 Uhr, Sa, So geschl.), die gerne von Familien besucht werden: Neben einem Picknickplatz ist hier ein weitläufiger Spielplatz, und man genießt eine herrliche Aussicht über Volterra.

Das Zentrum

Zurück im Zentrum, gelangt man zum zinnenbekrönten Palazzo dei Priori ❺ von 1208, dem ältesten Stadtpalast der Toskana. Mit seinem festungsartigen Äußeren diente er als Vorbild für den Palazzo Vecchio in Florenz. Im Inneren ist eine Gemäldegalerie, die vor allem toskanische Werke aus dem 13. und 15. Jahrhundert zeigt. Gesehen haben sollte man das Fresko von Piero Francesco Fiorentino, das das gesamte Treppenhaus ziert. Es zeigt die Kreuzigung Christi (1490) mit der Jungfrau Maria, die vom heiligen Franz von Assisi flankiert wird. Auf der rechten Seite kniet der Evangelist Johannes.

Biegt man in die Via Turazza und dann rechts in die Via Franceschini ab, erreicht man den während des 12. und 13. Jahrhunderts erbauten Dom Santa Maria Assunta ❻. Zur Rechten des Doms, in der Via Roma, liegt das Museo Diocesano d'Arte Sacra ❼, in dem Messgewänder und Reliquien sowie religiöse Kunst, unter anderem von Andrea della Robbia und Rosso Fiorentino, zu bewundern sind.

Von hier lohnt sich ein Abstecher in die Gässchen rund um den mittelalterlichen Palazzo Pretorio ❽ mit der Torre del Porcellino (»Schweinchenturm«), der deshalb so genannt wird, weil von oben die kleine Skulptur eines Keilers herabblickt. Der Stadtrundgang endet in der Pinacoteca Comunale ❾, das eine kleine, aber feine Sammlung von Kunstwerken aus Siena, Florenz und Volterra von der Renaissance bis zum Barock zeigt (Via dei Sarti 1, März–Okt. tägl. 9–19, im Winter 8.30–14.30 Uhr).

Volterra

Adressen in Volterra

ESSEN UND TRINKEN

Trattoria il Poggio. Der Familienbetrieb im Turmhaus Lavorazzi bietet äußerst leckere Nudelgerichte in gemütlicher Atmosphäre. Hier stimmt auch das Preis-Leistungs-Verhältnis! Via Porta all' Arco 7, Tel. 0588 85257.

Trattoria del Sacco Fiorentino. Der Name der sehr gepflegten Trattoria erinnert an die Eroberung der Stadt durch das Heer von Lorenzo dem Prächtigen im Jahr 1472. Die Küche serviert toskanische Spezialitäten vom Feinsten. Außergewöhnlich bezaubernde Tischdekorationen, vorbildlicher Service. Piazza XX-Settembre 18, Tel. 0588 88537.

Lauschige Stimmung im Restaurant »Del Sacco Fiorentino« in Volterra

Vecchia Osteria dei Poeti. Zentral gelegen bietet dieses gemütliche Restaurant in einem mittelalterlichen Gebäude Spezialitäten aus der Region an. Eine besondere Köstlichkeit ist die Wildschweinkreation Cinghiale dolce forte, bei der das Fleisch süß-sauer zubereitet wird. Via Matteotti 55, Tel. 0588 86029.

Pizzeria da Nanni. Winziges Lokal mit ausgesprochen guten Pizzen, von Nanni selbst zubereitet. Typisch italienisch! Via delle Pregioni 40, Tel. 0588 84047.

ÜBERNACHTEN

Hotel San Lino. Mit viel Liebe eingerichtetes Vier-Sterne-Hotel in einem ehemaligen Kloster. Für Abkühlung sorgt die schöne Poolanlage im Garten. Von den meisten Zimmern genießt man einen schönen Blick auf die mittelalterliche Via San Lino. Via San Lino 26, Tel. 0588 85250, www.hotelsanlino.com

Familie Donaldi, Gastgeber im »Del Sacco Fiorentino«

Albergo Etruria. Preiswert und gemütlich präsentiert sich dieses Drei-Sterne-Haus im Zentrum, das von zwei sehr zuvorkommenden Damen geführt wird. Die etruskischen Wurzeln liegen hier nicht fern, denn im oberen Stockwerk kann man noch die Reste einer uralten Mauer entdecken. Via Giacomo Matteotti 32, Tel. 0588 87377, www.albergoetruria.it

VERANSTALTUNGEN

Volterra A.D. 1398. Alljährlich am dritten und vierten Sonntag im August wird die Zeit zurückgedreht: Die Einwohner von Volterra verkleiden sich mit historischen Kostümen und zelebrieren das Mittelalter, unter anderem mit historischen Speisen und Musik. www.volterra1398.it

INFORMATION

Ufficio Turistico. Piazza dei Priori 20, Tel. 0588 87257, www.volterratur.it

DER WESTEN

25 Colle di Val d'Elsa
Typisch Toskana

Jeden Freitag pulsiert das bunte Leben in den Gassen von Colle di Val d'Elsa, das meist zu Colle Val d'Elsa verkürzt wird: Beim Wochenmarkt wird gefeilscht, gekostet, getratscht und vor allem gekauft. Vom riesigen Käselaib bis zur Rüschenunterwäsche findet man alle (un)möglichen Utensilien, doch vor allem eines: ein original italienisches Lebensgefühl. Die Stadt hat es trotz moderner Einflüsse geschafft, sich ihren ursprünglichen Charakter zu bewahren.

Natürlich herrscht nicht jeden Tag so viel Trubel wie freitags auf der Piazza Arnolfo. Außerdem gibt es in Colle di Val d'Elsa eigentlich keine erwähnenswerten Kirchen, keine großartigen Kunstschätze oder originellen Museen. Dafür kann man hier aber tagaus, tagein ein authentisches Alltagsleben und den Charme einer ländlichen Marktstadt sowie kulinarische Höhenflüge in einigen überdurchschnittlich guten Restaurants erleben. Zum Sightseeing im eigentlichen Sinn geht man am besten in die historische Oberstadt Colle Alta, den geschichtlich wahrscheinlich interessanteren Teil. Doch keine Angst: Den steilen Berg muss man

Oben: Il Borgo, die Oberstadt von Colle di Val d'Elsa, auch »Santa Caterina« genannt
Unten: Der Wohnturm Casa Torre, in dem der Architekt Arnolfo di Cambio geboren wurde.

MAL EHRLICH!
JA ZUM WAHREN ITALIEN!
Wer mit dem Überlandbus von Siena nach Volterra fahren möchte, muss in Colle di Val d'Elsa umsteigen. Der Busbahnhof ist meist der einzige Teil, den Toskana-Reisende von der Kristallstadt zu sehen bekommen! Schade eigentlich, denn ein Rundgang durch die Oberstadt lohnt sich allemal.

Colle di Val d'Elsa

nicht mühsam selbst besteigen, denn von der Unterstadt Colle Basso (auch *Il Piano* genannt) verkehrt ein Aufzug zum hochgesteckten Ziel! Die Talstation ist in der Via San Sebastiano.

Colle di Val d'Elsa hat heute über 20 000 Einwohner, doch davon merkt man in der Oberstadt, die auch »Il Borgo« genannt wird, nichts. Die Stadt hat in ihrer Entwicklung eine stetige Dezentralisierung erfahren. Dadurch, dass sie schon im Mittelalter eine Handels- und Industriestadt war, ist sie beständig gewachsen. Das spiegelt sich in der städtebaulichen Gesamtstruktur wider, denn Colle di Val d'Elsa besteht aus mehreren, selbstständigen Zentren, die erst mit der Zeit in den Ort integriert wurden.

Mittelalterlicher Wohnturm mit Weitblick

In der Oberstadt angekommen, sieht man gleich, warum man hierher wollte: Der Ausblick über das Chianti-Gebiet ist einmalig. In der Via del Castello, nur einige Meter vom Aufzug entfernt, findet man schon die nächste Attraktion in Form eines mittelalterlichen Wohnturms (Casa Torre, Nummer 63), in dem der Architekt des Florentiner Palazzo Vecchio, Arnolfo di Cambio, geboren wurde. Das mittelalterliche Turm-Haus ist heute allerdings in privatem Besitz. Nur einige Schritte weiter werden im Museo d'Arte Sacra einige bedeutende Gemälde der Sieneser Meister ausgestellt (Via del Castello 31, Tel. 0577 923888). Das älteste Viertel ist Il Castello, also das Burgviertel, in dem sich entlang einer sehr engen Straße Renaissance- und Turmhäuser abwechseln. Am höchsten Punkt steht die Festung, von der man einen tollen Blick auf das Elsa-Tal genießt. Il Borgo, die Oberstadt, die auch »Santa Caterina« genannt wird, trumpft mit dem Palazzo Campana auf, der ein prachtvolles Beispiel

IDEALE RADEXKURSION

Rund um Colle di Val d'Elsa bieten sich zwei Strecken für Radfahrfreunde an – egal ob mit dem Rennrad, Touren- oder Mountainbike. Die anspruchsvollere führt von Casole d'Elsa über Monteguidi und den Fluss Cécina zum Dorf Montecastelli (19 km). Die leichtere beginnt mit einer Umrundung der Stadtmauer von Monteriggioni und führt dann nach Colle di Val d'Elsa, San Gimignano und Volterra (42 km).

Radfahren ist ideal in der Toskana.

DER WESTEN

Oben: Für jeden Hunger etwas dabei – der Lebensmittelmarkt in Colle di Val d'Elsa
Mitte und unten: Sehenswert ist die Oberstadt Colle Alta, die durch einen Aufzug von der Unterstadt aus zu erreichen ist.

manieristischer Renaissancearchitektur und Mittelpunkt der Stadtanlage ist. Der Bogen des Palazzo öffnet sich zum Castello hin.

Der berühmte Nagel

Im neoklassizistischen dreischiffigen Dom aus dem 17. Jahrhundert, in einem Marmortabernakel, liegt er verborgen: der Nagel vom Kreuz Christi. Hinter vier Schlössern, die mit vier verschiedenen Schlüsseln, die sich im Besitz von vier verschiedenen Bürgern der Stadt befinden, zu öffnen sind, wird der kostbarste Schatz von Val d'Elsa gehütet. Es handelt sich um einem schlichten Nagel, aber einen ganz besonderen, der angeblich vom Kreuz Christi stammt. Die Kreuzritter übergaben ihn der Legende nach dem örtlichen Priester und seitdem wird er in der Kathedrale aufbewahrt. Einmal im Jahr, am zweiten Sonntag im September, wird er in einem großen Umzug durch die ganze Stadt getragen und darf bewundert werden. Ansonsten kann man im Viertel Castello in der Via del Castetto zumindest das Tabernakel begutachten.

Glasbläser in der Unterstadt

Colle di Val d'Elsa ist berühmt für seine Glaserzeugnisse. Wovon man beim Blick auf die Schaufenster eine leise Ahnung bekommt, nimmt auf einer sogenannten Kristalltour Gestalt an. Von März bis Oktober werden Ausflüge zu Glasbläsern und -schleifern sowie Gravierwerkstätten oder Kristallglasausstellungen angeboten. Doch auch im Museo del Cristallo wird einem ein Einblick in die Glasherstellung und vor allem ihre Geschichte gegeben. Die zahlreichen Ausstellungsstücke sind nicht immer ganz jugendfrei (Via dei Fossi 8a, Tel. 0577 924135, www.cristallo.org, Ostern–Okt. Di–So 10–12 und 16–19.30, Nov.–Ostern Di–Fr 15–19 Uhr, Sa, So 10–12 und 15–19 Uhr).

Colle di Val d'Elsa

Adressen in Colle di Val d'Elsa

ESSEN UND TRINKEN

Ristorante Arnolfo. Eines der besten Restaurants Italiens. Obwohl die Küche auf zwei Michelin-Sterne verweisen kann, sind die Gastgeber, die Brüder Gaetano und Giovanni Trovato, auf dem Boden geblieben und verlangen keine übertriebenen Preise. Via XX Settembre 50, Tel. 0577 920549, www.arnolfo.com

Il Frantoio. Allein die klangvollen Namen der Kreationen lassen einem das Wasser im Mund zusammenlaufen: Wie wäre es mit Brioche mit Rinderfilet auf Trüffel mit Gemüsetörtchen? Für solche Spitzenküche gibt man gerne etwas mehr aus. Via Castello 40, Tel. 0577 923652, www.ristorante-ilfrantoio.com

Il Colombiao. Dieses hervorragende Restaurant mit bezauberndem Blick auf Weinberge wurde mit einem Michelin-Stern ausgezeichnet. Wie in der Umgebung spielt der Rebensaft auch im Lokal eine große Rolle: Die Karte verzeichnet rund 1400 Weinsorten aus der ganzen Welt. Unbedingt probieren sollte man das Käsesoufflet aus Pecorino, das auf einer Honig-Kastaniensoße angerichtet wird – einfach himmlisch! Casole d'Elsa, Ortsteil Il Colombaio, Tel. 0577 949002.

ÜBERNACHTEN

Hotel Arnolfo. Freundliche Zimmer und ein ausgezeichnetes Frühstück im einzigen Hotel der Oberstadt. Via Campana 8, Tel. 0577 922020, www.hotelarnolfo.it

Relais La Suvera. In der ehemaligen päpstlichen Residenz von Colle di Val d'Elsa residiert heute ein luxuriöses Fünf-Sterne-Hotel, das seinesgleichen sucht. Die perfekt ausgestatteten Zimmer sind üppig dekoriert. Zum Hotel gehört neuerdings auch ein riesiger Spa-Bereich. Die ganze Anlage, die aus ehemaligem Farmhaus mit Ställen besteht, ist mit ihrer Kombination aus historischen und modernen Elementen einfach bezaubernd schön! Dazu passt das Restaurant in einer Olivenölmühle aus dem 18. Jh. hervorragend. Pievescola, Tel. 0577 960300, www.lasuvera.it

INFORMATION

Via Campana 43, Tel. 0577 922791, proloco.colle@tin.it

Italiani – Chef Gaetano und Bruder Giovanni Trovato im Speisesaal des »Arnolfo« in Colle di Val d'Elsa

DIE MITTE

26 Siena – die Stadt
Willkommen im modernen Mittelalter! **156**

27 Siena – die Architektur
Gotische Schatztruhe **164**

28 Siena – il Palio
Der Höhepunkt des Jahres **170**

29 Monteriggioni
Gut konserviertes Mittelalter **176**

30 San Gimignano
Skyline des Mittelalters **180**

31 Asciano und die Crete Senesi
Im Herz der typischen Toskana **184**

DIE MITTE

26 Siena – die Stadt
Willkommen im modernen Mittelalter!

Die zwei größten Städte der Toskana haben jahrhundertelange Kämpfe hinter sich, doch auch heute noch konkurrieren Siena und Florenz um den Vorzug bei den zahlreichen Touristen. In der mittelalterlichen Noblesse Sienas spazieren Sie durch die engen Gässchen, genießen die lebhafte Atmosphäre auf der muschelförmigen Piazza del Campo oder entdecken die beeindruckende gotische Architektur, die hier omnipräsent ist.

Siena weist für seine Größe ein erstaunliches internationals Flair auf: Etwa 25 000 Studenten an der staatlichen Universität und 5000 an der internationalen Hochschule sorgen in den verwinkelten Gassen für eine kosmopolitische Atmosphäre. Eingebettet in eine zwar karge aber (gerade deswegen) faszinierende Landschaft, relativ weit vom Meer entfernt, schaffte es Siena zumindest in der Gunst der Touristen, zu Florenz aufzuschließen.

MAL EHRLICH!

DAS LEIDIGE PARKPROBLEM

Im Mittelalter dachte noch keiner ans Parken, und so wirkt das Parkplatzangebot im sonst so makellosen Siena etwas dürftig. Wenn die lange Parkplatzsuche kein Ende finden will, verliert man auch schnell die Lust aufs Sightseeing, und die Laune sinkt. Damit es erst gar nicht so weit kommt, stellen Sie Ihr Auto lieber gleich bei der Fortezza oder im Parkhaus Parcheggio del campo ab (Via di Fontanella, www.sienaparcheggi.com). Für 1,50 Euro/Stunde kann man dort stressfrei parken, und der Weg ins Zentrum ist auch nicht weit.

Vorangehende Doppelseite: Hof im Herzen der Toskana – in der Crete
Mitte: Piazza del Campo – bekannt durch ihre Architektur, die halbrunde Form sowie das alljährliche Pferderennen Palio.
Unten: Taschen, Hüte und Souvenirs an jeder Straßenecke

Siena – die Stadt

Unverfälschte Gotik

In Siena hat sich der backsteinfarbene Charme seiner Blütezeit (1260–1348) bis heute bewahrt. Spätestens seit die Altstadt zum UNESCO-Weltkulturerbe ernannt wurde, ist die mittelalterliche Faszination auch mit offiziellen Weihen versehen. Inmitten des engen Gassenlabyrinths an der eindrucksvollen Piazza del Campo erhebt sich der über 100 Meter hohe Rathausturm Torre del Mangia wie ein Pfeil (schöner Blick auf die gesamte Stadt und ihr hügeliges Umland). An diesem kunsthistorischen Herz der Stadt treffen die drei Hügel, auf denen Siena erbaut wurde – Città, Camollia und San Martino – zusammen. Das Gassengewirr lässt einen an Spinnenbeine denken, die sich von der Piazza del Campo über die Stadthügel bis zur Stadtmauer schlängeln. Wandelt man durch diese Gassen, lässt man sich schnell von ihrem mittelalterlich-morbiden Charme einnehmen.

Stadtrundgang

Am besten beginnt man die Stadtbesichtigung im Nordwesten bei der Fortezza Medicea ❹, weil rund um die alte Verteidigungsanlage drei Parkplätze bereitstehen. Die auch als »Forte di Santa Barbara« genannte Backsteinfestung wurde im Stil des frühen Großherzogtums der Medici im 16. Jahrhundert erbaut und ist nicht zugänglich. Besuchen kann man aber die Enoteca, die hier ihre Räume hat, und in der man in gemütlicher Atmosphäre Wein trinken und kaufen kann.

Auf dem Weg ins Zentrum lässt man das Stadion links liegen und überquert die Piazza San Domenica, um zum Geburtshaus der heiligen Caterina ❺ zu gelangen. In einem der Räume befindet sich eine Kapelle aus dem 15. Jahrhundert, die mit Fresken aus dem Leben der Heiligen geschmückt ist, auch persönliche Besitztümer sind ausgestellt.

AUTORENTIPP!

IL CHIOSTRO DEL CARMINE
Mitten im Universitätsviertel ist dieses Hotel in einem ehemaligen Karmeliterkloster untergebracht. Lange Jahre war es ein Studentenwohnheim, doch heute erinnern höchstens die langen, orange-roten Gänge an die frühere Nutzung. Jedes Zimmer des komfortablen Hotels ist individuell gestaltet. Der bezaubernde Innenhof fügt sich nahtlos in den charmanten Gebäudekomplex ein. Wenn Sie buchen, verlangen Sie das Zimmer mit der Nummer 19. Hier sieht man vom Fenster aus über die Stadtmauern auf die sanften Hügel rund um die Stadt. Zu Fuß gelangt man in 10 Gehminuten ins Stadtzentrum, dafür genießt man im altehrwürdigen Viertel den Charme der Authentizität.

Il Chiostro del Carmine. Via della Diana 4, Tel. 0577 223885, www.chiostrodelcarmine.com

Urlaub auf dem Lande macht man am besten in der Herrenvilla (18. Jh.) der Casa Bianca in der Nähe von Siena.

DIE MITTE

Wenn man von hier aus nach Süden geht und den Schildern Richtung »Piazza del Duomo« folgt, kommt man zunächst zum Battistero di San Giovanni ❻ auf der Piazza San Giovanni. Seine gotische Fassade blieb unvollendet, ist aber vor allem wegen des edlen Marmors sehr bemerkenswert. Im Inneren sind sowohl die Decken als auch die Gewölbe verschwenderisch mit Fresken dekoriert.

Nur ein paar Schritte entfernt erhebt sich der Duomo Santa Maria Assunta ❼, der im 14. Jahrhundert fertiggestellt wurde. Viele der Originalkunstwerke, die ursprünglich den Dom zierten, befinden sich heute im Museo dell'Opera Metropolitana ❽ am östlichen Zipfel der Piazza del Duomo, da sie zu ihrem Schutz durch Kopien ersetzt wurden. Hier kann man die von Giovanni Pisano geschaffenen Statuen der Propheten und Philosophen besichtigen. Aus der Nähe betrachtet, sehen sie verzerrt aus, da sie eigentlich dazu gedacht waren, von unten oder von weiter weg betrachtet zu werden. Über die Via del Capitano gelangt man in die Casato di Sopra, die direkt zur Pinacoteca Nazionale ❾ im Palazzo Buonsignori (14. Jahrhundert) führt. Ihre Sammlung Sieneser Malerei wird in chronologischer Reihenfolge präsentiert.

Nun ist die nördlich gelegene Piazza del Campo ❿ nicht mehr weit. Das muschelförmige Schmuckstück ist neben dem gesellschaftlichen Mittelpunkt auch Austragungsort für den berühmten Sieneser Palio. Hier stehen zwei Gebäude mit besonderer Bedeutung: Erstens der Palazzo Comunale ⓫ (oder Palazzo Pubblico) mit der Torre del Mangia, Sitz für den Rat von Siena und Wahrzeichen der Stadt. Auch das Museo Civico mit seiner Freskensammlung befindet sich in den Räumlichkeiten (Tel. 0577 292263, März-Okt. 10–18.15, Nov.-Feb. 10–17.30 Uhr). Zweitens der imposante Palazzo Piccolomini ⓬ in der nordöstlichen Ecke des Platzes, vom Architek-

Oben: Der Palazzo Pubblico (Rathaus, 1297) ist heute Sitz der republikanischen Regierung in Siena. Dazu gehört der 102 m hohe Turm Torre del Mangia, der das Stadtbild prägt.
Unten: Il Campo in Siena

Siena – die Stadt

Stadtrundgang Siena

A Fortezza Medicea
Die auch als Forte di Santa Barbara bekannte Festung ist im Stil des frühen Großherzogtums der Medici mit Backstein erbaut worden. Eine Besichtigung ist leider nicht möglich, aber eine Enoteca lädt zum Besuch ein. Viale Maccari, Tel. 0577 288497, Mo–Sa 15–1 Uhr.

B Casa di Santa Caterina
Die Schutzheilige der Stadt, Tochter eines Wollfärbers, beschloss mit acht Jahren, dass sie ihr Leben Gott widmen möchte. Das Haus, in dem sie mit ihren Eltern und 23 Geschwistern lebte, kann besichtigt werden. Costa di Sant'Antonio, Tel. 0577 44177, März–Nov. 9–18.30, Dez–Feb. 10–18 Uhr.

C Battistero di San Giovanni
Bemerkenswerte Fassade aus Marmor, die leider nie fertiggestellt wurde. Im Inneren findet man großzügige Fresken. Piazza San Giovanni, März bis Sept. 9.30–19, Okt. 8–18, Nov–Feb. 10.30–17 Uhr.

D Duomo Santa Maria Assunta
Der zwischen 1136 und 1382 erbaute Dom ist einer der schönsten des Landes. Piazza del Duomo, Tel. 0577 283048.

E Museo dell'Opera Metropolitana
Einst zierten die hier ausgestellten Originalkunstwerke den Dom. Der Höhepunkt ist die »Maestà« von Duccio. Piazza del Duomo 8, Tel. 0577 283048, März–Mai, Sept.–Nov. 9.30–19, Juni–Aug. bis 20 Uhr, Dez.–Feb. 10–17 Uhr.

F Pinacoteca Nazionale
Bedeutende Kunstwerke der Sieneser Meister. Villa della Rocca, Tel. 0577 941267, Di–Sa 8.15–19.15, So bis 13.15, Mo 8.30–13.30 Uhr.

G Palazzo Comunale
Auch heute noch wird dieser beeindruckende Stadtpalast als Rathaus genutzt. Nichtsdestotrotz können einige der Räumlichkeiten besichtigt werden, die zum Großteil mit Werken aus der Sieneser Schule ausgestattet sind. Außerdem kann man die Torre del Mangia besteigen, von deren Spitze man eine großartige Aussicht auf die ganze Stadt hat. Piazza del Campo 1.

H Piazza del Campo
Der muschelförmige Platz ist Austragungsort des Palio und Mittelpunkt der Stadt.

I Palazzo Piccolomini
Dieser imposante Stadtpalast wurde vom Florentiner Architekten und Bildhauer Rosselino erbaut. Zwischen 1460 und 1495 entstand hier ein Meisterwerk für die wohlhabenden Piccolominis. Heute ist hier das Staatsarchiv untergebracht. Via Banchi di Sotto 52, Tel. 0577 247145.

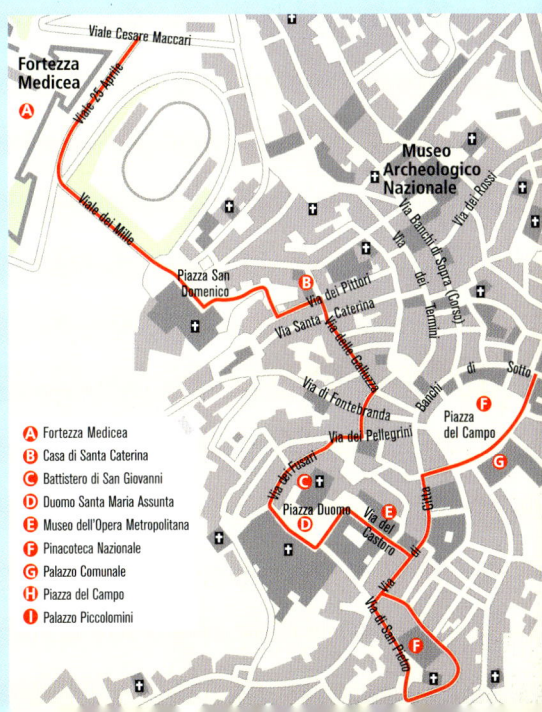

DIE MITTE

ten Rosselino für die wohlhabende Familie Piccolomini erbaut und heute Sitz des Staatsarchivs.

Legenden und Sagen

Um die Gründung Sienas ranken sich viele Sagen und Legenden, die spannendste Geschichte ist sicherlich folgende: Die Geschwister Senius und Aschius sind angeblich vor ihrem Onkel Remulus, dem Gründer Roms, aus der Ewigen Stadt geflüchtet, denn er hatte ihren Vater Remus getötet. Einer von ihnen ritt mit einer weißen, der andere mit einer schwarzen Pferdedecke – daraus ging schließlich das schwarz-weiße Wappen der Stadt hervor. Der Legende nach haben sich die Zwillinge auf zwei Hügeln niedergelassen. Der Name der Stadt entstand aus dem Namen des Älteren und wurde nur noch von Senius auf Siena geändert. Selbstverständlich brachten sie auch die Ziehmutter ihrer Vorfahren mit – die römische Wölfin – und machten sie ihrerseits in Siena zum Symbol der Stadtgründung. So kam es, dass die Wölfin

Oben: Immer über die Neuigkeiten in Siena informiert – ein Einheimischer.
Mitte: Der Dom aus schwarzem und weißem Marmor ist eines der bedeutendsten Beispiele gotischer Architektur in Italien.
Unten: Ausruhen auf dem Campo

> ## MAL EHRLICH!
>
> **DIE SACHE MIT DEM CAPPUCCINO**
> Wer in Siena (oder in der Toskana) einen Cappuccino bestellt, sollte drei Dinge beachten: 1. Bestellt man den Cappuccino in einem Caffè direkt an der Bar und trinkt ihn im Stehen, kommt man um einiges günstiger weg, als wenn man sich an einen Tisch setzt. 2. Verlässt man das Caffè, muss man unbedingt die Rechnung mitnehmen, auch wenn der Betrag noch so gering ist. Tut man das nicht, macht man sich strafbar, denn das Papier ist Beweis, dass man bezahlt hat und der Verkäufer die Steuern korrekt eingerechnet hat. 3. Darf man sich nicht über spöttische Blicke wundern, wenn man am Nachmittag einen Cappuccino oder Caffè Latte bestellt: Für Italiener steht ab dem Mittagessen nur noch Espresso auf der Tagesordnung.

Siena – die Stadt

Adressen in Siena

ESSEN UND TRINKEN

Mariotti da Mugolone. Das zentral gelegene Sieneser Traditionslokal steht für gute Qualität und zuvorkommenden Service. Auch in der Küche ist Tradition Trumpf: Pici mit Wildschweinsugo, Grilltaube oder gemischte Bratenplatte verwöhnen die Geschmacksnerven. Die Weinkarte kann sich sehen lassen. Via Sadei Pellegrini 8/12, Tel. 0577 283235.

Il Verrocchio. Kleines Restaurant nicht einmal 100 Meter von der Piazza del Campo entfernt. Gut und günstig sind hier die Pizzen, doch auch die etwas ausgefalleneren Gerichte sind es wert, gekostet zu werden. Logge del Papa 1–3, Tel. 0577 284062.

La Pizzeria die Nonno Mede. Die grandiose Auswahl von Pizzen lässt einem schon beim Lesen der Speisekarte das Wasser im Mund zusammenlaufen. Wer einen Platz auf der Terrasse ergattert, hat Glück gehabt, denn von hier aus hat man eine wunderbare Aussicht. Camporegio 21, Tel. 0577 247966.

L'Osteria dei Rossi. Klein aber fein! In familiärer Atmosphäre kostet man sich hier durch köstliche Antipasti, fantastische Hauptgerichte und spannende Nachspeisen! Wenn es Trüffel-Gerichte gibt, heißt es zugreifen, denn die sind ausgezeichnet! Via dei Rossi, Tel. 0577 287592.

Enzo. Dieses modern eingerichtete Restaurant zählt nicht zu den günstigsten, bietet dafür allerdings überdurchschnittliche Qualität. Wer abends dort essen gehen möchte, sollte unbedingt reservieren. Via Camollia 49, Tel. 0577 281277.

Mensa Sant' Agata. Die Bar und die fünf Essensausgabestellen sind immer voller Studenten und junger Leute. Schnell und günstig ist das Motto dieses Gastronomiebetriebs. Im Innenhof lässt es sich herrlich unter den Sonnenschirmen relaxen. Via Sant' Agata 1, Tel. 0577 222592.

BARS UND CAFÉS

Drogheria Manganelli. Hier kann man alles erstehen, was in der Toskana gut und teuer ist. Süße Lebkuchenspezialitäten mit Mandeln, Nüssen, kandierten Melonen oder Mandelsüßigkeiten sorgen für den Zuckernachschub während eines Stadtspaziergangs, doch auch die Weinabteilung bietet vom Chianti Classico über den Vino Nobile di Montepulciano bis zum Brunello alles, was ein gut sortierter Weinkeller braucht. Via de Città 71/73.

Pasticceria Nannini. Ausgesprochen köstlicher Kaffee in allen Varianten und die Lieblingssüßigkeit der Sieneser – Ricciarelli – führen beim Besuch dieses Cafés zu einem besonderen Geschmackserlebnis. Nicht umsonst ist es immer voll. Via F. Tozzi 2, www.grupponannini.it

Caffetteria Diacceto. Nur zwei Gassen von der Piazza del Campo entfernt befindet sich diese Bar. Modern eingerichtet stellt sie einen klaren Kontrast zur sonst so mittelalterlich-traditionellen Stadt dar und ist auch gerade deswegen einen Besuch wert. Via Diacceto 14.

Caffè del Corso. Am Tag gibt es hier ausgesprochen guten Cappuccino oder auch eine knusprige Pizza, abends geht allerdings gehörig die Post ab. Im oberen Stockwerk wird bis in den frühen Morgen getanzt und gefeiert. Banchi di Spora 25, www.caffedelcorsosiena.it

Walter Redaelli in seinem Restaurant »La Bandita«

DIE MITTE

mit den zwei Menschenbabys nicht nur in Rom, sondern auch in Siena zum Wappentier wurde.

Die Tochter der Straße

»Figlia della Strada« (»Tochter der Straße«) wurde Sienas Spitzname, denn ihre geografische Lage kam ihrer Entwicklung sehr zugute. Direkt an der Via Francigena gelegen, war die Stadt wichtiger Teil des regen Handelsverkehrs zwischen Nordeuropa und dem Orient. Die Inschrift »Cor magis tibi Sena pandit« (»Weiter als dieses Tor öffnet dir Siena ihr Herz«) auf dem nördlichen Stadttor weist auf Sienas Geschichte als Handelsstadt hin. Ab Mitte des 12. Jahrhunderts war es selbstständige *comune* und erlebte einen wirtschaftlichen Aufschwung. So kam es, dass das Stadtbild, wie wir es heute kennen, erst im hohen Mittelalter entstand.

Der Zwist mit Florenz

Kein Wunder, dass die Rivalität mit Florenz um die Vorherrschaft im eigenen Land immer stärker wurde. Die Feindschaft gipfelte 1260 in einem Kampf am Hügel Monaperti. Dieser ging zugunsten der Sieneser aus. Allerdings griffen auch Pisa, Cortona und einige deutsche Reiter der Stadt unter die Arme. Die Vergeltung der Florentiner ließ aber nicht allzu lange auf sich warten. 1320 katapultierten sie Mist und verrottetes Eselfleisch über die Stadtmauern Sienas – ein früher Versuch biologischer Kriegsführung, denn damit sollte eine Seuche ins Leben gerufen und der Feind geschwächt werden. Mitte des 14. Jahrhunderts kam die Kaufmannsschicht an die Macht, ihr folgten mehrere Herrschaftswechsel – bis die Stadt 1555 nach einer Belagerung an Cosimo I. de' Medici und die mit ihm verbündeten Truppen Philipps II. übergeben wurde. Damit wurde auch Siena ein Teil des von Florenz beherrschten Großherzogtums Toskana.

Oben: Crete Senesi – wellige Hügellandschaft bei Siena
Unten: Der Kampf zwischen Florenz und Siena am Hügel Monaperti – schon früh wurden die Kämpfe der Mächte bildlich festgehalten.

Siena – die Stadt

Enoteca Italiana. Wenn man die Enoteca besucht, hat man gleich zwei Fliegen mit einer Klappe geschlagen: Auf der einen Seite hat man zumindest einen Teil der Fortezza Medicea besichtigt, auf der anderen Seite kann man in der ehemaligen Pulverkammer in einer charmanten Enoteca das Weinerlebnis Toskana am eigenen Leib erfahren. Hier kann man aus 1500 Weinen wählen! Fortezza Medicea, Tel. 0577 288497, www.enoteca-italiana.it

ÜBERNACHTEN

Hotel Santa Caterina. Auf den ersten Blick wirkt dieses Extraklassehotel zwar nicht so einladend: Die Lage an einer Straßenkreuzung schreckt eher ab! Allerdings kann man im Inneren der Villa aus dem 18. Jh. herrlich abspannen und das schöne, stimmungsvolle Ambiente genießen. Via Piccolomini 7, Tel. 0577 221105, www.hscsiena.it

Grand Hotel Continental. Dieses Fünf-Sterne-Hotel ist in einem vornehmen Palast untergebracht. In dem feinen Haus fühlt man sich in eine andere Welt versetzt, wenn man zwischen Ornamenten, Kronleuchtern und wunderschönen Deckengemälden logiert. Die Zimmer stehen dem übrigen Ambiente nicht nach: Sie sind luxuriös und stilvoll ausgestattet. Via Banchi di Sopra 85, Tel. 0577 6011, www.royaldemeure.com

Hotel Garden. Ruhig und gediegen ist dieses Hotel – wie der Name schon sagt – mitten in einem Park angelegt. Ein wenig abseits gelegen, bietet es Möglichkeit zur Erholung und Entspannung. Die Zimmer sind elegant-modern oder klassisch-antik eingerichtet. Ein großer Swimmingpool und ein äußerst empfehlenswertes Restaurant runden das Angebot ab. Via Custoza 2, Tel. 0577 567111, www.gardenhotel.it

VERANSTALTUNGEN

Settimana Musicale Senese. Im Juli findet alljährlich eine Musikwoche in Siena statt. Sie wird von der Accademia Musicale Chigiana veranstaltet. Via di Città 89, Tel. 0577 22091, www.chigiana.it

Siena Jazz. Im Juli und August ist das musikalische Leben in Siena ganz auf Jazz ausgerichtet. Beim internationalen Festival der Associazione Siena Jazz wird in der Fortezza Medicea und an anderen Orten in Siena eine Jamsession nach der anderen hingelegt. Piazza Libertà, www.sienajazz.it

Estate Musicale Chigana. Wieder ist es die Accademia Musicale Chigana, die dieses Event von Juli bis September gestaltet. Es findet in den spektakulären Schauplätzen wie der Abbazia di Sant' Antimo (Tel. 0577 835659), einer romanischen Kirche in der Nähe von Montalcino, oder der Abbazia di San Galgano (Tel. 0577 756700), 20 km südwestlich von Siena statt.

Festa di Santa Cecilia. Konzert- und Ausstellungsreihe im November. Hier wird die Schutzheilige der Musiker, Cecilia, geehrt.

INFORMATION

Piazza del Campo 56, Tel. 0577 280551, www.terresiena.it

Die »Locanda dell' Amorosa Sinalunga«

DIE MITTE

27 Siena – die Architektur
Gotische Schatztruhe

In Siena verhält es sich wie in den meisten größeren italienischen Städten: Auf Schritt und Tritt begegnet man altehrwürdigen Gebäuden und Plätzen mit einer faszinierenden Geschichte. Neben dem imposanten Dom Santa Maria Assunta mit seiner gestreiften Fassade gilt dies vor allem für die einzigartige Piazza del Campo, einen der beeindruckendsten Plätze Italiens.

Als stünde man in einer überdimensionalen Muschel – so winzig und unbedeutend fühlt man sich, wenn man sich auf Sienas Herzstück, der Piazza del Campo, umsieht. Fast lässt man sich ein wenig einschüchtern von der Torre del Mangia und dem beeindruckenden Palazzo Pubblico. Doch auch alle anderen Häuser, die rund um den Platz versammelt sind, können auf ihre eigene Geschichte von Freud, Leid, Prozessionen, Krieg, Frieden und Gemeinschaft zurückblicken.

Mitte und unten: Während Florenz als Paradebeispiel einer Renaissance-Stadt vor allem durch die Masse und Größe seiner Bauwerke und Kunstwerke beeindruckt, hat Siena den mittelalterlichen Charakter der italienischen Gotik erhalten.

Schon seit dem 14. Jahrhundert ist der *campo* Schauplatz des sozialen und politischen Lebens. Damals wurde er tatsächlich auf einem Feld (ital. »campo«) angelegt, das hinter dem Marktplatz auf das offene Land hinausging. Seit 1347 trägt die Piazza ihr typisches Gewand aus warmem, rotem Backstein, wobei das Pflaster fächerförmig in neun Abschnitte gegliedert ist, die für die Mitglieder des Regierungsrates stehen. Elf Gassen aus allen Himmelsrichtungen führen hierher. Die Fonte Gaia (»glücklicher Brunnen«) sprudelt schon seit 1346, doch das Relief, das den berühmten Brunnen ziert, ist eine Kopie: Die echten, von Jacopo della Quercia im 15. Jahrhundert gestalteten Kunstwerke kann man im Complesso Museale di

Siena – die Architektur

Santa Maria della Scala besichtigen. Dort findet man dann auch heraus, warum sie nicht mehr an ihrem eigentlichen Platz stehen, denn sie sind schon sehr verwittert (Piazza del Duomo 2, Tel. 0577 224811).

Palazzo Pubblico

Im Jahr 1238 wurde feierlich beschlossen, am tiefsten Punkt des Campo einen Sitz für den Rat von Siena zu errichten. Zehn Jahre später begannen die Bauarbeiten, 1310 fügte man die Seitenflügel hinzu und 1325 kam auch die Torre del Mangia zu dem Ensemble. Dieses Gebäude setzte damals die Maßstäbe für die Sieneser Gotik und hat bis heute nichts von seiner Strahlkraft verloren. Ebenso bis heute ist der Palazzo aktiver Schauplatz der Regierungsgeschäfte, trotzdem können einige der Prunkräume besichtigt werden, die mit Werken von Malern der Sieneser Schule geschmückt sind. Der große Sitzungssaal, auch »Sala di Mappamonde« genannt, hat seinen Beinamen von einer – leider verloren gegangenen – Weltkarte, die Ambrogio Lorenzetti Anfang des 14. Jahrhunderts geschaffen hat. Die Schmalseite ziert eine wunderbare »Maestà« (frühes 14. Jahrhundert) von Simone Martini, auf der Maria als Himmelskönigin, umgeben von Aposteln, Heiligen und Engeln dargestellt ist.

Um die Torre del Mangia zu besteigen, geht man in den Hof des Palazzo. Benannt wurde sie nach dem ersten Glöckner, der wegen seiner Faulheit als *mangiaguardagni* (»Dukatenfresser«) bezeichnet wurde. 505 Stufen führen zu einer beeindruckenden Aussicht auf ganz Siena und das Umland. Als der 102 Meter hohe Turm gebaut wurde, war er eine Sensation, da er alle anderen Türme der Toskana, und vor allem den in Florenz, in den Schatten stellte.

AUTORENTIPP!

TOSKANA PUR!

Ein Ausflug in die Crete Senese lässt jedes Traumbild eines klassischen Toskana-Ideals in Erfüllung gehen. Zu jeder Jahreszeit zeigt sich die Landschaft in einer anderen prächtigen Farbinszenierung: ob violett, grün oder gold – die Crete Senese sind ein zauberhafter Ort. Am besten, man nimmt sich einige Tage Zeit und erkundet die Gegend mit dem Rad oder Auto – so kann man auch immer wieder Zwischenstopps für Schnappschüsse einlegen. Für alle, die weniger Zeit mitbringen, bietet sich eine Fahrt in den historischen Dampfzügen von Treno Natura an. Die Züge sind heute nur noch für Touristen im Einsatz und zuckeln 20 Mal pro Jahr (im Mai, Juni, September und Oktober) durch die malerische Landschaft. Die Termine findet man auf der Homepage!

Treno Natura. Tel. 0577 207413, www.ferrovieturistiche.it

Die Piazza del Campo vom Turm Torre del Mangia des Palazzo Pubblico aus gesehen.

Oben: Donatellos »Madonna mit Kind« im Museo dell'Opera del Duomo
Mitte: Dreiachsige Westfront mit spitzen Dreiecksgiebeln, Säulen, Statuen und eingelegtem Marmor
Unten: Decke der Piccolomini-Bibliothek

DIE MITTE

Katharina von Siena

Caterina Benincasa (1347–1380) wurde nur 33 Jahre alt, doch vor Ehrungen und Titeln kann sich diese ganz besondere Frau heute fast nicht retten: Als Schutzheilige von Europa, Patronin von Italien und Rom und zusätzlich noch »Doctor ecclesiae« erfährt sie große Bewunderung der Nachwelt. Dabei fing alles so einfach an: Als 23stes von 25 Kindern wurde sie in Siena geboren. Sie war das Kind eines Färbers und entwickelte sich ganz und gar nicht, wie sich die Eltern das vorgestellt haben. Mit zwölf wollten die Eltern sie auf die Ehe vorbereiten und baten sie, ihre Haare zu bleichen und sich hübsch zu machen. Katharina tat nichts dergleichen, sie schnitt sich eine Kurzhaarfrisur und zog sich im Keller des elterlichen Hauses zurück, wo sie kaum noch schlief oder aß. Einzig und allein für den Gottesdienst und das Stundengebet verließ sie ihre kleine, karg eingerichtete Zelle. Oft aß sie viele Tage nur die Hostien bei der Messe, womit die Ärzte heute viele ihrer Visionen erklären. Sie schloss sich den Dominikanern an, und obwohl sie nie eine richtige Ausbildung absolviert hatte, ließ sie mehr als 300 Briefe schreiben, um sie an Staatsoberhäupter, den Papst oder andere wichtige Persönlichkeiten der damaligen Zeit zu schicken. Sie hatte drei wichtige Ziele: 1. Die Rückkehr des Papstes von Avignon nach Rom, 2. den Beginn eines Kreuzzuges und 3. die Reform der Kirche. Um dies zu erreichen sprach sie das aus, was viele dachten.

In ihrem Geburtshaus, der Casa di Santa Caterina, kann man Fresken, die Szenen aus ihrem Leben zeigen, und persönliche Besitztümer bestaunen. In dem Kellerraum, in dem sie sich als Jugendliche selbst von der Welt abschottete, sieht noch immer alles so aus wie zu ihren Lebzeiten (Costa di Sant'Antonio 6, Tel. 0577 221562, tägl. 9–12.30 und 15–18 Uhr).

Siena – die Architektur

Rundgang Sieneser Dom

ⓐ Eingangsportal
Die Portale wurden zwischen 1284 und 1297 errichtet. Die Fassade ist die erste Italiens, die mit aufwendigem gotischen Formensatz nach Vorbild der französischen Kathedralen entstanden ist. 65 Büsten von Propheten und Patriarchen gruppieren sich um die Maria in der Mitte des Ensembles. Die Mosaike stammen aus dem 19. Jh.

ⓑ Bibliothek Piccolomini
Farbenfrohe Fresken von Pinturicchio schildern Szenen aus dem Leben des Piccolomini-Papstes Pius III. Darunter sind zahlreiche Porträts der kaiserlichen und päpstlichen Familie.

ⓒ Nördliches Seitenschiff
Hier stehen Heiligenstatuen von Michelangelo. Zwei der 15 Statuen sind aus der Hand des Künstlers (der heilige Petrus und Paulus), die restlichen wurden wahrscheinlich nach seinen Plänen angefertigt.

ⓓ Kapelle Johannes des Täufers
Die Bronzestatue im Inneren der Kapelle schuf Donatello im Jahr 1457, als er schon 71 Jahre alt war. Wahrscheinlich hat er für die Details wie die Fransen des Umhangs oder die Haare des Heiligen ein Wachsmodell benutzt.

ⓔ Intarsienfußboden
56 Bildfelder, die von den berühmtesten Sieneser Künstlern gefertigt wurden, schmücken den Boden des Doms. Man erkennt Felder mit Philosophen, Tugenden, Allegorien oder biblischen Szenen, die zusammengenommen ein Bild über die Geschichte von der Antike über das Christentum bis hin zur Gründung Sienas geben.

ⓕ Kanzel
Nicola Pisano schuf die mit Bildfeldern zum Leben Christi verzierte Kanzel von 1265–1268. Sie zählt zu den bedeutendsten Kunstwerken des Doms.

ⓖ Taufbecken
Das von Jacopo della Quercia geschaffene Taufbecken ist im Battisterio di San Giovanni untergebracht. Es ist mit Bronzereliefs geschmückt, die Szenen aus dem Leben Johannes des Täufers zeigen.

ⓗ Museo dell'Opera del Duomo
Dieses Museum im geplanten, aber nie fertiggestellten Seitenschiff des Doms hütet viele Originale, die an anderen Stellen durch Kopien ersetzt wurden, darunter einige Statuen von Giovanni Pisano oder die »Maestà« von Duccio di Buoninsegna.

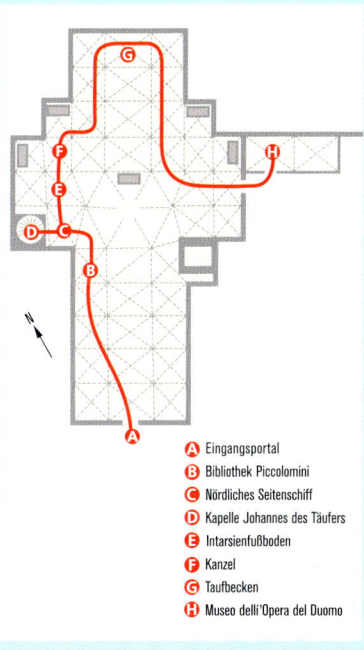

ⓐ Eingangsportal
ⓑ Bibliothek Piccolomini
ⓒ Nördliches Seitenschiff
ⓓ Kapelle Johannes des Täufers
ⓔ Intarsienfußboden
ⓕ Kanzel
ⓖ Taufbecken
ⓗ Museo delli'Opera del Duomo

Oben: Domfassade
Mitte: Zahlreiche Intarsienarbeiten und Gravuren mit Bildern biblischer Szenen machen den Boden des Doms zu einem großen Gemälde.
Unten: Ein ungewöhnliches Bauwerk: Il duomo vereint romanische Elemente mit gotischer Architektur.

DIE MITTE

Duomo Santa Maria Assunta

Beim Bau des Domes von 1136 bis 1382 hatten Nicola Pisano, Donatello und Michelangelo ihre Hände im Spiel, und wenn die Pest nicht dazwischen gekommen wäre, dann würde heute das größte Gotteshaus der Erde an der Piazza del Duomo in Siena stehen. Doch die Pest kam im Jahr 1348, und so wurde die Vergrößerung des Doms, bei der die bisherige Kirche als Querhaus einer neuen, viel größeren dienen sollte, nicht wie geplant ausgeführt. Die Reste dieses Unternehmens, den unvollendeten neuen Dom, kann man gut von der Piazza Jacopo della Quercia aus betrachten.

Allein schon von außen betrachtet ist der schwarz-weiß-grün-rot gestreifte Riese mitten in Sienas Innenstadt ein Meisterwerk. Alles wurde hier mit polychromem Marmor geschmückt, Giovanni Pisano hatte damit begonnen, konnte bis zu seinem Tod aber nur den unteren Teil vollenden. Bis ins 14. Jahrhundert hinein mussten sich die Sieneser gedulden, um stolz auf eine komplett fertiggestellte Vorzeigefassade zu verweisen. Zur von Pisano entworfenen, reich mit Skulpturen verzierten Westfassade gehören Statuen von Philosophen und Propheten, bei denen es sich allerdings um Kopien handelt – die Originale befinden sich im Museo dell'Opera Metropolitana.

Der Dom von innen

Beim Betreten des Doms blickt man unwillkürlich nach unten – kein Wunder, denn der mit Intarsien verzierte Fußboden ist wahrlich ein Kunstwerk für sich! Insgesamt 56 marmorne Fußbodenbilder, die von 40 Künstlern innerhalb von 200 Jahren gestaltet wurden, zeigen sowohl biblische als auch historische Bilder wie das Rad der Fortuna oder das Wappentier der Stadt, die Wölfin. Schweift der Blick über die schwarz-weißen Stützpfeiler,

Siena – die Architektur

die an die Außenansicht erinnern, nach oben an die Decke, hat das Staunen noch immer kein Ende: Das blaue Gewölbe ist mit Hunderten von goldenen Sternen verziert. Zu den größten Schätzen des Doms gehört jedoch die filigran verzierte, achteckige Marmorkanzel aus dem 13. Jahrhundert von Nicola Pisano, die von Doppelsäulen mit Löwen bzw. Allegorien der Freien Künste im Sockel gestützt wird.

Neben dem Piccolomini-Altar im Westen findet man den Zugang zur Libreria Piccolomini (1495), in der die Bücher von Kardinal Francesco Piccolomini, dem späteren Papst Pius III., untergebracht sind. Wirklich beeindruckend sind hier die farbenfrohen Fresken von Bernardino Pinturicchio (1502–1509), die das Leben Piccolominis zum Thema haben. Angefangen bei seinen Tagen als Sekretär bis zur Ernennung zum Papst und dem Tod in Ancona ist hier jede wichtige Station bebildert.

Für jeden Toskana-Reisenden gehört ein Besuch in dem von der UNESCO zum Weltkulturerbe ernannten Stadt Siena und ihrem Dom dazu.

Pinacoteca Nazionale

Im Palazzo Buonsignori aus dem 14. Jahrhundert ist eine Sammlung Sieneser Malerei untergebracht, die hier in chronologischer Reihenfolge präsentiert wird. Den Anfang machen Werke aus dem 13. Jahrhundert, die Ausstellung endet mit dem Manierismus (1520–1600). Zu den wertvollsten Exponaten gehören Duccios »Madonna dei Franciscani« (um 1300), Simone Martinis »Wundertaten des Agostino Novello« (1330) oder Pietro Lorenzettis »Anbetung des Christuskindes« (um 1340). In dieser Ausstellung wird der Unterschied zwischen der Florentiner und der Sieneser Kunstentwicklung sehr schön sichtbar: Wo die Florentiner schon lange den Renaissancestil pflegten, schienen sich die Künstler in Siena noch an dem Byzantinismus und der Gotik festzuklammern (Via San Pietro 29, So, Mo 8.30–13.30, Di–Sa 8.15–19.15 Uhr).

INFOS ZUM DOM

Eintritt:
3 Euro

Öffnungszeiten:
März–Okt. Mo–Sa 10.30–19.30, So. 13.30–18.30 Uhr, Nov.–Feb. Mo–Sa 10.30–18.30, So. 13.30–17.30 Uhr

Führung:
In Siena gibt es mehrere Stadtführungen, die den Dom einschließen. Hier die zwei besten für deutschsprachige Touristen: Die eine geht über den gesamten Stadtkern und schließt San Domenico, die Piazza del Campo und den Dom mit ein, sie dauert 2–3 Stunden und kann unter Tel. 050 760388 oder www.grifotour.com gebucht werden. Bei der anderen kann man sich selbst aussuchen, was man gerne sehen möchte und das auch individuell bestellen unter Tel. 0328 4844702 oder info@toskanaferien.de oder www.toskanaferien.de

Mitte: Interessante Literatur zu Siena
Unten: Zwei Mal im Jahr galoppieren gut trainierte Vollblüter um den Campo.

DIE MITTE

28 Siena – il Palio
Der Höhepunkt des Jahres

Was für Rio der Karneval, ist für Siena der Palio. Nach einem ganzen Jahr der Vorbereitung ist es im Juli und August endlich so weit, und das Pferderennen der besonderen Art kann über die Bühne gehen: Die farbenfrohen Banner der 17 Stadtviertel zieren die ganze Stadt, Leoparden, Schnecken, Drachen und andere Tiere sind darauf abgebildet. Alle sind aus dem Häuschen und fiebern den 100 Sekunden entgegen, in denen alles entschieden wird!

Der Palio ist das berühmteste traditionelle Fest der Toskana. Vom grau-roten Farbenspiel der Pflastersteine an der Piazza del Campo ist an den zwei Palio-Tagen im Juli und August so gut wie nichts mehr zu erkennen. Dann nämlich wird der Platz von ca. 50 000 Menschen bevölkert, die in farbenfrohe Kostüme gekleidet für ein buntes, aufregendes Spektakel sorgen, bei dem die einzelnen Stadtviertel bei einem Pferderennen in Wettstreit treten. Alle warten gespannt nur auf das eine: zehn Pferde, zehn Jockeys, Gebrüll, Gefahr, Geschwindigkeit, Geschrei, Triumph und Niederlage. Das menschliche Farbenmeer füllt die ganze Piazza aus, in der Mitte bleibt nur eine schmale Rennbahn übrig, die mit Sand bestreut wird. Jeder Platz ist besetzt, am begehrtesten sind die Logen und Balkone, die den besten Überblick über das Geschehen bieten. Schon seit 1344 beobachtet die Torre del Mangia jedes Jahr das unvergleichliche Fest, das sich zu ihren Füßen abspielt, und alle Jahre wieder herrschen die gleiche fiebrige Anspannung und eine große Nervosität.

Siena – il Palio

Zu Ehren der Jungfrau Maria

Ein ganzes Jahr der Vorfreude, drei Tage intensive Vorbereitung, die Gefahr, sich zu verletzen oder schlimmstenfalls von einem gegnerischen Pferd zu Tode getrampelt zu werden: All das nehmen die Teilnehmer auf sich, um die begehrte Siegestrophäe, die seidene Flagge der Jungfrau Maria, für das eigene Stadtviertel zu erobern. Einen großen Stellenwert nimmt für die meisten Sieneser die eigene *contrada*, also das eigene Stadtviertel, ein. Wer den Palio gewinnt und das Marienbanner ins eigene Viertel tragen kann, ist der große Held und kann sich darauf verlassen, dass ihm bis zum nächsten Palio große Ehre zuteil wird. Doch nicht nur der Mann der Stunde, das ganze Stadtviertel, aus dem er kommt, ist im Siegestaumel!

Die Stadtviertel

In Siena gibt es 17 Contraden, die sich im Lauf der Jahrhunderte aus den mittelalterlichen Wehr- und Lebensgemeinschaften rund um die Wohntürme und Paläste herum entwickelt haben. Wer mit offenen Augen durch die Gassen geht, merkt schnell, dass überall Hinweise auf die Contrada zu sehen sind. Kleine Keramiktafeln mit den speziellen Wappen und Farben sind in fast allen Straßen und an Häuserfronten auszumachen. So erkennt man schnell, ob man sich gerade im Viertel der Contrada del Torre (Symbol ist eine Kombination aus einem Turm und einem Elefanten) oder der Priora Contrada della Civetta (Eule bzw. Käuzchen und Krone) befindet.

Die Namen der Contraden – zum Beispiel *leocorno* (Einhorn), *oca* (Gans), *drago* (Drache), *ciocciola* (Schnecke) oder *aquila* (Adler) – sind Überbleibsel aus der Ritterzeit. Trotz allgemein abnehmender

AUTORENTIPP!

UND DANACH?
Wer den Palio-Abend in stilechter Atmosphäre bei ausgezeichnetem Essen beenden möchte, sollte schon im Voraus einen Tisch im »Da Divo« buchen. In alten etruskischen Mauern und Kellergewölben erstreckt sich das Restaurant über verschiedene Ebenen und bietet von der romantischen kleinen Nische bis zu höhlenartigen, etwas lebhafteren Speisesälen für jeden Anlass das Richtige. Zunächst ist man vom magischen Ambiente der alten Gewölbe verzaubert, doch wenn man die Speisekarte durchkostet, zeigt sich, welches Juwel an Gaststätte man hier entdeckt hat. Dafür zahlt man gerne einmal etwas mehr!

Da Divo. Via Franciosa 25/29, Tel. 0577 286054, www.osteriadadivo.it

Während des Palio ist ganz Siena aus dem Häuschen.

DIE MITTE

Teilnahme am Contrada-Leben, stellt die Contrada nach wie vor einen erweiterten Familienverband dar, der alle Altersschichten zusammenschweißt. Da spielen Kinder gemeinsam in den Gassen, dort tauschen die Älteren den neuesten Klatsch und Tratsch aus. Früher gehörten die Sieneser automatisch der Contrada an, in die sie hineingeboren wurden. Doch das hat sich geändert. Mittlerweile gilt das Verwandtschaftsprinzip: So kann man zum Beispiel zur Contrada der Mutter, des Vaters oder des Onkels gehören.

Die Contraden sind aber weit mehr als Bezirke, sie sind soziale Netzwerke, die ein ganz besonders starkes Gemeinschafts- und Zugehörigkeitsgefühl erzeugen. In jeder gibt es eine eigene Kirche, ein

Oben: Das berühmte Pferderennen auf der Piazza del Campo.
Unten: Siena geht vermutlich auf eine etruskische Siedlung zurück und wurde unter römischer Herrschaft eine Kolonie – deswegen auch das Wahrzeichn Romulus und Remus in den Gassen von Siena.

MAL EHRLICH!
BESUCH DES PALIO – GEWUSST WIE!
Damit auf die Vorfreude keine Ernüchterung folgt, sollte man ein paar Regeln beachten. Manchmal scheitert es schon an der Unterkunft, daher sei hier ausdrücklich darauf hingewiesen: Zur Zeit des Palio sind alle Hotels, Pensionen und Privatzimmer in und um Siena restlos ausgebucht. Darum sollte man sein Zimmer schon möglichst lange im Voraus buchen. Zu bedenken ist auch, dass das Rennen zwar erst am Abend beginnt, die Straßen um die Piazza del Campo allerdings schon etwa vier Stunden vorher gesperrt werden. Und wer zu spät kommt, dem bleibt nichts anderes übrig als sich das Spektakel in der TV-Übertragung anzusehen. Darum sollte man sich spätestens vier Stunden vor dem Start auf dem Platz einfinden. Wer einen der raren und teuren Logenplätze ergattern möchte, sollte so früh wie möglich in den Caffès am Platz nachfragen, allerdings gehört dazu eine gehörige Portion Glück. Ansonsten gilt: Je weiter vorne man steht, desto besser. Der Zutritt zur Piazza ist frei.

Siena – il Palio

Gemeinschaftshaus, einen Brunnen und ein kleines Museum. Für jedes Viertel sind 40 ehrenamtliche Vertreter zuständig, ihnen steht der Capitano oder Priore vor. Er kann sogar Gesetze beantragen und darf beim Straßenbau mitreden. Seine Hauptaufgabe jedoch ist es, für das soziale Leben im Viertel zu sorgen und vor allem: alle auf den Palio vorzubereiten.

Unter den Contraden gibt es große Rivalitäten, teilweise fallen diese sogar so gewaltig aus, dass man die anderen verprügelt, oder die Jockeys beim Palio nachts nicht ruhig schlafen können, da sie in ständiger Angst vor Übergriffen der rivalisierenden Contraden leben. Es soll schon vorgekommen sein, dass Jockeys aus dem Hinterhalt überfallen oder Pferde unter Drogen gesetzt wurden.

Zwei Tage im Juli und August

Monatelang im Voraus kümmert sich der Capitano bzw. Priore darum, alle wichtigen Vorbereitungen für die Marienfeiertage zu treffen, an denen der Palio stattfindet. Jedes Detail muss stimmen, damit am 2. Juli, zu Ehren der Madonna di Provenzano, und am 16. August, zum Fest Mariä Himmelfahrt, alles glatt läuft. Beim größten Volksfest der Region mit etwa 50 000 Gästen soll sich die Contrada in mittelalterlichen Gewändern von ihrer besten Seite präsentieren, und vor allem soll das eigene Pferd gewinnen, denn schließlich ist die ganze Stadt live dabei, wenn die zehn Jockeys auf ihren Pferden über den Campo jagen.

Lebensmittelpunkt Palio

Als Außenstehender kann man es kaum glauben, doch der Palio ist für die Sieneser eine Art Lebensinhalt. Was Zugereiste eher als netten Zeitvertreib sehen, bei dem sich Italiener in bunte Kostüme aus dem 15. Jahrhundert werfen und ein Spekta-

Oben: Mehrere Tage lang feiert man mit historischen Umzügen und Festessen.
Unten: Das mit großer Härte geführte Rennen dauert meist nur wenige Minuten – mehrfach kam es dabei zu tragischen Unfällen.

DIE MITTE

Oben: Tausende reisen aus ganz Italien an, um dem »Palio« beizuwohnen.
Mitte: Dieser ganze Trubel kann ganz schön müde machen.
Unten: Bunte Festlichkeiten – so weit das Auge reicht.

kel für Freunde und Gäste aufführen, ist für die Einwohner Sienas todernst. An diesen zwei Tagen im Jahr erinnern sie sich daran, wie groß und mächtig Siena einst war, bevor es 1555 im Kampf gegen Karl V. und die Medici seine Unabhängigkeit verlor und unter die Herrschaft des großen Konkurrenten Florenz gezwungen wurde.
Die Tradition lässt sich bis ins tiefste Mittelalter zurückverfolgen, denn die erste Dokumentation eines Palio stammt aus dem Jahr 1238. Dass sie sich so lange gehalten hat, ist den typischen Sieneser Eigenheiten, ihrer Sturheit und dem Beharren auf Traditionen zu verdanken.

Die spinnen, die Sieneser

Bunte Umzüge, ein riskantes Pferderennen und Nationalpatriotismus sind eine Sache. Unter eine ganz andere Kategorie fallen jene Dinge, die um den Palio herum ablaufen und vor den Augen der Touristen versteckt bleiben. Die Sieneser sind in ganz Italien als esoterisch und abergläubisch verschrien. Nicht ganz zu Unrecht, wenn man sich die Bräuche einmal genauer ansieht: Für den Palio werden Pferde in Kirchen gesegnet, Hexen angerufen und beschworen sowie Pferde mit Sprüchen belegt, damit sie vor den magischen Pfeilen der gegnerischen Contraden geschützt sind.

Der Ablauf des Palio

Eigentlich dauert der Palio das ganze Jahr lang, wie die Sieneser so schön sagen: »Il palio dura tutto l'anno«, allerdings wird es erst drei Tage vor dem Rennen so richtig ernst. Die Vorbereitung beginnt damit, dass jede Contrada ihr Viertel schmückt und ein üppiges Abendessen für alle Mitglieder ausrichtet. Dabei erläutert der Capitano die Strategie, die sich die Contrada dieses Jahr überlegt hat, und bekräftigt das Siegversprechen.

Siena – il Palio

Am nächsten Morgen wird jeder Contrada ein Pferd zugelost und vom Pfarrer gesegnet. Jeweils zehn der insgesamt 17 Contraden dürfen an einem Rennen teilnehmen, davon sind sieben diejenigen, die beim letzten Termin nicht drangekommen sind, die drei restlichen werden ausgelost. Wie eine schwellende Lunte, die tagelang knistert und dann drei Minuten lang explodiert, wurde der Palio einmal beschrieben. Treffend, denn in den etwa 100 Sekunden während des Rennens und des anschließenden Siegestaumels ist in Siena wirklich die Hölle los.

Das Rennen

Aus Spiel wird Ernst, wenn die zehn Jockeys nach dem Startschuss die Zügel schießen lassen. Ohne Sattel ist es eine große Herausforderung für die Reiter, sich bei hoher Geschwindigkeit drei Runden lang auf den Pferden zu halten, und so passiert es nicht selten, dass ein Reiter den Boden küsst. Wenn die Pferde im Galopp Richtung Ziel preschen und etwa in einer Kurve haarscharf an den dort befestigten Matratzen vorbeischneiden, wird so mancher Jockey abgeworfen. Schwere Verletzungen sind bei Reitern und Pferden keine Seltenheit, denn im Fall eines Sturzes werden sie von der nachfolgenden Meute überrollt. Falls jedoch ein Pferd alleine weiterlaufen und als Erster durch das Ziel preschen sollte, hätte es auch ohne Jockey die Marienflagge in den Heimbezirk geholt.

Erlaubt ist beim Palio eigentlich alles. Die Jockeys dürften ihre Gegner sogar behindern. Was zählt, ist ausschließlich der Sieg, der Zweite und Dritte geht genauso leer aus wie alle weiteren Teilnehmer. Das eigentliche Wettrennen ist schnell vorbei, doch die Feiern dauern noch lange an, und die Trommeln der Sieger-Contrada sind bis in die Nacht hinein zu hören.

INFORMATIONEN ZUM PALIO

Training:
Schon einige Tage vor dem Palio findet auf der Piazza del Campo das Training statt. Hier bekommt man schon einmal ein Gefühl dafür, was am großen Tag ablaufen wird – und hat zudem eher die Chance, einen Platz in der ersten Reihe zu bekommen.

Cinema Moderno:
Von Mai bis Oktober läuft in diesem Kino ein 20-minütiger Kurzfilm über den Palio und Siena. Wegen der mitreißenden und berührenden Bilder lohnt sich der Besuch auch, wenn man kein Italienisch kann (Piazza Tolomei, 10–17 Uhr, Tel. 0577 289201).

Ablauf:
Der Palio findet zwischen 17 und 19 Uhr statt. Das Rennen selbst dauert aber nur 70 bis 80 Sekunden. Davor findet der »Corteo Storico« statt, ein festlicher Umzug mit bunten, historischen Kostümen. Ganz am Anfang marschieren die Steuereintreiber, ihnen folgt der Träger des städtischen Wappens, danach kommen die Musiker, verschiedene Bannerträger und zu guter Letzt – von einem Maremma-Bullen gezogen – ein Kriegswagen, der den heiß begehrten Preis enthält: die Marienflagge.

Website:
Auf der offiziellen Website gibt es noch mehr Informationen rund um den Palio: www.ilpaliodisiena.com

DIE MITTE

29 Monteriggioni
Gut konserviertes Mittelalter

Obwohl im Sommer eine hohe Touristenwelle über das Städtchen hereinbricht, konnte sich das malerisch auf einem Hügel gelegene Monteriggioni viel von seinem ursprünglichen Charme bewahren. Eine noch vollständig erhaltene Stadtmauer aus dem Mittelalter tut das Ihrige dazu und stellt einen gewichtigen Anziehungspunkt im Vergleich zu den meisten mittelalterlichen Kleinstädten dar. Vom hermetischen Mauerring bietet sich ein bezaubernder Weitblick.

Schon Dante beschreibt die mächtige Stadtmauer Monteriggionis in seiner berühmten »Göttlichen Komödie« (Hölle, XXXI). Er vergleicht den Mauerring mit den Riesen, die den tiefsten Höllenschlund säumen. Wie beeindruckend muss auf ihn diese im 13. Jahrhundert errichtete Befestigungsanlage gewirkt haben, als er das erste Mal nach Monteriggioni kam! Auch heute noch wirkt der mit zahlreichen Türmen durchsetzte steinerne Ring ausgesprochen abweisend, ruft aber ob seines Seltenheitswertes und hohen Alters bei den meisten Neuankömmlingen eher Entdeckergeist als Furcht hervor.

Vorposten Sienas

Im Norden von Siena sieht man immer wieder kleine Städtchen auf den Hügeln sitzen, die sich mit einer rüstigen Stadtmauer umgeben. Allerdings ist keines so schön wie das zwölf Kilometer nordwestlich von Siena inmitten von Wäldern, Weinbergen und Olivenhainen gelegene Monteriggioni. Kurz nach seiner Gründung wurde es zur Garnisonsstadt und daher 1203 mit einer Mauer

Mitte: Monteriggioni in voller Pracht. Das Städtchen hat sich seinen natürlichen Charme bis heute erhalten.
Unten: Der Ort liegt auf dem Berg Monte Ala und wird von einer mittelalterlichen Stadtmauer von etwa 500 m Länge umgeben.

Monteriggioni

geschützt, die sich wie ein Gürtel um den 7000-Einwohner-Ort zieht. Von dort ließ sich das Grenzgebiet zwischen den rivalisierenden Mächten Siena und Florenz gut kontrollieren. Nach dem Sieg Sienas bei Montaperti 1260 wurde die ringförmige Mauer erweitert und auf ein Rechteck mit einem Umfang von 570 Metern vergrößert. Die 14 stattlichen Wehrtürme kamen erst in dieser Erweiterungsphase hinzu. Sieben davon waren lange dem Verfall preisgegeben und wurden erst im 20. Jahrhundert originalgetreu wiederaufgebaut.

Hinter hohen Mauern

Was die Mauern versprechen, löst der kleine Ort dahinter ein: Mittelalter in seiner schönsten Form! Ein großer Platz, eine schöne romanische Kirche, viele Kunsthandwerksläden, Restaurants und Weinhandlungen machen den Besuch Monteriggionis zu einem unerwartet abwechslungsreichen Vergnügen. Beim Stadtbummel fühlt man sich ins Mittelalter zurückversetzt, denn fast alles sieht heute noch genauso aus wie damals – eine Zeitreise vor allem für Hobbyfotografen! Am Hauptplatz, der Piazza Roma, kann man die 1235 erbaute romanische Kirche Santa Maria Assunta besichtigen. Im 17. Jahrhundert bekam sie einen Campanile dazu, dessen Spitze man als einziges architektonisches Element außerhalb der Mauern von Monteriggioni sehen kann. Bei der Reiseplanung sollten Sie bedenken, dass besonders an Sommerwochenenden viele Ausflügler das Flair von Monteriggioni genießen wollen, was zu regelmäßiger Überfüllung führt.

Abbadia a Isola

Ein leichter Spaziergang von drei Kilometern führt durch Sonnenblumenfelder zum verfallenen Zisterzienserkloster aus dem 12. Jahrhundert westlich

AUTORENTIPP!

CASALTA

Im kleinen Bergdorf Strove, 5 km westlich von Monteriggioni hoch über den Hügeln des Chianti gelegen, lässt die Küche von Lazzaro Cimadoro keine Wünsche offen. Er serviert sowohl Gambas mit echtem Sieneser Speck als auch Gemüsetorte oder Rinderfilet mit einer fantastischen karamellisierten Soße aus Chianti-Wein. Hier genießen Sie garantiert extravagante Menüs, die entschieden von der regionalen Küche geprägt sind. Ein Fest für alle, die es lieben, heftig-deftig zu essen und das mit ausgezeichneter Weinbegleitung. Für alle, die den Abend ganz gemütlich ausklingen lassen möchten, gibt es auch zehn kleine Gästezimmer.

Albergo Casalta. Ortsteil Strove, Via Matteotti 22, Tel. 0577 301238

Kulinarische Genüsse mit Gambas in der »Albergo Casalta«

DIE MITTE

Oben: Porta Franca – einer der 14 Türme der Stadtmauer
Mitte: San Gusmè wird auch das Tor zum Chianti genannt.
Unten: Das kleine Dörfchen San Gusmè wurde erstmals 867 geschichtlich erwähnt.

von Monteriggioni. Der Name »Insel« (ital. *isola*) rührt daher, dass sich im frühen Mittelalter in diesem Gebiet Sümpfe befanden, und so erschien die auf einer kleinen Anhöhe errichtete Abtei wie eine Insel. Die hoch aufragende Fassade des von Benediktinern errichteten Klosters ist mit Bögen dekoriert und besitzt ein Bogenfries über dem Portal. Den oberen Teil des Mittelschiffs gliedern durch Säulen geteilte Doppelbogenfenster. Im Inneren enden die drei Kirchenschiffe jeweils mit einer Apsis. Am Altar findet man Reste der Fresken von Taddeo di Bartolo, einem Schüler von Duccio di Buoninsegna, das Altarbild zeigt die Jungfrau mit dem Kind.

San Gusmè

Ein Ausflug nach San Gusmè zahlt sich aus, egal ob man die 45 Minuten von Monteriggioni oder die 30 Minuten von Siena fährt. Das kleine Hügeldorf wurde 867 zum ersten Mal erwähnt und nennt sich selbst gerne »Porta del Chianti« (»Tor zum Chianti«). Mächtig auf der Anhöhe thronend, war es früher ein Respekt einflößender Grenzposten der Provinz Siena. Heute wird San Gusmè eher als »reizend« oder »bezaubernd« bezeichnet. Von der früheren Befestigungsanlage sind nur noch Teile zu sehen. Der herrliche Ausblick auf den Monte Amiata und die Hügellandschaft des südlichen Chianti-Gebiets ist im Frühling besonders pittoresk, wenn alles in Blüte steht und die Hügel in ein Meer aus Pastell getaucht werden.

Wenn man durch die engen Gassen und kleinen Plätze spaziert, verliebt man sich schnell in diese toskanische Perle mit den schönen Innenhöfen, in denen sehr gemütliche Trattorien ihre Tische aufgestellt haben. Doch man ist auch hier mit seiner Neigung nicht allein: An lauen Sommerabenden ist San Gusmè oft überfüllt, denn die Mittelalterstadt wirkt magnetisch auf alle Toskana-Liebhaber.

Monteriggioni

Adressen in Monteriggioni

ESSEN UND TRINKEN

Ristorante il Pozzo. Direkt am Hauptplatz gelegen, kann sich das Restaurant über mangelnden Zulauf nicht beklagen, was der gemütlichen Atmosphäre allerdings keinen Abbruch tut. Die Küche zählt zum Besten, was die Region zu bieten hat, und die köstlichen Hauptgerichte werden allenfalls von den Desserts übertroffen, die allesamt aus eigener Herstellung stammen. Wenn es das Wetter zulässt, kann man auch draußen auf der Terrasse speisen. Piazza Roma 2, Tel. 0577 304127, www.ilpozzo.net

Federico Bonfio. Ein wunderschönes Gewölbe und gewaltige Eichenfässer bilden die Kulisse dieser Enoteca, in der man sich ganz dem Weingenuss hingibt. Ebenso ansprechend wie das Ambiente sind die Weine, überwiegend Tropfen mit langer Flaschenlagerung. Im Angebot sind etwa ein »Chianti Colli Senesi Riserva« oder ein ausgezeichneter »Federico Bonfio«, ein Riserva, der nur in den besten Jahren hergestellt wird. Poggiolo Villa 85, Tel. 0577 59074, www.bonfio.com

ÜBERNACHTEN

Hotel Monteriggioni. Toskanischer Landhausstil, so weit das Auge reicht. Hier wurden zwei historische Steinhäuser zu einem homogenen Hotel verbunden, das großen Wert auf Ländlichkeit und Gemütlichkeit legt. Die sauberen Zimmer bieten nicht nur neue Bäder, sondern auch eine Bilderbuchaussicht. Ein kleiner Swimmingpool sorgt im Garten für Erfrischung. Via Primo Maggio 4, Tel. 0577 305009, www.hotelmonteriggioni.net

Il Piccolo Castello. In den hellen, luxuriösen Räumen fühlt man sich bestens umsorgt. Die weitläufige Anlage mit großzügigem Pool lässt keine Wünsche offen. Will man in Monteriggioni gut essen gehen, kann man das auch im Hotel, denn die Küche ist hier ausgezeichnet. Probieren Sie anschließend auch einmal die Cocktails an der Poolbar! Via Colligiana 8, Tel. 0577 307300, www.il-piccolocastello.com

INFORMATION

Piazza Roma 23, Tel. 0577 304834, www.monteriggioniturismo.it

Der luxuriöse Pool des Hotels »Il Piccolo Castello« in Monteriggioni

DIE MITTE

30 San Gimignano
Skyline des Mittelalters

Der Blick schweift über die 14 Geschlechtertürme, die im Mittelalter Reichtum und Stärke symbolisierten und heute wie magnetisch auf Touristenbusse wirken. Hoheitsvoll und einzigartig erheben sich die stattlichen Steinbauten über den Rest des mittelalterlichen Stadtkerns. Umgeben von grünen, saftigen Feldern ähnelt das Städtchen der Kulisse eines fantastischen Märchens. Dazu ein Safranrisotto, begleitet von einem spritzigen Vernaccia – und das perfekte Sinneserlebnis von San Gimignano ist komplett!

Verwunderlich ist das überdurchschnittlich starke Touristenaufkommen hier nicht, denn vor allem, wenn man sich dem auf 324 Metern Seehöhe liegenden Ort von Osten nähert, hat man eine beeindruckende Stadtsilhouette vor sich. Dabei blieben die Geschlechtertürme eigentlich nur erhalten, weil das einst durch Pilger und Handel wohlhabende San Gimignano im Spätmittelalter schlagartig an Bedeutung einbüßte und die verarmte Stadt keine Begehrlichkeit weckte.

> ## MAL EHRLICH!
> ### HOFFNUNGSLOS ÜBERLAUFEN?
> San Gimignano kann schrecklich sein: Vollgestopft mit Touristen, verliert die Stadt im Hochsommer scheinbar jegliche eigene Identität. Mit Kleinstadtidylle oder romantischer Atmosphäre ist es da schnell vorbei. Entgehen kann man dem Rummel vor allem im Winter und in den ersten Frühlingswochen beziehungsweise abends und nachts, wenn die Touristenbusse wieder abgefahren sind.

Mitte: Der historische Stadtkern von San Gimignano ist seit 1990 Weltkulturerbe der UNESCO. Das Markenzeichen sind die 14 Geschlechtertürme, die von einst 72 Türmen übrig blieben.
Unten: Piazza della Cisterna

San Gimignano

Stadtrundgang

Am besten stellt man das Auto am Parkplatz in der Via Fossi ab, gleich bei der Piazzale Martini Monte Maggio im Süden der Stadt. Über die Via San Giovanni gelangt man auf die dreieckige Piazza della Cisterna, die nach dem Brunnen (1273) in ihrer Mitte benannt ist und in die Piazza del Duomo übergeht. Um die beiden zentralen Plätze reihen sich repräsentative mittelalterliche Gebäude wie der Palazzo del Podestà mit der Torre della Rognosa, die Zwillingstürme des Palazzo Salvucci, die 1148 geweihte Collegiata Santa Maria Assunta und der Palazzo del Popolo mit dem Museo Civico.

Im Museum wird florentinische und sienesische Malerei des 13. bis 15. Jahrhunderts ausgestellt, darunter Werke von Bartolo die Fredi, Benozzo Gozzoli, Filippino Lippi und Pinturicchio. Zu dem Komplex gehört auch die Torre Grossa (»dicker Turm«) aus dem 13. Jahrhundert, der einzige Turm San Gimignanos, den man besteigen kann.

Vernaccia und Safran

Schon Michelangelo beschrieb den Vernaccia mit den Worten: »Er küsst, leckt, beißt, stößt und sticht.« Der rund um die Turmstadt gekelterte Wein mit edler goldgelber Tönung hat zwar einen leicht bitteren Abgang, dafür ist er im Geschmack sanft und aromatisch. Im Museo del Vino in der Ruinde der Rocca auf dem Montestaffoli erfährt man alles über die Geschichte des berühmten Weißen.

Eines der teuersten Gewürze hat in San Gimignano langjährige Tradition. Die Herstellung des feuerroten, staubfeinen Pulvers ist bis heute langwierig und kompliziert: Die Stempelfäden aus der Safranblüte (*Crocus sativus*) werden per Hand ausgezupft und im Mörser zerrieben und eingeweicht. Die Preise sind horrend: Für 0,1 Gramm zahlt man satte 3 Euro.

AUTORENTIPP!

DAS VOLLE PROGRAMM GÜNSTIG

Wer vorhat, in San Gimignano so richtig Sightseeing zu betreiben, kann sich einiges an Geld sparen. Das Kombiticket, das man für 7,50 Euro (ermäßigt 5,50 Euro) bei der Touristeninformation kauft, beinhaltet den Eintritt zum Palazzo Comunale, Museo Civico, Archäologischem Museum und zur Torre Grossa. Auch für das Museo d'Arte Sacra und die Collegiata gibt es ein Kombiticket.

Oben: San Gimignano – das »Manhattan des Mittelalters«
Unten: Feuerroter Safran

Stadtrundgang San Gimignano

Ⓐ Piazza della Cisterna
Der zentrale Platz San Gimignanos wurde nach dem 1273 erbauten Ziehbrunnen in seiner Mitte benannt.

Ⓑ Museo Civico
Gleich beim Eingang erinnert die »Sala di Dante« an den Besuch des großen Dichters, im ersten Stock ist eine Kunstsammlung untergebracht. Piazza del Duomo, Tel. 0577 940340, tägl. 9–17 Uhr.

Ⓒ Museo d'Arte Sacra
Glanzstück der Sammlung religiöser Kunstwerke ist das Gemälde »Il Volto Santo Adorato« von Sebastiano Mainardi, doch auch bemalte Holzstatuen sowie Roben, Kreuze und Wandbehänge gehören zur Ausstellung. Piazza Pecori 1, Tel. 0577 940316, April–Okt. Mo–Fr 9.30–19.30, Sa 9.30–17, So 12.30–17 Uhr, Nov.–Jan. und März Mo–Sa 9.30–17, So 12.30–17 Uhr.

Ⓓ Collegiata Santa Maria Assunta
Vor allem die vielen Fresken machen diese romanische Kirche zu etwas ganz Besonderem. Im Seitenschiff findet man 26 Episoden, die dem Alten Testament entnommen sind. Piazza del Duomo, April–Okt. Mo–Sa 9.30–19.30, So 12.30–17 Uhr, Nov–Mitte Jan. Und März Mo–Sa 9.30–17, So 12.30–17 Uhr.

Ⓔ Palazzo del Podestà
Dieser Palast mit der 51 Meter hohen Torre della Rognosa wurde im 13. Jh. errichtet. Piazza del Duomo.

Ⓕ Museo del Vino
Im Weinmuseum dreht sich alles um den Vernaccia, Weinprobe und Filme über die Weinerzeugung inklusive. Rocca di Montestaffoli, Villa della Rocca, etwas außerhalb der Stadtmauer, Tel. 0577 941267, März–Okt. Do–Mo 11.30–18.30, Mi 15–18.30 Uhr.

Ⓖ Rocca
In der Ruine der ehemaligen Stadtfestung gibt es einen Spielplatz für die Kleinen und einen tollen Ausblick für die Größeren.

Ⓗ Sant' Agostino
Im Gegensatz zur eher schlichten Fassade steht das üppige Rokoko-Interieur dieser Kirche. Die »Krönung Mariens« von 1483 ziert den Hauptaltar. Piazza Sant' Agostino.

Ⓐ Piazza della Cisterna
Ⓑ Museo Civico
Ⓒ Museo d'Arte Sacra
Ⓓ Collegiata Santa Maria Assunta
Ⓔ Palazzo del Podestà
Ⓕ Museo del Vino
Ⓖ Rocca
Ⓗ Sant' Agostino

San Gimignano

Adressen in San Gimignano

ESSEN UND TRINKEN

Ricca Pizza. Relativ günstige Pizzen original aus dem Holzofen. Praktisch zum Mitnehmen, es gibt aber auch wenige kleine Tische. Via San Matteo 5, Tel. 0577 942273.

Dulcis in Fundo. Direkt im Zentrum finden Liebhaber von Süßspeisen garantiert ihr Glück: Die Desserts sind hier mit viel Liebe zubereitet, und das schmeckt man auch. Vicolo degli Innocenti 21, Tel. 0577 941919, www.dulcisinfundo.net

Le Terrazze. Einen schönen Ausblick auf die benachbarten Hügel bietet dieses Restaurant innerhalb der Stadtmauern. In einem Palast aus dem 13. Jh. werden ausgezeichnete toskanische Spezialitäten angeboten, allerdings sind sie nicht ganz billig. Piazza della Cisterna 24, Tel. 0577 940328.

Osteria delle Catene. Mit alten toskanischen Rezepten machte sich diese Osteria einen Namen. In gemütlichen Gemäuern speist man unter anderem Kaninchen »alla Vernaccia«. Via Mainardi 18, Tel. 0577 941966.

Osteria delle Carcere. In dieser Osteria bekommt man einiges für sein Geld. Lokale Spezialtäten wie die Zuppa di faro e faglio (einer Suppe aus Getreide und weißen Bohnen) sollte man unbedingt kosten. Via del Castello, Tel. 0577 941905.

ÜBERNACHTEN

Hotel la Cisterna. Schönes, zentral gelegenes und sehr komfortables Mittelklassehotel, das in einem beeindruckenden Gebäude aus dem 14. Jh. untergebracht ist. Für Zimmer mit Aussicht wird ein Aufpreis berechnet. Piazza della Cisterna 24, Tel. 0577 940328, www.hotelcisterna.it

Hotel la Collegiata. Dieses wahre Prunkstück ist in einem ehemaligen Franziskanerkloster untergebracht. Mit schönem Garten und einladendem Pool ist man hier rundherum versorgt. Località Strada 27, Tel. 0577 943201, www.lacollegiata.it

L'Antico Pozzo. Drei-Sterne-Haus mit viel Komfort und freundlichem Ambiente, ideal gelegen für die Stadtbesichtigung. In den stilvollen Zimmern dieses Palasts aus dem 15. Jh. fühlt man sich zwischen Engel-Motiven, Himmelbetten und bemalten Decken sofort wohl. Via San Matteo 87, Tel. 0577 942014, www.anticopozzo.com

Hotel Leon Bianco. Hier findet man alles, was man für einen Kurztrip braucht: zentrale Lage an der Piazza della Cisterna, freundliches Personal, Frühstück auf der Terrasse. Piazza della Cisterna 13, Tel. 0577 940328, www.leonbianco.com

EINKAUFEN

Agriturismo Casanova di Pescille. Auf diesem Bauernhof bekommt man Safran, Olivenöl und Honig direkt vom Erzeuger. Die Mitarbeiter des Shops erzählen gerne etwas zur Safranernte (mit etwas Glück auch auf Deutsch). Ortsteil Pescille, Tel. 0577 941902, www.casanovadipescille.com

INFORMATION

Piazza del Duomo 1, Tel. 0577 940008, www.sangimignano.com

Safran-Knollen vor der Verarbeitung

DIE MITTE

31 Asciano und die Crete Senesi
Im Herz der typischen Toskana

Asciano ist die Hauptstadt der Crete Senesi, einer toskanischen Landschaft wie aus dem Bilderbuch. Je nach Jahres- oder Tageszeit erscheinen die sanften Wölbungen dieser kargen Hügellandschaft in anderen Farben, vor allem am Morgen, wenn sich in den kleinen Tälern noch ein wenig Nebel gefangen hält, kommt man sich in eine mystische Welt versetzt vor. Asciano, die größte Stadt im Hügelmeer, eignet sich als Standort für die Erkundung.

Südöstlich von Siena erstrecken sich zwischen den Provinzen Arezzo und Siena die Crete Senesi. Die Landschaft eignet sich ideal für Spaziergänge, Wanderungen und Radtouren. Am faszinierendsten sind die Crete im Herbst, wenn die Landschaft in Beige, Grau und Braun getüncht wie eine Mondlandschaft wirkt. Fremdartig und immer wieder neu laden die Crete zu Entdeckungstouren ein und fordern einen förmlich dazu auf, sich in den Schattierungen und Formschönheiten zu verlieren.

Die Crete Senesi

Entstanden ist diese höchst eigenwillige Landschaft dadurch, dass das Gebiet der mittleren Toskana einst vom Meer bedeckt war. Als sich das Wasser zurückzog, blieben Schlamm und Sud zurück, und so formten sich aus dem Bodensatz des Meeresgrundes Hügel. Die Römer und Etrusker begannen damit, die waldbedeckten Hügel abzuroden und setzten so die kahlen Lehmberge frei, die dem Gebiet den Namen Crete (»Tonerde«) verliehen. So findet man mitten in Europa Sanddünen

Mitte und unten: Innerhalb der Crete bei der Kommune Asciano liegt die Accona-Wüste, in der sich das Olivetaner-Mutterkloster Monte Oliveto Maggiore angesiedelt hat.

Asciano und die Crete Senesi

neben Getreidefeldern, Wiesen mit spärlicher Schafpopulation und steile Abhänge. Dazwischen immer wieder Zypressen, die sich wie standhafte Ausrufezeichen gegen den Himmel stemmen.

Neben dem Tourismus ist die Landwirtschaft der Hauptwirtschaftszweig, speziell der Getreideanbau. Hier fließen Milch und Honig in Form von leckerem, gereiftem Schafskäse und köstlichem goldenem Bienenhonig. Außerdem werden ausgezeichnete DOC-Weine produziert, und auch die Trüffel, die in den Trattorien serviert werden, stammen aus der Region.

Ascianos Schätze

Auf der Fahrt von Siena gen Südosten gilt das Motto »der Weg ist das Ziel«. Allerdings hat das 7000-Einwohner-Städtchen Asciano auch einiges an Kultur zu bieten. Der sehenswerte mittelalterliche Stadtkern des größten Ortes der Crete beherbergt unter anderem drei Museen. Die romanische Basilika Collegiata Sant' Agata aus dem 11. Jahrhundert besteht ganz aus Travertin und thront zuoberst einer Treppe über der Stadt.

In Asciano gibt es zwei große Märkte: Auf dem Mercato delle Crete werden jeden zweiten Sonntag im Monat kulinarische Erzeugnisse und Kunsthandwerk feilgeboten, auf dem Mercatino della Scialenga am vorletzten Sonntag im September kann man Korbwaren und Antiquitäten erstehen. Allein schon die Stimmung auf den Märkten, bei denen das Leben erwacht, ist einen Besuch wert.

Museen

Drei kleine Museen widmen sich der Kunst in Siena und etruskischen Funden der Umgebung: Das Museum für Sakralkunst (Piazza Fratelli Bandiera) zeigt sienesische Malereien und Skulpturen aus

AUTORENTIPP!

MIT DEM FAHRRAD DURCHS PARADIES

Besonders schön kann man die Landschaft der Crete Senesi vom Rad aus erleben. Für die meisten Strecken sollte man jedoch ein Mountainbike oder zumindest ein Tourenrad mitbringen, denn die Wege sind nicht befestigt. Die zwei schönsten Routen für Radfahrer sind eindeutig die auf den Straßen »Monte Sante Marie« von Asciano nach Torre a Castello und »Pieve a Salti« von Buonconvento nach San Giovanni d'Asso. Eine einfache Tour mit dem Tourenrad verläuft auf der Straße von Lauretana, die von Siena nach Asicano (und anschließend weiter nach Chiusure, Monte Oliveto Maggiore und Buonconvento) führt.

Ein italienischer Landwirt nach der Safranernte

DIE MITTE

dem 14. und 15. Jahrhundert. Unter den Exponaten befinden sich Werke von Taddeo di Bartolo, Sasseta und Ambrogio Lorenzetti. Das Amos und Guiseppe Museum (Via Mameli) feiert eine Künstlerdynastie: Amos Cassoli (1832–1892) und sein Sohn Guiseppe, die für ihre Porträts berühmt waren. Im Archäologischen Museum (Corso Matteotti) kann man in der kleinen San Bernardinokirche Funde aus einer etruskischen Nekropole besichtigen, die in der Nähe von Asciano gefunden wurden.

Abbazia di Monte Oliveto Maggiore

Folgt man der SS 451 in südwestliche Richtung, kommt man zu einer der beeindruckendsten Sehenswürdigkeiten der Toskana, der Abbazia di Monte Oliveto Maggiore. Diese Benediktinerabtei ist ein wahrer Touristenmagnet, denn sie ist eine der schönsten und am besten restaurierten in der ganzen Toskana. Gegründet wurde sie 1313 von einem jungen Adligen namens Bernardo Tolomei, den es in die einsame, von Zypressen bewachsene Hochebene zog. Mit dem Bau des Klosters wurde Ende des 14. Jahrhunderts begonnen. Im Laufe der Jahre entwickelte sich die Abbazia di Monte Oliveto Maggiore zu einem der größten und wichtigsten Klöster in ganz Italien.

Heute leben noch etwa 40 Benediktinermönche in den alten Gemäuern, zu deren Schätzen eine erstaunliche Bibliothek mit einzigartigen Handschriften und wertvollen Buchausgaben gehört (nur mit Führung zu besichtigen). Unbestrittenes Highlight ist jedoch der Freskenzyklus im 1426 bis 1443 erbauten Kreuzgang, den Luca Signorelli begann und Il Sodoma ab 1505 vollendete. Die großformatigen Wandgemälde schildern Szenen aus dem Leben des heiligen Benedikt, dem asketischen Gründer des Benediktinerordens.

Oben: Hotel Casa Bianca, Asciano – wunderschönes Hotel mit erstklassigem Essen
Unten: Abendstimmung in der Crete Senesi. Typisch sind die Biancane, weiße, nur wenige Meter hohe Hügel mit schmalen Furchen und ohne jede Vegetation.

Asciano und die Crete Senesi

Adressen in Asciano

ESSEN UND TRINKEN

Ristorante La Mencia. Von der Zuppa di cipolle gratinate (Suppe aus gratinierten Zwiebeln) über die handgemachten Pici mit Fleischsugo bis zur klassischen Bistecca alla Fiorentina ist das Essen hier ein Gedicht! Im Sommer kann man zwischen den typisch toskanisch eingerichteten Räumen und dem großen Garten wählen. Direkt in der Altstadt. Piazza Corso G. Matteotti 85, Tel. 0577 7182227, www.lamencia.it

1260. Im modernen Hotel Monaperti kann man nicht nur luxuriös nächtigen, sondern auch exquisit speisen. Hochmodern und stylish eingerichtet, ist das Ambiente nicht jedermanns Sache, aber keine Angst: Die Gerichte mit frischen Zutaten aus der Region sind vollkommen im Geschmack. Ortsteil Arbei, Tel. 0577 365395, www.montapertihotel.com

ÜBERNACHTEN

Hotel Borgo Casa Bianca. In dem urigen toskanischen Landhaus genießen Sie Vier-Sterne-Komfort. Das mit viel Liebe zum Detail eingerichtete Hotel bietet große Zimmer und ein exzellentes Restaurant. Im Sommer werden hier Kochkurse angeboten. Ortsteil Casa Bianca Asciano, Tel. 0577 704362 www.casabianca.it

Hotel La Pace. Hier stimmt das Preis-Leistungs-Verhältnis. Die Zimmer sind zwar nicht besonders aufregend, erfüllen aber ihren Zweck. Ein weiterer Vorteil des Hotels: Es liegt direkt in der Stadt, bietet aber trotzdem Möglichkeit, seinen fahrbaren Untersatz abzustellen. Im Garten steht auch ein Swimmingpool zur Abkühlung bereit. Via Roma 14, Tel. 0577 718629, www.bersagliere.net

Casolare Santa Lucia. In dem frisch renovierten Bauernhaus aus dem 14. Jahrhundert befindet sich heute ein Agriturismo-Betrieb mit sieben Ferienwohnungen, die alle geschmackvoll eingerichtet sind und teilweise sogar einen privaten Garten haben. Hier urlaubt man mitten in der Natur, zwischen Obstbäumen, Olivenbäumen und Blumen mit einem traumhaften Blick auf die Crete Senesi. Ortsteil Medane, Tel. 0577 365892, www.agriturismosantalucia.com

INFORMATION

Corso Matteotti 78, Tel. 0577 718811, www.comune.asciano.siena.it

Pool des Casa Bianca – Vier-Sterne-Hotel in Asciano

DER SÜDWESTEN

32 Maremma
Italiens Wilder Westen   **190**

33 Grosseto
Lucca im Kleinformat   **196**

34 Monte Argentário
Exklusives Badeparadies   **200**

35 Porto Santo Stéfano
Ein Fischerdorf mit Stil   **204**

36 Castiglione della Pescáia
Stadt der Bagnos   **208**

DER SÜDWESTEN

32 Maremma
Italiens Wilder Westen

Hier gibt es noch echte Männer, die das Leben des Viehhirten nicht scheuen: Die Cowboys der Toskana werden »butteri« genannt, sind Meister im Reiten und kennen die raue Natur dieser Gegend wie ihre Westentasche. Die Landschaft der Maremma bietet fruchtbare Hügel, karge Ebenen (Macchia), Strände und dazu noch ein geschütztes Naturreservat mit unberührter Landschaft und Wildtieren. Doch irgendwie ist es doch passiert, dass sie vom Tourismus vergessen wurde – zur Freude all derer, die im Urlaub Ruhe und Erholung in ursprünglicher Umgebung suchen.

Das Gebiet der Maremma ist am südwestlichen Zipfel der Toskana. Der Naturpark (Parco Regionale della Maremma) reicht dabei vom Ombrone bis zum Ort Talamone im Süden und im Osten bis an den Fuß des Monte Bottigli. Südlich von Livorno beginnt die Alta Maremma, die sich über die Colline Metallifere bis nach Grosseto erstreckt. Im Osten wird sie vom Monte Amiata begrenzt.

Vorangehende Doppelseite: Romantische Bucht von Porto Ercole
Mitte: *Buttero* – der berittene Hirte der Maremma mit seinem typischen Pferd, dem Maremmano
Unten: Aussicht vom Monte Argentário auf die Bucht von Orbetello im Parco Naturale della Maremma

---

MAL EHRLICH!

SCHICK IST ETWAS ANDERES
Das Klischee vom schicken Italiener kann man in der Maremma getrost vergessen. In den kleinen Dörfern mitten in rauer Natur ist man alles andere als herausgeputzt. Hier weht ein anderer, bodenständiger Wind, und wer sich nicht darauf einstellt, erlebt im Urlaub eine Enttäuschung. Empfehlenswert ist die Maremma nur für Naturburschen und -mädels, die den Urlaub gerne draußen verbringen. Alle anderen sollten sich lieber etwas weiter in Richtung Osten begeben.

Maremma

Die Hüter des Wilden Westens

Die *butteri* werden ihrem Ruf als Hüter von Italiens Wildem Westen mehr als gerecht: Voller Eifer pflegen sie die alte Hirtentradition in einer unvergleichlichen Szenerie, obwohl sie seit Jahrzehnten vom Aussterben bedroht sind. Die durch Kultur, Tradition und Leidenschaft verbundenen letzten Cowboys haben etwas Melancholisches, Archaisches an sich, und es ist eine Bereicherung, ihnen bei der Arbeit zuzusehen.

Vom Alptraum zum Geheimtipp

Noch vor etwas mehr als 100 Jahren war die Maremma ein sumpfiges, mit Malaria verseuchtes Gebiet, in dessen Wildnis ein paar Rinder und Pferde halbwild in der Natur weideten. An ein paar wenige Hügel in der ärmsten Gegend der Toskana klammerten sich kleine Dörfer mit finsteren Gassen. Wer wollte schon in dieser trostlosen Wildnis leben? Doch in den 1930er-Jahren kam man auf die Idee, die einige Tausend Jahre vorher schon die Etrusker hatten: Wenn man die Sümpfe trocken legt, könnte man den Boden für die Landwirtschaft nutzen. So wurde die Region wieder bewohnbar und zog wieder (menschliches) Leben an: Vor allem Bergarbeiter kamen hierher, die in den Colline Metallifere oder in Ribolla Schwefel, Kupfer, Braunkohle, Kupfer und Gips abbauten. Doch der neu gewonnene, fruchtbare Boden ebnete auch den Weg für die Landwirtschaft, und so leuchten einem heute Sonnenblumenfelder und Obstbäume den Weg in die noch recht unerschlossene Tourismusregion, wo heute Abenteuer- und Aktivurlaub großgeschrieben wird.

Parco Regionale della Maremma

Seit 1975 ist das Gebiet zwischen den Monti dell'Uccellina und der unberührten Küste ein Na-

AUTORENTIPP!

COWBOY-ACTION
Ein Abenteuer ist es, den *butteri* einmal bei der Arbeit zuzusehen. Die Abläufe ihrer Glanzleistungen wie dem Brandmarken werden schon seit Generationen weitergegeben. Gelegenheit dazu bietet sich bei zahlreichen Aufführungen, die von Juli bis September im Vereinsgelände der italienischen wilden Burschen stattfindet. Hier kann man Zeuge einer Kuhbrandmarkung werden oder sich dazu entschließen, Ende September auf die *transumanza* mitzukommen. Das kostet allerdings 150 Euro und ist nur für Abenteuerlustige empfehlenswert, die fest im Sattel sitzen.

Associazione Butteri d'Alta Maremma. Podere San Michele, Sassa, Tel. 0588 37865, www.butteri-altamaremma.com

Ein *buttero* treibt seine Pferdeherde zusammen.

DER SÜDWESTEN

turschutzgebiet. Hier sagen sich Stachelschwein und Wildkatzen gute Nacht, denn der Naturpark bietet vielen bedrohten Tierarten wie dem Maremmen-Abruzzen-Schäferhund, den Wölfen oder Wildkatzen einen natürlichen Lebensraum. Aber auch weniger bedrohte Arten wie Wildschweine und Wildpferde haben in der geschützten Natur ihre Heimat gefunden.

In dem besucherfreundlichen Park kann man viel Zeit an der frischen Luft verbringen, egal ob man lieber wandert, reitet oder mit dem Fahrrad fährt. Stille Berge und ruhige Täler warten in der saftiggrünen, zerklüfteten Hügellandschaft darauf, entdeckt zu werden. Eine der schönsten Abenteuerrouten ist zum Beispiel der mit »A2« beschilderte Wanderweg, der von Pratini auf sechs Kilometern (Dauer ca. drei Stunden) Länge durch beinahe alle Habitate des Schutzgebietes führt. Wer es etwas sportlicher mag, sollte die zwölf Kilometer lange Route »A4« nehmen, die zwar weder steil noch gefährlich ist, dafür aber sehr lang. Für Faule eignet sich der Weg »A7« (ca. zwei Stunden). Informationen und Wanderkarten zu den (gebührenpflichtigen) Touren gibt es im Tourismusbüro.

Besonders schön sind die Reittouren, die in einer Landschaft von Olivenbäumen und Brombeerbüschen durch Eichen- und Edelkastanienwälder zu alten Mühlen und Gehöften führen. Der Antico casale di Scansano (s. S. 195) eignet sich für alle, die zwar tagsüber gerne in der Wildnis ihre Abenteuer erleben, abends aber komfortabel ausspannen möchten. Mit einem ortskundigen Führer geht es auf Trekking- und Wanderreittouren zu den schönsten Orten der Maremma. Mehr Informationen zum Park auf www.parcomaremma.it oder im Informationsbüro. Am besten kommt man zur Übergangszeit in den Park, der das ganze Jahr über geöffnet ist.

Oben und Mitte: Im Naturpark Parco Regionale della Maremma (auch Parco dell'Uccelina) – ein Mix aus Sümpfen und felsigen Hängen
Unten: *Butteri* – die Cowboys der Toskana. Ihr Gebiet ist die Maremma, eine Sumpflandschaft am Küstenstreifen des Tyrrhenischen Meeres.

Maremma

Rundfahrt durch die Alta Maremma

A Roccatederighi
Eines der interessantesten und am besten erhaltenen mittelalterlichen Dörfer der Region. Am höchsten Punkt des Ortes befindet sich die Kirche San Martino Vescovo aus dem 10. Jh.
www.roccatederighi.info

B Montemassi
Mittelalterliches Dorf, das von der eindrucksvollen Montemassi-Burg dominiert wird. In den engen mittelalterlichen Gassen ist man als Tourist relativ alleine und kann noch die ungezwungene Atmosphäre eines toskanischen Bergdorfes genießen.

C Ribolla
In der einst wichtigen Minenstadt wurden Massen an Braunkohle abgebaut. Nach einer Explosion in den 1950er-Jahren war Schluss, aber die alte Struktur des Minenortes wurde weitgehend erhalten. So stehen auch heute noch die einfachen Arbeiterhäuser, in denen jahrhundertelang die Minenarbeiter wohnten.

D Sticciano
Erstmals im Jahr 996 erwähnt, ist Sticciano eine der ältesten Städte der Region. Vor allem die Lage ist beeindruckend: Auf 300 Höhenmetern kommt es einem so vor, als wäre man auf einem Balkon, der die ganze Maremma inklusive der Inseln Giglio, Elba und Korsika überblickt. Die romanische Kirche Santissima Concezione ist einen Besuch wert: Altarbilder eines unbekannten Meisters fügen sich hervorragend in die Kirche ein und machen sie so zu einer Perle der romanischen Sakralarchitektur.

E Roccastrada
Der Hauptort des Bezirkes wurde etwa im 10. Jh. erbaut. Die Kirche des heiligen Niccolò stammt aus dem Jahre 1238 und birgt zwei besonders schöne Fresken aus dem 16. Jh. wie »Die Verkündung« und »Madonna mit Kind«.

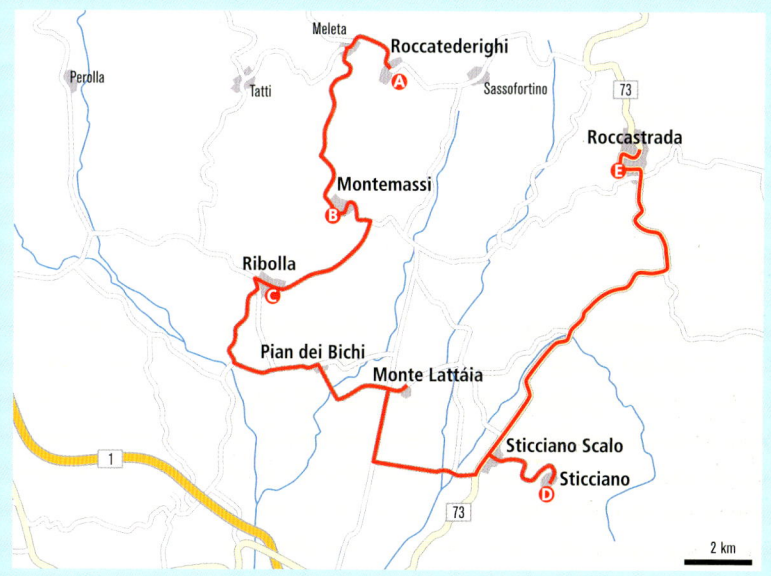

DER SÜDWESTEN

Kleine Ortschaften in der Alta Maremma

Die »Obere Maremma«, also der nördlich des Flusses Ombrone gelegene Teil, nimmt eine weite Fläche im Südwesten der Toskana ein und dehnt sich auf den erzhaltigen Hügeln der Provinz Grosseto aus. Diese verlaufen in weichen Linien Richtung Meer, bis sie am Golf von Follonica fast die Küste berühren. Die Orte, in denen früher niemand leben wollte, sind heute kleine Edelsteine inmitten der rauen Natur. Das Bergdorf Roccatederighi mit seinen steilen Gässchen und seiner atemberaubenden Aussicht scheint sich an die steinerne Kirche zu klammern. Am Kirchplatz angekommen, stockt einem der Atem doppelt: einerseits vom steilen Anstieg, andererseits durch den überwältigenden Blick von einem der schönsten Aussichtspunkte der Alta Maremma. Vor dort blickt man auf eine Landschaft, die scheinbar jeden Monat in anderen Farbkombinationen leuchtet. In weiter Ferne, hinter den Steineichenwäldern und den grünen Hügeln erahnt man sogar das Meer. Wer die Maremma per Drahtesel erkunden möchte, bekommt bei Maremma Bici (Via delle Cortine 1, Tel. 0564 569660 www.maremmainbici.it) neben einem Fahrrad auch geführte Radtouren aller Schwierigkeitsgrade. In Roccatederighi kann man sich auch mit Lebensmitteln eindecken, da es einen Supermarkt gibt.

Auch die übrigen Orte der Alta Maremma, Roccastrada, Montemassi und Civitella Marittima sind noch recht ursprünglich, wennschon teilweise größere Renovierungen erfolgen mussten. So wurde zum Beispiel öfters das Kopfsteinpflaster durch Asphalt ersetzt.

Oben: Pinienwälder – wohin das Auge reicht. Diese Pinienart zieht sich durch die ganze Toskana.
Mitte: La Rocca auf der Halbinsel Monte Argentário am Meer
Unten: Sonnenuntergang in der Maremma

Maremma

Adressen in der Maremma

ESSEN UND TRINKEN

Da Nada. Wer hierher kommt, sollte auf jeden Fall etwas Italienisch sprechen, da es keine Speisekarte gibt, sondern die Gerichte des Tages von der Köchin persönlich vorgetragen werden. Die Küche ist zwar einfach, aber superfrisch und preiswert. Via Trento 13, Roccatederighi, Tel. 0564 567226.

La Conchiglia. Am Südhang des Dorfes gelegen, genießt man vom Garten dieses traditionellen Lokals einen wunderschönen Panoramablick. Empfehlenswert sind sowohl Pizza als auch Fischgerichte, insbesondere die Antipasti mare calda (warme Vorspeise mit Meeresfrüchten). Das Ganze zu sehr vernünftigen Preisen. Via Roma 24, Roccatederighi, Tel. 0564 567430.

Da Paguro. Wer hätte gedacht, dass man sein Glück mitten im Nirgendwo finden kann? In der gemütlichen Gaststube wird am offenen Kamin gegrillt – einfach köstlich und dazu noch preiswert! Via delle Collacchie 43, Ortsteil Pian d'Alma, Podere Sant' Anna, Tel. 347 1847786.

ÜBERNACHTEN

Antico Casale di Scansano. Dieses familiäre Vier-Sterne-Haus bietet saubere, im toskanischen Landhausstil gehaltene Zimmer. Hierher kommt man entweder mit seinem eigenen Pferd oder man borgt sich eines vor Ort für Ausflüge. Ortsteil Castagneta, Scansano, Tel. 0564 507219, www.anticocasalediscansano.it

Hotel Refugio Prategiano. Gepflegtes Drei-Sterne-Hotel mit etwas altmodischen Zimmern und köstlicher Küche. Ein Swimmingpool sorgt für Erfrischung. Vor allem für Pferdeliebhaber zu empfehlen, da man von hier aus tolle Wanderritte unternehmen kann. Das Hotel verleiht auch Pferde. Ortsteil Prategiano 45, Tel. 0566 997700, www.prategiano.com

Tolle Aussichten auf einen schönen Urlaub: Hotel »Il Pelicano« im Monte Argentário

AKTIVURLAUB

Equinus Association. Das engagierte Team organisiert Wein- und Genusstouren zu den besten Restaurants und charmanten Trattorien, Aufenthalte in eleganten, historischen Hotels oder wunderschönen luxuriösen ehemaligen Bauernhäusern. Doch auch Golf, Kultur und Reiten mit erfahrenen Führern werden angeboten. Tel. 0564 24988, www.cavallomaremmano.it

INFORMATION

Agenzia per il Turismo della Maremma. Viale Monterosa 206, 58100 Grosseto, Tel. 0564 462611, www.lamaremma.info

Park-Information. Via Bersagliere 7–9, Alberese. Tel. 0564 407098, www.parcomaremma.it

Pool im »Il Pelicano« in Porto Ercole

DER SÜDWESTEN

33 Grosseto
Lucca im Kleinformat

Nicht nur die sechseckige, gut erhaltene Stadtmauer erinnert an die große toskanische Schwester Lucca, sondern auch die magische Stimmung, die entsteht, während man eine abendliche »passeggiata« durch die Altstadt unternimmt. Der geheime Charme Grossetos hat sich zum Glück noch nicht allgemein herumgesprochen, sodass man hier vor Touristenmassen weitgehend geschützt ist.

Der Verwaltungssitz der Maremma ist mit seinen 72 000 Einwohnern der größte Ort weit und breit. Weil das Zentrum aber von einem Mauergürtel aus dem 16. Jahrhundert begrenzt wird, behält man leicht den Überblick. Zwar gibt es in der als Fußgängerzone ausgewiesenen Altstadt keine monumentalen Bauten, doch durchaus einige Kunstschätze. Das einfache Ensemble an Häusern mit schmucken Palazzi, preiswerten Restaurants und günstigen Hotels machen Grosseto (noch) zum Geheimtipp. Eigentlich seltsam, dass in einer so schönen und dazu relativ großen toskanischen Stadt so wenig Touristen unterwegs sind.

Entstehung des Sechsecks

Die Sieneser umgaben die Siedlung während ihrer Herrschaft im 14. Jahrhundert mit einer schützenden Mauer. Bis ins 18. Jahrhundert hinein bestand der einzige Zugang in der Porta Vecchia, deren Reste heute noch zu sehen sind. Das Tor im Süden gewährt heute noch Einlass in die Altstadt. 1554 fiel die Stadt in die Hände der Medici, und Cosimo I. beauftragte Baldassare Lanci, eine neue, wehrhafte Stadtmauer zu bauen, in deren sechs Ecken jeweils eine Bastion platziert wurde. Im 19. Jahr-

Mitte: Der Palazzo Aldobrandeschi auf der Piazza Dante in Grosseto
Unten: Nach einer Fahrradtour im nahe gelegenen Naturschutzgebiet der Maremma kann man in Grosseto schön einkehren.

Grosseto

hundert ereilte den Mauerring das Schicksal vieler Stadtmauern: Sein oberer Wall wurde in einen Park umgewandelt, auf deren öffentlicher Anlage man heute flanieren oder anderen Freizeitaktivitäten nachgehen kann.

Geschichte

Etrusker und Römer verwandelten die zur Versumpfung neigenden Landstriche um Grosseto in fruchtbares Land. Der Niedergang des Römischen Reiches sorgte für Entvölkerung und Verwahrlosung des einst ertragreichen Gebiets. Vor allem die Vernachlässigung des Entwässerungssystems sorgte dafür, dass sich Seuchen und vor allem Malaria in den Niederungen ausbreiten konnten. Erst im 18. Jahrhundert verbesserten sich die Lebensverhältnisse allmählich. Die Wende kam 1766, als Großherog Pietro von Lorena das ehemalige Siena-Reich in zwei Provinzen teilte und Grosseto zur Hauptstadt der südlichen machte. Nach und nach begannen die Sanierungen, in den 1830er-Jahren entstanden Bauten wie der nach Vorbild des Sieneser Rathauses errichtete Palazzo della Provinzia, das heutige Rathaus, mit seinen sienesischen Bögen und Zinnen. Weitere Verbesserungen brachte der Zusammenschluss des italienischen Reiches und die daraus resultierende systematische Trockenlegung der Sümpfe, wodurch bald die Malaria ausgerottet werden konnte und Landwirtschaft und Viehzucht wieder florierten. Davon profitieren heute noch die Touristen, denn viele Bauernhöfe bieten Unterkünfte im Rahmen des Agriturismo an.

Der Dom

Nur wenige historische Baudenkmäler überstanden den verheerenden Bombenangriff im Zweiten Weltkrieg: Eines davon ist der Dom San Lorenzo, der auch heute noch der Mittelpunkt der Altstadt

AUTORENTIPP!

FÜR HOBBY-ARCHÄOLOGEN

Wer sich für antike Ausgrabungen interessiert, sollte von Grosseto Ausflüge in die nahe gelegenen Dörfer Roselle und Vetulonia machen. In Roselle, dem etruskischen Rusellae, wurden ein Amphitheater, Überreste von Wohnhäusern aus dem 7. bis 2. Jh. v. Chr., Straßen und ein Marktplatz freigelegt. (Tel. 0564 403067, 9 Uhr bis Sonnenuntergang). Die archäologische Stätte von Vetulonia umfasst vier etruskische Gräber beziehungsweise Nekropolen (Via Sepolcri, 10–19 Uhr). Am wohl beeindruckendsten, weil am besten erhalten, ist jenes in ca. 1 km Entfernung, das man nur zu Fuß über einen Feldweg erreichen kann. Die Funde von Vetulonia werden zusätzlich in einem Museo Archeologico dokumentiert, das eine umfangreichen Ausstellung von Artefakten zeigt. (Piazza de Vetulonia, Tel. 0564 948058, Di–Sa 10–13 und 15–18 Uhr, Juni–Sept. bis 20 Uhr)

Cattedrale di Grosseto – der Dom San Lorenzo in charakteristischer italienischer Gotik

DER SÜDWESTEN

ist. Der Bau des Gotteshauses mit seinen aus rotem und weißem Marmor gestreiften Außenwänden wurde zwar schon 1294 begonnen, doch erst im 14. Jahrhundert abgeschlossen. Die Fassade teilt eine Zwerggalerie in zwei Hälften: Im schmalen oberen Teil erstrahlt eine filigrane Fensterrosette, im unteren befinden sich die drei Portale, deren Pfeiler mit Skulpturen der Evangelistensymbole verziert sind. Bemerkenswert ist die südliche, der Piazza Dante zugewandte Seite des Doms, die quasi eine zweite Fassade bildet. Im Inneren der Kirche sollte man vor allem auf das Altartabernakel mit einer Madonnentafel von Matteo di Giovanni (1474) achten, wie auch auf das detailreiche Taufbecken aus Marmor (1470).

Stadtrundgang

Auf der Piazza Dante Alighieri erhebt sich eine Marmorstatue von Leopold II., dem letzten Großherzog der Toskana. Hier sollte man den Dom besuchen. Der Corso Carducci führt zur Piazza d'Indipendenza mit der Kirche San Francesco. Der einfache Ziegelbau wurde im Jahr 1289 fertiggestellt; im Inneren dominiert ein großes Kruzifix den Hauptaltar. Nebenan befindet sich das Museo Archeologico e d' Arte della Maremma, das Exponate prähistorischer, etruskischer und römischer Zeit sowie Silberschmuckarbeiten und Gemälde im Diözesanmuseum präsentiert, die vor allem im nahen Roselle ausgegraben wurden. Im zweiten Stock sind etruskische Artefakte aus anderen Fundstellen in der Maremma ausgestellt, und ganz oben findet man religiöse Kunst wie Kelche oder antiquarische Bücher. Geht man von hier aus immer in Richtung Osten, gelangt man zur imposanten Fortezza Medicea aus dem 16. Jarhundert, die sehr gut erhalten ist. Betreten kann man sie allerdings nur, wenn dort eine Ausstellung stattfindet.

Oben und unten: Gastgeberin und Innenräume des Ristorante »La Locanda dei Briganti« in Grosseto

Grosseto

Stadtrundgang Grosseto

Ⓐ Porta Vecchia
Lange Zeit der einzige Zugang zur Stadt, Reste des Stadttors sind heute noch zu sehen.

Ⓑ Dom
Parallelen zu Bauten in Siena sind leicht erkennbar. Der Bau aus dem 13. Jh. wurde im 19. Jh. noch einmal im neoromanischen Stil umgebaut. Das Innere besteht aus unterschiedlichen Marmorschichten, die ein braun-weißes Streifenmuster ergeben. Tägl. 7.30–12 und 15.30–19 Uhr.

Ⓒ Chiesa San Francesco
Ein einfacher Ziegelbau aus dem Jahr 1289. Das Highlight im Inneren ist das große Kreuz, das den Hauptaltar dominiert. Piazza dell' Indipendenza.

Ⓓ Museo Archeologico e d'Arte della Maremma
Zu besichtigen sind römische und etruskische Fundstücke, die meist in Roselle ausgegraben wurden. Piazza Baccarini 3, Tel. 0564 488750, Di–Sa 10–13 und 17–20 Uhr, So 9.30–13 und 16.30–19 Uhr.

Ⓔ Fortezza Medicea
Die Befestigungsanlagen sind im Zuge der Neuerungen von Cosimo I. entstanden. In den sechs Ecken der Stadtmauer wurde jeweils ein Bollwerk gebaut, in einem wurde eine Festung errichtet, die noch in gutem Zustand ist.

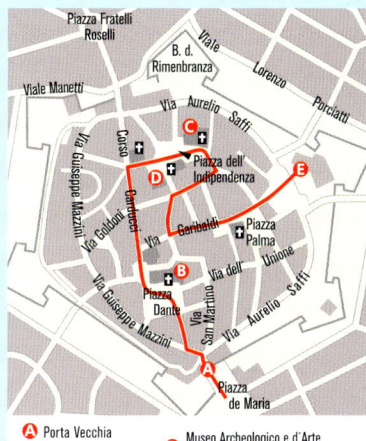

Ⓐ Porta Vecchia
Ⓑ Dom
Ⓒ Chiesa San Francesco
Ⓓ Museo Archeologico e d'Arte della Maremma
Ⓔ Fortezza Medicea

Adressen in Grosseto

ESSEN UND TRINKEN

La Buca San Lorenzo. Die Kreation des Küchenchefs sind es wert, mal tiefer in die Brieftasche zu greifen: Spaghetti mit Drachenkopffleisch und Kürbisblüten oder Panna Cotta Fantasia.
Viale Manetti 1, Tel. 0564 25142.

Ristorante il Canto del Gallo. Hier werden regionale Spezialitäten mit Zutaten aus kontrolliert biologischem Anbau serviert. In der gemütlichen, kleinen Taverne kocht die Wirtin noch selbst.
Via Mazzini 29, Tel. 0564 414589.

Il Pescatore da Pizzica. Schönes Ambiente im umgebauten Bauernhaus, das Speisenangebot (hauptsächlich Fischgerichte) wird vom Wirt selbst verkündet, die Preise sind gemäßigt. Via Orcagna 61, Tel. 0564 491035.

ÜBERNACHTEN

Bastiani Grand Hotel. Das erste Haus am Platz, einen Steinwurf vom Dom entfernt, ist schmuck und prachtvoll. Hier kann man in gediegener Atmosphäre wohnen. Negative Überraschungen erlebt man hier sicher nicht, dafür sorgen auch die gesalzenen Preise. Die mit Massivholzmöbeln eingerichteten Zimmer verfügen über elegante Badezimmer. Parken kostet extra. Piazza Gioberti 64, Tel. 0564 20047, www.hotelbastiani.com

INFORMATION

Via Monte Rosa 206, Tel. 0564 462611, www.lamaremma.info

Mitte: Porto Ercole ist der kleinere der beiden Orte auf der Halbinsel Monte Argentário am Südrand der Toskana. Zusammen mit Porto Santo Stéfano bildet er die Gemeinde Monte Argentário.
Unten: Von Follonica aus hat man einen wunderschönen Blick aufs Meer.

DER SÜDWESTEN

34 Monte Argentário
Exklusives Badeparadies

Eines der exklusivsten Urlaubsziele in Italien ist der Monte Argentário mit seinen herrschaftlichen Villen, gepflegten Gärten und verschwiegenen Buchten. Doch ungeachtet der vielen Spitzenhotels hat sich die Halbinsel vor der südlichen Maremmaküste ihren ursprünglichen Charakter bewahrt. Malerische Fischerdörfer sorgen vor allem im südlichen Teil für tolle Fotomotive und eine einmalige Kulisse.

Zur Orientierung

Wer sich mit der Halbinsel vertraut machen möchte, sollte auf der Panoramastraße von Porto Santo Stéfano im Norden einmal rund um den Monte Argentário fahren. Die ganze Halbinsel ist ein Berg, der 635 Meter aus dem Meer ragt. Daher muss man während des Aufenthalts einiges an Höhenmetern zurücklegen, egal ob man zu seinem Hotel oder ins nächste Café geht. Zum Großteil bestehen die Küsten aus felsigen Steinstränden, allerdings gibt es immer wieder kleine natürliche Lagunen.

MAL EHRLICH!

HIMMEL ODER HÖLLE?

Monte Argentário kann beides sein: traumhaft und grauenvoll. Es kommt immer darauf an, wann man hier seinen Urlaub verbringt. Durch die Nähe zu Rom muss man an Sommerwochenenden mit einem unglaublichen Andrang von Kurzurlaubern aus der Hauptstadt rechnen, die hier ein paar Tage Spaß haben wollen. Alle Strände, Hotels und Restaurants sind dann zum Bersten voll, die Preise steigen in die Höhe. Daher gilt: Wer sich hier wohlfühlen möchte, sollte die Hochsaison meiden!

Monte Argentário

Zwei Landstege verknüpfen die Lagune von Orbetello mit dem Festland. Tatsächlich war der Monte Argentário aber bis ins 18. Jahrhundert hinein eine Insel. Erst durch die stetige Anhäufung von Sand wurde er nach und nach Teil des Festlandes. Auf Monte Argentário leben 13 000 Menschen, allerdings verdoppelt sich die Einwohnerzahl in der Hauptsaison, wenn zahlreiche Touristen hierher pilgern, um ihre Götter – Sonne, Strand und Meer – anzubeten. In überwiegend erlesenem Ambiente, zwischen stattlichen Villen, einsamen Sandbuchten und Fischerdörfern genießt man einen angenehmen Aufenthalt. Hier bleibt die bessere Gesellschaft unter sich, dafür sorgen die gesalzenen Preise. Allenfalls im Norden muss man Abstriche machen, wo durch rücksichtsloses Bauen und schlechte Stadtplanung ein paar Schandflecke entstanden sind.

Panoramastraße

Die herrliche Panoramastraße verläuft von Porto Ercole bis nach Porto Santo Stéfano, gesäumt von Macchia und Weingärten, und eröffnet wunderschöne Blicke aufs dunkelblaue Meer. Man parkt das Auto einfach am Straßenrand und macht sich auf zu einem versteckten Traumstrand. Cacciarella, die erste kleine Bucht, nachdem man Porto Santo Stéfano auf der Via Panoramica verlassen hat, erreicht man bei Kilometer 1+500. An der Villa Miragiglio beginnt ein kleiner Weg, der durch flache Büsche und Felsen in 20 Minuten zum Strand führt. Hier kann man auf einem der ausgewaschenen Felsen sein kleines Badelager errichten.

Laguna di Orbetello

Die Halbinsel konnte ihre beeindruckende Vielfalt an Flora und Fauna bewahren. In der Lagune von Orbetello wurden nicht weniger als 140 Vogelarten gezählt. Zur Beobachtung geht man auf die

AUTORENTIPP!

EINFACH TRAUMHAFT!

Schon Prominente wie Barbra Streisand oder Eros Ramazzotti ließen sich hier verwöhnen, denn in diesem direkt am Meer gelegenen Luxushotel, einer der besten Adressen in der ganzen Toskana, fehlt es an nichts. Durchgestylt und formvollendet die Hotelanlage, stilvoll und vorzüglich das Restaurant, dabei zugleich entspannt und ohne steife Etikette: Hier sind Promis aus Kultur, Wirtschaft und Gesellschaft unter sich. Aus den in Creme und Weiß gehaltenen Zimmern möchte man gar nicht mehr ausziehen, das Restaurant ist sogar mit einem Michelin-Stern dekoriert. Normalverdiener verirren sich selten hierher beziehungsweise können von der Atmosphäre allenfalls ein wenig an der Bar schnuppern.

Il Pellicano. Cala di Santi, Porto Ercole, Tel. 0564 858111, www.pellicanohotel.com

Die Cala Grande – größte Bucht des Argentário – hat zwar keine Sandstrände, aber andere Qualitäten: Keine Autos, keine hektischen Ballspiele und keine kreischenden Badegäste.

DER SÜDWESTEN

für Autos gesperrte Tombola di Feniglia, den südlichen Verbindungsdamm zum Festland. Das Auto stellt man am Campingplatz ab, von wo man zu den Bird-Watching-Plätzen gelangt. Führungen werden von September bis April angeboten (Do, Sa, So um 10 und 14 Uhr, Infobüro des WWF, Tel. 0564 820297, www.wwf.it). Auch zum Baden eignet sich dieser Küstenstreifen ideal.

Orbetello

Die geschäftige Kleinstadt ist seit 1842 mit dem Festland verbunden und strahlt trotz ihrer 15 000 Einwohner Ruhe aus. Die Spuren von 150 Jahren spanischer Herrschaft treten deutlich hervor. So zum Beispiel am gotischen Dom, den die Spanier im 16. Jahrhundert umgestalteten. Sehenswert ist die Fassade mit gotischem Portal (Piazza della Repubblica, 9–12 und 15–18 Uhr). Auf die Spanier geht auch die ehemalige Residenz des Vizekönigs mit ihrem wuchtigen Glockenturm zurück (Piazza dei Due Mondi).

Porto Ercole

Porto Ercole hat sich mit seinen Luxushotels und ausgezeichneten Restaurants schon vor Langem einen Namen als einer der exklusivsten Badeorte am Tyrrhenischen Meer gemacht. Kaum zu glauben, dass trotz des Besucheransturms noch Charakterzüge eines Fischerdorfs auszumachen sind! Vom Meer aus betrachtet, erscheint der Ort äußerst pittoresk: Eingeklemmt zwischen zwei Festungen schmiegen sich die vielen bunten Häuser an den Berg. Kunstliebhaber sollten die Chiesa di Sant'Erasmo besuchen, denn hier fand der große Caravaggio (1571–1610) seine letzte Ruhestätte. Die Festungen sind eher unspektakulär, dafür bietet Porto Ercole saubere Strände. Auch das Wasser ist sehr sauber und wurde in den letzten Jahren stets mit der »Blauen Flagge« ausgezeichnet.

Oben: Bucht von Porto Ercole
Unten: Porto Ercole wird von den enormen Befestigungen, Meisterstücke der militärischen Architektur des 14. Jahrhunderts, überragt.

Monte Argentário

Adressen in Monte Argentário

ESSEN UND TRINKEN

Osteria il Nocchino. Sehr klein, aber fein: Das Essen schmeckt wie bei Mamma und kostet nicht viel. Reservieren ist Pflicht! Via Furio Lenzi 64, Orbetello, Tel. 0564 860329.

La Lanterna Blu. Die drei Größen der italienischen Küche werden hier meisterhaft und geschmackvoll zubereitet: Pizza, Pasta und Fisch. Den Genuss bereut man auch nicht, wenn man die Rechnung bekommt. Via delle Buche 9, Porto Ercole, Tel. 0564 833064.

Gatto e la Volpe. Edelrestaurant, das am Abend in stimmungsvolle Beleuchtung getaucht ist. Die einzigartige Aussicht aufs Meer macht die romantische Atmosphäre perfekt. Das Essen, vor allem die Spezialität des Hauses, Linguine all'astice (Linguine und Hummer), ist ausgezeichnet, allerdings nicht ganz billig. Cia dei Cannoni 3, Porto Ercole Tel. 0564 835205.

ÜBERNACHTEN

I Presidi. Das Drei-Sterne-Hotel ist zwar ein wenig kitschig eingerichtet, dafür aber sehr zentral an der Promenade zur südlichen Lagune gelegen. Die Zimmer im dritten Stock besitzen kleine Balkone, auf denen man die laue Abendluft genießen oder auch einfach nur seine Badesachen trocknen kann. Via Mura di Levante 34, Orbetello. Tel. 0564 867601, www.ipresidi.com

Argentário Golf Resort. Dieses Luxushotel wurde von Andrea Fogli durchdesigned und ist ein wahrer Augenschmaus mit seinen modernen Formen und Lichtinszenierungen. Die Zimmer bieten jeden Luxus, vom Jacuzzi über Plasma-Fernseher bis hin zur eigenen Terrasse. Via Acquedotto Leopoldino, Porto Ercole, Tel. 0564 1828400, www.argentariogolfresort.com

VERKEHRSMITTEL

Von Ort zu Ort kommt man entweder mit dem eigenen Auto oder mit den Bussen der Gesellschaft »Rama«, die die Orte Porto Santo Stéfano im Norden und Porto Ercole im Osten mit der Stadt Orbetello verbinden (www.ramamobilita.it).

INFORMATION

Piazza della Repubblica 1, Orbetello
Tel. 0564 860447, info@proloco-orbetello.it,
www.proloco-orbetello.it

Via Caravaggio 78, Porto Ercole,
Tel. 0564 831019,
www.argentario.net/de/porto-ercole.asp

Die Felsen der Cala Grande reichen bis ins Meer.

DER SÜDWESTEN

35 Porto Santo Stéfano
Ein Fischerdorf mit Stil

In Porto Santo Stéfano bekommt man mit großer Wahrscheinlichkeit ein Zimmer mit fantastischem Meerblick. Die Häuser schmiegen sich an den steil aufsteigenden Monte Argentário und bieten nicht nur einen geradezu märchenhaften Anblick, sondern ebensolche Ausblicke. Dazu kommen versteckte Badebuchten und luxuriöse Hotels und Restaurants. Kein Wunder, dass Porto Stéfano im Sommer ein Touristenmagnet ist. In der Nebensaison bietet sich Gelegenheit, das verwinkelte Städtchen Schritt für Schritt in Ruhe kennenzulernen.

Am Hafen von Porto Santo Stéfano herrscht stets geschäftiges Treiben. Marina und Handelshafen sind durch die sichelförmige Bucht voneinander getrennt, und so beobachtet man auf der einen

Mitte: Blick über Villen auf einsam im Meer liegende Felsen. Im Hintergrund die Isola di Giglio.
Unten: Mediterrane Farbigkeit mit Panoramablick auf das Meer. Porto Santo Stéfano lockt mit feinen Boutiquen und Ristoranti.

MAL EHRLICH!
SCHLIMMER GEHT'S NIMMER!

Die steilen und engen Straßen von Porto Santo Stéfano sehen zwar von ferne nett aus und sorgen für ein authentisches Flair, allerdings bringen sie Autofahrer oft zur Verzweiflung. Es kann zum Beispiel durchaus passieren, dass sich durch ein in zweiter Reihe geparktes Fahrzeug der gesamte Durchgangsverkehr bis hinunter zur Küste aufstaut. Vor allem am Wochenende sind das Verkehrsaufkommen und auch die Parkplatzsituation prekär. Selbst ein freier Platz auf dem Großparkplatz am Hafen kommt einem Lottogewinn gleich. Also lässt man das Auto besser gleich außerhalb der Stadt stehen und geht in 10 Minuten zu Fuß ins Zentrum.

Porto Santo Stéfano

Im malerischen Naturhafen von Porto Santo Stéfano arbeiten fleißige Fischer.

Seite wohlhabende Urlauber in Freizeitkleidung und nicht weit entfernt davon Fischer bei der Arbeit. Beides hat seine Reize: Einerseits bekommt man beim Vorbeischlendern an den luxuriösen Jachten eine Vorstellung vom Leben der oberen Zehntausend, andererseits erlebt man den Alltag einer geschäftigen Hafenstadt. In der Marina spielt sich das gesellschaftliche Leben der Stadt ab: Restaurants, Geschäfte aller Preisklassen und Eispaläste schmücken die Uferpromenade des Jachthafens. Die Strände rund um Porto Santo Stefano sind überwiegend felsig.

Frischer Fisch

Neben den üblichen Urlaubsbeschäftigungen wie Schwimmen, Spazierengehen, Wandern oder Bootsausflügen widmet man sich in Porto Santo Stéfano vor allem dem Essen, denn hier wird der Seefisch absolut fangfrisch zubereitet. Jeden Morgen stechen etwa 30 Fischerboote in See, um am späten Nachmittag reich beladen mit allen Früchten des Meeres zurückzukehren. Seezunge, Knurrhahn, Meerbarbe, Heilbutt, Zahnbrasse und Goldbrasse zählen zu den gängigsten Arten, die hier gefangen werden. Zwischen 19 und 20 Uhr finden sich die Köche der örtlichen Restaurants an der

AUF ZUR BLUMENINSEL!

Porto Santo Stefano ist das Tor zur Insel Giglio (»Lilieninsel«), der zweitgrößten in der Toskana nach Elba. Sie liegt etwa 15 km vor Monte Argentário und bietet sich mit ihren nur 28 km Küstenlinie für einen Tagesausflug an; die Überfahrt dauert 60 Minuten. Auf dem unwirtlichen Steinboden, der die Landschaft Giglios prägt, wachsen erstaunliche 400 Pflanzenarten. Darunter viele Lilien, Erdbeerbäume, Rosmarin, Heidekraut, Ginster, Flockenblumen, Löwenmäuler und Zistrosen. Vor allem zum Tauchen eignet sich der einstige römische Hafen Giglio perfekt. Vom überraschend kleinen Ort Porto Giglio an der Ostküste verkehren Busse ins Hinterland. 6 km sind es nach Giglio Castello, das neben einer Festung mit einem historischen Eselspfad und dem Image einer alten Seefahrerstadt aufwartet. Die meisten Badestrände findet man auf der Westseite der Insel, wenn aber die Zeit knapp ist, kann man auch mit den weitläufigen Sandstränden an der Ostseite wie Campese oder Arenella vorliebnehmen.

Fährverbindungen. Toremar Tel. 0564 810803, www.toremar.it und Mareggiglio, Tel. 0564 812920, www.mareggiglio.it
Tourismusbüro. Proloco Isola del Giglio, Via Umberto 1, Tel. 0564 809400, www.giglioinfo.de, www.isoladelgiglio.it

DER SÜDWESTEN

Oben: Sonnenbaden und relaxen am Strand.
Mitte: Im schicken Ort Porto Santo Stéfano.
Unten: Hier liegen die Luxusjachten wohlhabender Römer und Florentiner.

Anlegestelle ein, denn dann wird die Beute versteigert. Dieses Spektakel sollte man sich durchaus einmal ansehen – um danach ein Fischlokal aufzusuchen.

Spanische Spuren

1557 wurde der Ort Teil des Stato dei Presidi und fiel unter die Kontrolle der Spanier, die lange Zeit die Kontrolle über das Tyrrhenische Meer ausübten. Die im 16. Jahrhundert erbaute Rocca (auch »Fortezza Spagnola«) an der Piazza del Governatore, dem höchsten Punkt von Porto Santo Stéfano, ist ein Relikt aus spanischer Zeit (Juni–Sept. 18–24 Uhr, Okt.–Mai Sa, So 10.30–12.30 und 15–19 Uhr). Neben der Kirche Santo Stéfano aus dem 17. Jahrhundert ist sie einer der wenigen erhaltenen historischen Bauten und beherbergt eine vielseitige Sammlung an archäologischen Unterwasserfunden wie Vasen und Münzen sowie eine Ausstellung, die sich dem Bau von Holzbooten widmet. Der schweißtreibende Aufstieg wird mit einem wunderschönen Rundblick auf die Küste belohnt.

Prominenz

So richtig »in« wurde Porto Stéfano vor etwa 50 Jahren, als sich Susanna Agnelli, die Enkelin des Fiat-Gründers, ihre Sommerresidenz hier errichten ließ. Ihr folgten der Italo-Musiker Renato Zero und der Schauspieler Carlo Pedersoli alias Bud Spencer. Es ist das nostalgisch-elegante Flair einer Fischerstadt mit Naturhafen, das die Reichen und Schönen bis heute anzieht. Urlauber mit kleinem Reisebudget werden sich dagegen nicht unbedingt wohlfühlen, denn sowohl die Hotels als auch die Restaurants nehmen für ihre zuvorkommenden Dienste ein durchaus überdurchschnittliches Entgelt.

Porto Santo Stéfano

Adressen in Porto Santo Stéfano

ESSEN UND TRINKEN

Orlando. Angenehme Trattoria etwas abseits der Touristenpfade. Der Fisch kommt jeden Tag fangfrisch, schonend zubereitet und zu angemessenen Preisen auf den Tisch. Via Breschi 3, Tel. 0564 812788.

Siro. Fragt man einen Einheimischen, wo man den besten Fisch der Stadt bekommt, wird er das Siro nennen. In diesem typischen Küstenrestaurant stimmt einfach alles, wennschon man vorab einen Blick auf die Preise werfen sollte. Corso Umberto I 102, Tel. 0564 812788.

Il Moletto. Vor allem die Lage direkt am Meer zeichnet dieses Fischrestaurant aus. Weit weg vom Trubel der Stadt kann man hier in aller Ruhe ausgezeichneten Fisch verspeisen und genießt einen tollen Blick. Mi Ruhetag. Via del Molo 52, Tel. 0564 813636, www.moletto.it

ÜBERNACHTEN

Hotel La Caletta. Eine blau-gelb gestreifte Armee von Sonnenschirmen bewacht das renommierte Hotel La Caletta: Der Sandstrand ist für die Gäste reserviert. Vom Restaurant genießt man einen wunderschönen Panoramablick aufs Meer. Leider steigen die Preise dieses Drei-Sterne-Hotels in der Hochsaison auf ein kaum zu rechtfertigendes Niveau. Via del Fortino 51, Tel. 0564 812939, www.hotelcaletta.it

Hotel Torre di Cala Piccola. Sowohl die komfortablen Zimmer (teilweise mit Panoramablick) als auch das ausgezeichnete Restaurant haben ihren Preis, allerdings genießt man hier völlige Abgeschiedenheit vom Rummel der Stadt. Rund um den Wachturm der Spanier von Cala Piccola, etwas südlich von Porto Santo Stéfano, wartet das Hotel mit tollem Meerblick und einem wunderschönen Garten auf. Zum Privatstrand fährt ein kleiner Bus. Cala Piccola, Tel. 0564 825111, www.torredicalapiccola.com

AKTIVURLAUB

Diving Center. Tauch-Center am westlichen Ende des Hafens. Anmeldung zu Kursen unter Tel. 333 3826314.

VERANSTALTUNGEN

Palio Marinaro. Regatta mit historischen Ruderbooten zu Ferragosto, am 15. August. Rund um das sportliche Event, das auch »Palio dell Argentario« genannt wird, findet ein bunter Kostümumzug mit Blaskapelle und Fahnenschwingern statt. Der ganze Ort verwandelt sich in eine einzige feuchtfröhliche Partymeile, auf der bis tief in die Nacht hinein gefeiert wird (www.palioargentario.it).

Karneval. Am Faschingsdienstag wird nicht ausgelassen gefeiert, vielmehr versammeln sich die Bewohner zum Schweigemarsch mit schwarzen und weißen Karnevalskostümen, deren Kapuzen das ganze Gesicht verdecken.

INFORMATION

Piazzale Sant'Andrea, Tel. 0564 810681, www.lamaremma.info

Jedes Jahr ein großes Ereignis: der Ruderwettkampf »Palio Marinaro« in Porto Santo Stéfano

DER SÜDWESTEN

36 Castiglione della Pescáia
Stadt der Bagnos

Weit und breit gilt Castiglione della Pescáia als einer der schönsten Badeorte im ganzen Land. In der Toskana hat das Städtchen mit seinen 48 Bagnos allemal die besten Karten, falls es einmal einen Schönheitswettbewerb der Seebäder geben sollte. Wichtige Argumente für einen Sieg bei der Schönheitswahl stellen die sauberen Strände, das klare Wasser und der unvergleichliche Badespaß beim Tretbootfahren, Suchen von Muscheln, Tauchen oder Schwimmen dar.

Castiglione della Pescáia zählt etwa 7300 Einwohner und zu Füßen des 342 Meter hohen Poggio Petriccio liegt an der Flussmündung des Bruna. Im Mündungsbereich gibt es ein Sumpfgebiet mit ausgedehnten Kanälen und dem Naturreservat Daccia Bondera sowie einem Hafen, in dem stets reger Betrieb herrscht, da in Castiglione nach wie vor der Fischfang eine große Rolle spielt. Im Zentrum rund um die Via Vittorio Veneto finden die Gäste alles für einen angenehmen Aufenthalt: Restaurants, Läden, Bars. An der Küste erstrecken sich beiderseits der Flussmündung herrliche Sandstrände über insgesamt 24 Kilometer. Der kleine historische Ortskern mit einer Festung liegt dagegen auf einer Anhöhe und überblickt die Pinienwälder im Umland.

Mitte: Die Maremma – eine Landschaft, die vom Tyrrhenischen Meer über weiche Hügel bis zu bewaldeten Bergen ansteigt. Eingebettet in diese Umgebung erhebt sich der charakteristische Ort.
Unten: Den Naturpark Uccellina kann man gut mit dem Kanu erkunden.

Bagnos strandauf, strandab

Was haben die Italiener nur mit ihren Bagnos? Während viele Urlauber den freien Strand bevor-

Castiglione della Pescáia

zugen, zwingen einem die Italiener ihre Liegen, Sonnenschirme und Duschen regelrecht auf. Natürlich gegen gutes Geld. Doch wer etwas Komfort haben möchte, muss wohl oder übel die Strandmiete zahlen.

Am 24 Kilometer langen feinen Sandstrand von Castiglione della Pescáia reihen sich nicht weniger als 48 Strandbäder aneinander. Da fällt die Entscheidung, in welche Hände man sein Badevergnügen legen möchte, schwer: Allen voran empfiehlt sich das Bagno La Valetta, das mit allem aufwarten kann, was man sich nur von einer Badeanlage wünschen könnte (Viale Kennedy 23, Tel. 0564 935174, www.lavallettabeach.com). Oder doch lieber das Bagno Medusa? Es gilt als das familienfreundlichste weit und breit (Via del Giglio, Tel. 0564 933439). Doch auch das Bagno Le Cannucce kann in puncto Service und Komfort locker mit den anderen mithalten (Via Verdi, Tel. 0564 939434, www.lecannucce.it). Versuchen Sie nicht, ohne bezahlten Liegeplatz die Toilette zu besuchen oder kurz das Meerwasser abzuduschen, denn damit handeln Sie sich Ärger ein. Mehr Infos zu den Gepflogenheiten in den Bagnos im Einleitungskapitel. Doch egal ob Bagno oder freier Strand: Der Strandabschnitt in Castiglione della Pescáia bietet das sauberste Wasser der Toskana.

Castiglione Castello

Relativ harmonisch geht das moderne Strandbad in die höher gelegene historische Altstadt über. Besonders viele Denkmäler hat Castiglione Castello zwar nicht, aber der mittelalterliche Kern lohnt einen kurzen Rundgang. Das Castello Rocca Aragonese aus dem 14./15. Jahrhundert, nach dem auch der Ort benannt ist, kann man leider nur von außen betrachten, da es sich in Privatbesitz befindet. Die Pisaner, die hier einmal herrschten,

AUTORENTIPP!

PUNTA ALA FÜR ALLE

Das auf einer Landzunge 15 km nördlich von Castiglione gelegene Punta Ala ist einer der exklusivsten Ferienorte am Tyrrhenischen Meer. Seit reiche Römer und Florentiner hier ihre Sommerhäuser errichtet haben, ist nur das Teuerste gut genug. Im Hafen reihen sich millionenschwere Jachten aneinander, auf dem millimeterkurzen Rasen des 18-Loch-Luxus-Golfplatzes lochen Industriekapitäne und Medienmogule ein, und die traumhaften Hotels kann sich ein Normalsterblicher allenfalls nach einem Lottogewinn leisten. Ein Ausflug hierher ist allerdings zu empfehlen, um das Treiben zu beobachten und einmal den tollen Strand auszuprobieren, der mit seinem weißen Sand und türkisfarbenem Wasser stark an die Karibik erinnert. www.puntaala.net

Der Convento dei Passionisti, in dem vor fast 300 Jahren San Paolo della Croce seine Mission begann, liegt zwischen Porto Santo Stéfano und Porto Ercole.

DER SÜDWESTEN

Oben: Ein Guide im Parco Naturale dell'Uccellina
Mitte: Die Altstadt von Castiglione della Pescáia ziert ein Kapuzinerkloster.
Unten: Der Fischerort gilt als der schönste Hafenort der Maremma – schön genug, um gezeichnet zu werden.

umschlossen es mit einem Mauerring, in den elf Türme integriert wurden. Von hier oben genießt man einen wunderschönen Blick auf das Meer und die Strände. Auf dem Weg zum Castello kommt man etwa fünf Minuten nach dem Ortszentrum an der Kirche Santa Giulia vorbei. Ihr altes Holzportal ist mit halbverrosteten Nägeln und Eisenbeschlag nur noch in Teilen vorhanden.

Naturreservat Diacca Bortona

Überquert man die Brücke über den Fluss Bruna Richtung Süden und biegt danach auf der ersten Straße ins Landesinnere ab, gelangt man in die Sumpfgebiete der Flussmündung und in das Naturreservat Diacca Bortona. Dort steht die Casa Mediale Ximenes, auch »Casa Rossa« genannt, die wie eine Art Wehr über zwei Kanälen erbaut wurde. Die interessante Architektur des nach seinem Architekten Leonardo Ximenes benannten Hauses geht auf das 18. Jahrhundert zurück, als mit der Entwässerung der Maremma begonnen wurde. Es diente als Schleuse, die das Süß- vom Salzwasser trennen sollte, dies war eines der Mittel, die man zur Malariabegrenzung einsetzte: So sollte der »Gestank« (ital. *mal aria*) abgehalten werden, in dem man die Ursache der Krankheit sah.

Heute findet man in der Casa Rossa ein Museum, das über das Naturreservat Diacca Bortona aufklärt, aber auch über die Geschichte der Trockenlegung des ehemaligen Sumpfgebietes Maremma. Zusätzlich zu den Erklärungen der Tiere und Pflanzen der Region kann man mittels Monitoren, die Live-Bilder von Außenkameras übertragen, die Tierwelt beobachten. Highlight ist die Exkursion: Mit dem Motorboot erkundet man von hier aus in ca. 1,5 Stunden das Reservat (Ortsteil Casa Rossa, Tel. 0564 484580127, Sept.–Mai: Do–So 13–19 Uhr, Juni–Aug. Di–So 16 bis 22 Uhr, Ausflüge im Jagdboot täglich 17 Uhr).

Castiglione della Pescáia

Adressen in Castigline della Pescáia

ESSEN UND TRINKEN

Corallo. Die einfache Pension mit ein paar sauberen, kleinen Zimmern besitzt ein vorzügliches Restaurant: Vom Kaninchen über den Wolfsbarsch bis zur Crème brullée ist hier alles köstlich und geschmackvollendet. Wer nicht hier nächtigt, muss seinen Tisch mindestens einen Tag vorher reservieren. Via Sauro 1, Tel. 0564 933668, www.residence-corallo.it

Ristorante La Fortezza. In dem günstig mitten in der Altstadt gelegenen Restaurant kann man im höhlenähnlichen Inneren oder draußen im grünen Garten sitzen. Die Küche bietet Typisches aus der Maremma zu vertretbaren Preisen. Via del Recinto 1/3, Tel. 0564 936100, www.castiglionepescaia.it/fortezza/lafortezza.htm

La Scaletta. Perfekt, wenn man auf einem abendlichen Spaziergang zur Burg plötzlich Hunger bekommt: Hier gibt es ausgezeichnete Pizzen in allen möglichen Varianten. In dem terrassenförmig angelegten Lokal isst man relativ günstig – sicher einer der Gründe, warum es immer recht voll ist. Via Montebello 9, Tel. 0564 934296.

ÜBERNACHTEN

Hotel Lucerna. Für einen reinen Badeurlaub ist dieses Hotel strategisch perfekt gelegen: Zu Fuß ist man in 10 Minuten am Meer, ins Stadtzentrum braucht man nur 2 Minuten. Das altmodische Interieur kündet von der Tradition dieses Hauses und sorgt für angenehme Zimmerpreise. Parken kann man gratis! Via IV Novembre 27, Tel. 0564 933620, www.hotellucerna.it

L'Andana. Inmitten der wunderbar geschwungenen Hügel geht hier eindeutig ein Traum in Erfüllung: Die 33 luxuriösen Zimmer sind stilvoll eingerichtet und warten mit jeglichem nur erdenklichen Komfort auf. Das Außenschwimmbad fungiert als Meerersatz und im hauseigenen Spabereich mit Sauna können Sie sich vollstens entspannen. Im mit 3 Michelin-Sternen ausgezeichneten Restaurant zaubert Küchenchef Alain Ducasse sagenhaft köstliche Kreationen. Tenuta La Badiola, Ortsteil Badiola, 7 km östlich von Castiglione, Tel. 0564 944321, www.andanahotel.com

INFORMATION

Piazza Garibaldi 6, Tel. 0564 933678, www.castiglionepescaia.com

Kapuzinermönch in seinem Garten

Typische Rinder der Maremma

TOSKANISCHES WEINWUNDER

37 Montepulciano
Grazile Renaissance, berühmter Wein **214**

38 Castellina und der Chianti Classico
Wein und traumhafte Landgüter **218**

39 Bolgheri
Die Wiege der Supertoskaner **222**

40 Montalcino
Brunello und andere Weine **226**

41 Greve in Chianti
Genuss in jedem Winkel **230**

42 Pienza
Päpstliche Renaissance-Pracht **234**

TOSKANISCHES WEINWUNDER

37 Montepulciano
Grazile Renaissance, berühmter Wein

Die kleine Stadt mit atemberaubendem Weitblick ist vor allem eines: ein Mekka für Weinliebhaber und -kenner! Aus Montepulciano kommt unter anderem der berühmte »Vino Nobile«, einer der besten Tropfen der Toskana. Doch auch Kunstliebhabern gefällt es hier, denn das bezaubernde Renaissance-Städtchen verfügt über einen erstaunlichen Fundus an Palazzi, Kirchen und Museen.

Montepulciano übt schon aus der Ferne eine starke Anziehungskraft aus: Das grazile Städtchen mit rund 14 000 Einwohnern erhebt sich auf etwa 600 Metern Höhe und ist damit eine der höchstgelegenen Siedlungen der Toskana. Von den ehemaligen Stadtmauern hat man einen unvergleichlichen Blick auf weite Teile Umbriens und der südlichen Toskana. Natürlich hat man von der Stadt aus auch die Anbaugebiete des berühmten »Vino Nobile« stets im Blickfeld.

Vorangegangene Doppelseite: Lichtkunst im Weinkeller: »Fattoria Petra«
Mitte: Blick auf den Weinort Montepulciano und die wunderbare Wallfahrtskirche San Biagio
Unten: »Le Logge del Vignola«, Massimo Stella (Sommelier) und Lucca Cardoli (Chef)

MAL EHRLICH!

MODE HIN ODER HER …
Wer Montepulciano erkunden möchte, sollte allzu schickes und unbequemes Schuhwerk oder sonstiges elegantes Outfit besser im Hotel lassen. Der Stadtrundgang gleicht einer kleinen Wanderung und darauf sollte man als Besucher auch vorbereitet sein. Doch keine Angst: Wenn man überanstrengt ist, lehnt man sich einfach an die kühle Stadtmauer und genießt den Blick über die toskanische Landschaft.

Montepulciano

So weit einen die Beine tragen

Da Montepulciano auf dem stark abfallenden Terrain eines Vulkanhügels erbaut wurde, werden die Waden bei der Besichtigung ziemlich strapaziert. Doch die im Mittelalter pausenlos umkämpfte Stadt ist aller Anstrengungen wert, denn der Mix aus Gotik und Renaissance fasziniert selbst dann, wenn irgendwann die Gliedmaßen schmerzen.

Auf der Piazza Savonarola wurde 1511 die Colonna del Marzocca mit dem majestätischen Steinlöwen errichtet, um dem großen Florenz Loyalität zu bekunden. Folgt man der Via di Gracciano nel Corso in Richtung Süden, kommt man an der Anfang des 15. Jahrhunderts von Michelozzo di Bartolomeo entworfenen Chiesa di Sant' Agostino vorbei. Das außergewöhnliche Terrakottarelief über ihrem Eingang zeigt die Madonna mit dem Jesuskind, Johannes den Täufer und den heiligen Augustinus.

Weiter Richtung Süden erreicht man die Markthallen (Loggia di Mercato; vormittags geöffnet) und anschließend über die Via dell Opio nel Corso die Chiesa del Gesù. Der schlichte Backsteinbau aus dem 17. Jahrhundert überrascht im Inneren mit pompösem Barock. Von hier aus folgt man den Schildern zur Piazza Grande: Dort erstrahlt der etwa 1600 errichtete Dom in vollem Glanz, der außen von Taddeo di Bartolo und innen von Andrea della Robbia gestaltet wurde. Von hier aus etwas nördlich präsentiert das Museo Civico eine vielfältige Sammlung, die von etruskischen Grabbeigaben über Wappen und Chorbüchern bis zu Terrakotta-Arbeiten von Andrea della Robbia reicht (Via Ricci, Apr.–Okt. Di–So 10–13, 15–18 Uhr, Nov.–März Sa, So 10–13, 15–18 Uhr).

AUTORENTIPP!

WEIN HAUTNAH

In und um Montepulciano spielt der Wein die Hauptrolle, darum sollte man auch einmal ein Weingut gesehen haben. Einer der schönsten und authentischsten Orte, wo man den Trauben, die zu »Vino Nobile« verarbeitet werden, beim Wachsen zusehen kann, ist die Fattoria Avignonesi, deren Weine in vier unterschiedlichen Lagen angebaut werden.

Avignonesi. Valiano di Montepulciano, Tel. 0578 724304, www.avignonesi.it

In Montepulciano und der Toskana allgemein spielt die Sangiovese-Traube eine wichtige Rolle.

TOSKANISCHES WEINWUNDER
Wein mit großer Tradition

Dass Weinkenner in Montepulciano weitaus öfter fündig werden als in anderen Regionen, verwundert nicht weiter, denn der Weinbau wurde hier schon von den Etruskern betrieben. Dies belegen Funde von etruskischen Weinschalen (»Kylix«) neben einem Grab aus dem Jahre 500 v. Chr. Selbst im Mittelalter riss die Liebe zum Weinbau nicht ab. Ein Dokument von 1350 beschreibt Handel- und Exportbedingungen für Wein aus Montepulciano.

Das relativ kühle Klima und der sandige Boden eignen sich ideal zum Weinbau. Sowohl der DOCG-Wein Vino Nobile di Montepulciano als auch der DOC-Wein Rosso di Montepulciano werden hier erzeugt. Die lokale Variante der Sangiovese-Rebe, Prugnole Gentile, hat ihren Namen von den Aromanoten der Prugne (Pflaume), die darin enthalten sind. Zusätzlich dürfen 30 Prozent des Weins aus anderen Sorten zusammengesetzt sein. Obwohl der »Vino Nobile« noch immer im Schatten seiner großen Brüder »Brunello« und »Chianti Classico« steht, hat er sich in den letzten Jahren immer mehr an deren Qualität angenähert. Dies wurde möglich, weil viele Winzer ihre Weinkeller modernisierten und neue Maschinen und Gerätschaften kauften. Zu den berühmtesten Kellereien gehört Podere Le Berne, wo ausgewogene Weine produziert und zu reellen Preisen verkauft werden (Ortsteil Cervognano, Via Poggio Golo 7, Tel. 0578 767328, www.leberne.it). Schon seit den 1960er-Jahren steht Bindella für Qualität. Hier gibt es auch deutschsprachige Degustationen, die nicht billig sind (Via delle Tre Berte, 10a, Tel. 0578 767777, www.bindella.it). Auf den ca. 380 Hektar der Fattoria la Braccesca wird ein sehr guter Wein erzeugt, der seinen Preis hat. Bei einer Weinverkostung bekommt man einen Überblick, welche Flaschen man sich für zu Hause mitnehmen sollte (Via Stelle di Valiano 10, Tel. 0578 724252, www.antinori.it).

Oben und Mitte: Das Weingut Avignonesi in Valiano di Montepulciano ist eines der angesehendsten in der Toskana. Die Tochter des Besitzers Elena Falvo im Weinberg und ein Blick in den Weinkeller
Unten: Kapelle auf den Feldern in der Nähe von Montepulciano

Montepulciano

Stadtrundgang Montepulciano

Ⓐ Colonna del Marzocco
Ein Stück südlich des Tores, auf der Piazza Savonarola gelegen. Ganz oben sitzt ein Steinlöwe – leider eine Kopie. Das Original findet man im Museo Civico. Via di Gracciano nel Corso.

Ⓑ Chiesa di Sant'Agostino
Die Kirche wurde im 15. Jh. nach Plänen von Michelozzo erbaut. Herausragend ist das Relief über dem Eingang. Piazza Michelozzo, 9–12 und 15–18 Uhr.

Ⓒ Loggia di Mercato
In der Markthalle kann man in das geschäftige Treiben eintauchen.

Ⓓ Chiesa del Gesù
Außen ist die Kirche aus Backstein ziemlich unscheinbar: Innen glänzt sie in üppigem Barock.

Ⓔ Dom
Etwa um 1600 errichtet. Der Turm stammt allerdings noch vom Vorgängerbau aus dem 15. Jh. Schön ist das farbenfrohe Triptychon, das Taddeo di Bartolo geschafffen hat. Andrea della Robbia erstellte den Terrakotta-Altar gleich links neben dem Eingang.

Ⓕ Museo Civico
Terrakottareliefs und Gemälde aus Gotik und Renaissance. Via Ricci 10, Tel. 0578 717300.

Adressen in Montepulciano

ESSEN UND TRINKEN

Le Logge del Vignola. Als Lokalpatrioten bieten die Gastgeber 300 Weine aus Montepulciano an. Die Preise sind in Ordnung. Via delle Erbe 6, Tel. 0578 717290, www.leloggedelvignola.com

Trattoria Diva e Maceo. Trattoria mit fantastischer Küche zu günstigen Preisen. Empfehlenswert: die Tagliatelle mit frischen Trüffeln. Via di Gracciano nel Corso 90, Tel. 0578 716951.

ÜBERNACHTEN

Albergo Il Marzocco. Das mit Efeu überwachsene historische Gebäude ist schon seit 100 Jahren ein Familienbetrieb. Piazza Savonarola 18, Tel. 0578 757262, www.albergoilmarzocco.it

Villa Nottola. Ausgestattet mit einem Swimmingpool erfüllt dieses Landhaus alle Anforderungen an einen entspannten Urlaub. Das Restaurant bietet Weinverkostungen an. Ortsteil Notola 15, Tel. 0578 707813, www.villanottola.com

Albergo il Borghetto. Von außen wenig gastlich, innen jedoch ist es ein wahres Schmuckkästchen voller Antiquitäten und Betten, die noch aus Napoleons Zeit stammen. Via Borgo Buio 7, Tel. 0578 757535, www.ilborghetto.it

INFORMATION

Touristeninformation. Piazza Don Minzoni, Tel. 0578 757341, www.prolocomontepulciano.it

TOSKANISCHES WEINWUNDER

38 Castellina und der Chianti Classico
Wein und traumhafte Landgüter

Im Herzen des Chianti-Gebiets liegt Castellina, einst Grenzstadt zwischen den sich stets bekriegenden Provinzen Siena und Florenz. Das Anbaugebiet des Chianti, eines der ältesten Weinbaugebiete Italiens, ist in eine bezaubernde Hügellandschaft eingebettet, die zu jeder Jahreszeit in anderen Farbkombinationen erstrahlt. Castellinas mittelalterlicher Stadtkern fügt sich perfekt in die landschaftlichen Gegebenheiten ein.

Mitten im Anbaugebiet des Chianti Classico gelegen, ist Castellina von großen Höhenunterschieden geprägt. So liegt der Hauptort in einer Höhe von 578 Metern, während am Bahnhof in Castellina Scalo nur ca. 180 Höhenmeter gemessen werden. Der höchste Punkt der Gemeinde, auf deren Gebiet der Fluss Arbia entspringt, ist der 626 Meter hohe Monte Cavallaro.

Mitten im Chianti Classico

Schon bei der Einfahrt in die Kleinstadt wird man daran erinnert, dass man sich mitten im toskanischen Weinland befindet, denn zwei große Silos, gefüllt mit Chianti Classico, stehen Spalier. Beim Stadtrundgang erkennt man auf Schritt und Tritt, dass der Wein in Castellina eindeutig die Erste Geige spielt. In den Straßen reiht sich eine Weinhandlung an die andere, überall wird fleißig Wein probiert und natürlich auch gekauft.

Ein Höhepunkt des Stadtspaziergangs ist die Via delle Volte, die von der Hauptstraße Via Fiorentina abzweigt und entlang der östlichen Stadtmauer

Mitte: Das Castello di Ama glänzt mit modernen Kunstwerken, vor dem Rusticogebäude steht eine Installation von Daniel Buren.
Unten: Der Keller des Weinguts Montevertine, Radda in Chianti

Castellina und der Chianti Classico

verläuft. Sie wurde im Mittelalter nach und nach mit Häusern überbaut und ist heute eine Arkadenpassage mit zahlreichen Geschäften und Vinotheken. Geht man von hier aus weiter in die Via Ferruccio und biegt in Richtung Westen ab, kommt man zum Museo Archeologico del Chianti Sienese mit Exponaten aus der Periode der Etrusker (Piazza del Comune 18, www.museoarcheologicochianti.it).

Ein Stück Weingeschichte

Im Chianti wird schon seit dem 11. Jahrhundert Wein angebaut. Zu Beginn waren es Klöster, die den Weinanbau vorantrieben, doch schon bald war der Rebensaft bei den reichen Städtern beliebt und die Nachfrage wurde größer. Viele wohlhabende Familien legten sich einen Landsitz zu und ließen dort Wein anbauen. Ein wahrer Boom allerdings wurde in den 60er- und 70er-Jahren ausgelöst, als die Güter von internationalen Geschäftsleuten gekauft wurden. Diesen Quereinsteigern aus Mailand, Rom, Deutschland, der Schweiz oder auch England traute anfangs niemand so recht über den Weg. Doch sie waren es, die der Region den Aufschwung brachten und auch die alteingesessenen Winzer zu neuen Höchstleistungen anspornten.

Der Chianti Classico

Die Hügellandschaft zwischen Florenz und Siena ist mit 7136 Hektar eines der größten Weinanbaugebiete des Landes. Schon 1716 wurden die Grenzen des Chianti-Gebiets exakt definiert. Damit das Produkt »Chianti Classico« heißen darf, gibt es strenge Regeln: Mindestens 80 Prozent des Weins müssen von der Sangiovese-Rebe stammen, wobei seit 2005 nicht mehr mit weißen Sorten gemischt werden darf. Zusätzlich muss er für eine gewisse Zeit in Eichenfässern lagern, ein Riserva zum Beispiel zwei Jahre. Der »Gallo Nero« (»schwarzer

AUTORENTIPP!

WEIN HAUTNAH
Modern und geformt wie ein Schiffsbug steht die Kellerei Avignonesi inmitten der romantischen Hügel des Chianti. Nicht die tolle Bewertung im »Gambero Rosso« (3 Gläser) für den »Chianti Classico« überzeugt, sondern auch die erfrischende, offene Gastfreundlichkeit. Dabei hat der Name der Gastgeber Mazzei schon einiges auf dem Buckel: 1398 zum ersten Mal in Bezug auf den Chianti erwähnt, im 18. Jh. pflanzte Filippo Mazzei im Auftrag von Thomas Jefferson die erste Weinrebe in Nordamerika, und der heutige Seniorchef war 20 Jahre lang Präsident des Konsortiums Chianti Classico.

Avignonesi. Ortsteil Fonterutoli in 53011 Castellina in Chianti, Tel. 0577 73571, www.fonterutoli.it

Giorgio Rocco vom Weingut »San Fabiano Calcinaia«

Oben: Der Weintresor des Mr. Sherwood, dem Besitzer von »Capannelle«, in Gaiole in Chianti
Mitte: Familie Mazzei vom »Castello di Fonterutoli« in Castellina in Chianti
Unten: Die »Fattoria Nittardi« in Castellina in Chianti legt Wert auf von Künstlern gestaltete Etiketten.

TOSKANISCHES WEINWUNDER

Hahn«), die Schutzmarke des Chianti Classico, bürgt für eine gewisse Qualität. Ein Literaturtipp für Weinliebhaber: Der Weinführer »Vini d'Italia«, auch »Gambero Rosso« genannt, erscheint jedes Jahr aktuell im Hallwag-Verlag.

Gute Güter

Da sich im Chianti-Gebiet alles um den Wein dreht, sollte man auch das ein oder andere Weingut besichtigen, um ein Gespür für das Lebensgefühl des Chianti zu bekommen. Besonders bieten sich für Weinverkostungen Betriebe wie die Fattoria Nittardi oder das Castello di Fonterutoli fünf Kilometer südlich an. Das Weingut ist seit 1453 im Besitz der Familie Mazzei (Via Ottone III n°5, Loc. Fonterutoli, Tel: 0577 73571, www.mazzei.it). Viele dieser Güter legen nicht nur größten Wert auf qualitativ hochwertige Weine, sondern lassen sie mit künstlerisch gestalteten Etiketten zu begehrten Sammlerstücken werden. Peter Femfert von der Fattoria Nittardi produziert zum Beispiel jedes Jahr 4000 Flaschen mit Kunstetiketten, die von Künstlern wie Rudolf Hausner, Friedensreich Hundertwasser oder Miguel Berrocal gestaltet wurden.

Ausflug nach Gaiole

Castellina in Chianti ist zwar die touristische Hochburg des Chianti-Gebiets, dies bedeutet aber nicht, dass man nicht an anderen Orten auch sein (Wein-)Glück finden kann! Vor allem ein Abstecher in das weniger bekannte Gaiole lohnt sich! Dort empfehlen sich vor allem die Weingüter Castello di Ama (Tel. 0577 746031, www.castellodiama.com) und die Azienda Agriada Montevertine (Tel. 0577 738009, www.montevertine.it), unter anderem mit Kunstwerken und Installationen großer Künstler bzw. mit Degustationen nach Herzenslust beim gebürtigen Deutschen Klaus Reimitz.

Castellina und der Chianti Classico

Adressen in Castellina

ESSEN UND TRINKEN

Albergaccio di Castellina. Egal ob Sie auf der romantischen Terrasse oder im urigen Restaurant Platz nehmen, hier sind Sie bestimmt gut beraten! Tauchen Sie in die Geschmäcker des Chianti ein. Die Preise sind gehoben, aber nicht abgehoben.
Via Fiorentina 63, Tel. 0577 741042,
www.albergacciocast.com

WEINVERKOSTUNG

Fattoria Nittardi. Auf dem Weingut des gebürtigen Deutschen Peter Femfert und seiner venezianischen Frau Stefania Canali gibt es nicht nur ausgezeichneten Wein, sondern auch vorzügliches Olivenöl. Bei Bedarf kann man hier auch Appartements mieten. Castellina in Chianti
Tel. 0577 740269, www.nittardi.com,
www.stefania-canali.de

Rocca delle Macìe. Eines der besten Weingüter der Chianti-Region mit Weinkostung und Verkauf. Es liegt 5 km südwestlich von Castellina.
Le Macie 45, Tel. 0577 7321,
www.roccadellemacie.com

ÜBERNACHTEN

Fizzano. Mit viel Liebe zum Detail gestaltete Appartements, ideal als Ausgangspunkt für Weintouren. Am Pool hat man eine bezaubernde Aussicht auf die leicht geschwungenen Hügel. Fizzano (6 km westlich von Castellina), Tel. 0577 7371,
www.riservadifizzano.com

Locanda La Capannuccia. In einem einsamen Tal, am Ende einer schmalen Schotterstraße, liegt dieses gemütliche Domizil. Ruhig und mit antiken Möbeln ausgestattet, bietet es Platz für höchstens zehn Gäste. Wer im Hotel auch essen möchte, gibt der freundlichen Gastgeberin einfach morgens Bescheid.
Borgo di Pietrafitta (2 km nördlich von Castellina)
Tel. 0577 741183, www.lacapannuccia.it

Hotel Salivolpi. Ein historisches Haupthaus und zwei modernere Nebengebäude bieten exakt so viel Platz, dass die Atmosphäre stets ruhig und angenehm ist. Die geschmackvoll eingerichteten Zimmer sorgen dafür, dass man am liebsten ein paar Tage länger bleiben möchte. Via Florentina 89, Tel. 0577 740484, www.hotelsalivolpi.com

Tenuta di Ricavo. Dieses außergewöhnliche Vier-Sterne-Hotel 1 km nördlich von Chianti besteht aus mehreren historischen Gebäuden. In den 1950er-Jahren ging es aus einer kleinen Siedlung hervor, die von ihren Bewohnern verlassen wurde. Rustikal eingerichtet, strahlt die wunderschöne Anlage stets Ruhe und Zufriedenheit aus. Auch dem dazugehörigen Restaurant sollte man einen Besuch abstatten.
Tel. 0577 740221, www.ricavo.com

INFORMATION

Via Ferruccio 26, Tel. 0577 741392,
www.essenceoftuscany.it

Klaus J. Reimitz »Montevertine«, Radda in Chianti

Mitte: Lichtkunst im Weinkeller der »Fattoria Petra«
Unten: In der »Supertuscan-Region« liegt von Suvereto liegt das Weingut »Petra« von Vittorio Moretti

TOSKANISCHES WEINWUNDER

39 Bolgheri
Die Wiege der Supertoskaner

Bolgheri – für immer in dunkelblauer Tinte in die Annalen der italienischen Literaturgeschichte getränkt. Der Dichter Giosuè Carducci gab der Stadt zehn Jahre lang alle Ehre und verliebte sich in die imposante Zypressenallee, die den Besucher idyllisch bis zum Kastell führt, in dem sich auch das Stadttor befindet. Der zeitgenössische Ruhm des Städtchens lässt sich allerdings mit zwei Worten zusammenfassen: Super Tuscans!

Den eigentlichen Charme Bolgheris mit seiner geschichtsträchtigen Atmosphäre und Naturverbundenheit erkannte im 19. Jahrhundert schon der italienische Literaturnobelpreisträger Giosuè Carducci: Er verewigte seine Wahlheimat in seinem Gedicht »Davanti San Guido«, worin er die berühmte Allee Bolgheris besonders hervorhebt. Er lebte an der kleinen Piazza bei der Strada Guidi und fand in Bolgheri zehn Jahre lang Inspiration für sein schriftstellerisches Tun, so gehört das

---

MAL EHRLICH!

NUR FÜR ENTHUSIASTEN

Zwar befindet man sich an der Wiege der Super Tuscans, doch leider sind die berühmten Weingüter wie Tenuta Ornellaia oder Tenuta San Guido kaum für Besucher zugänglich. Dadurch heben sich diese elitären Weingüter eher negativ von den Weinproduktionsstätten der Toskana ab, denn generell gilt: Was man hat, zeigt man und lässt man natürlich auch kosten. Die einzige Chance, sich den ganz Großen zu nähern, besteht durch eine frühzeitige Voranmeldung.

Bolgheri

Dörfchen heute zum literarischen Allgemeinwissen eines jeden Italieners. Sein Wohnhaus, an dem eine Tafel auf den Dichter hinweist, kann man leider nicht besichtigen, auf der Piazza Bionda Maria steht seine Büste.

Ein Gruß ans Mittelalter

An Sonn- und Feiertagen ist Bolgheri für den Autoverkehr gesperrt, sodass es noch authentischer wirkt. Im mittelalterlichen Dorfkern bieten viele, allerdings recht teure Läden Wein und weitere Mitbringsel an. Das Kastell im Stadttor und die romanische Chiesa di SS Giacomo e Cristoforo wurden beide im 19. Jahrhundert umgebaut. Während dies im Fall der Kirche zu einem etwas eigenartigen Stilmix aus Gotik und Neoklassizismus führte, profitierte das Kastell davon, denn es sieht bis auf den im 19. Jahrhundert angefügten Turm noch genauso aus wie im Jahr 1200 und wirkt heute wie aus dem Ei gepellt. Zur Festung, in der heute ein Hotel residiert (www.castellodibolgheri.eu), gehören auch ein kleiner Park im englischen Stil und großartige Ländereien, die sich über ein Gebiet von 130 Hektar erstrecken.

Das benachbarte Castiglioncello aus dem 10. Jahrhundert dominiert die Hügel zwischen Bolgheri und dem nahe gelegenen Castagneto. Leider ist es nur am 16. Juli im Rahmen eines großen Festes für die Öffentlichkeit zugänglich.

Durchbruch zum Spitzenwein

Das Jahr 1968 war wahrscheinlich das innovativste in der Geschichte des Weinbaus in Bolgheri, wenn nicht der ganzen Toskana: Man beschloss den italienischen Wein in französischen Eichenfässern (»Barrique«) auszubauen und schuf so den

AUTORENTIPP!

KLEINER ABSTECHER

Man sollte den Kopf nicht hängen lassen! Wer in Bolgheri nicht den richtigen Wein gefunden hat, hat ausgezeichnete Alternativen! Es gibt auch Güter, die hervorragende Qualität zu vernünftigen Preisen anbieten. Hier ist man herzlich willkommen und kann sich durch die edlen, aber bei Weitem nicht so teuren Tropfen kosten. Ein historisches Gutsgebäude gehört ebenso dazu, wie der wunderschöne Blick auf traumhaft geschwungene Weinberge.

Macchiole. Via Bolgherese 189a,
Tel 0565 766092
www.lemacchiole.it
Michele Satta. Casone Ugolino 23,
57022 Castagneto Carducci,
Tel. 0565 763894,
www.michelesatta.com
Grattamacco. Località Grattamacco,
57022 Castagneto Carducci,
Tel. 0565 763933,
www.agriturismo-grattamacco.com

Von Licht, Luft und Sonne verwöhnt – die Weinberge von »Ornellaia« in Bolgheri

TOSKANISCHES WEINWUNDER

bekanntesten italienischen Wein, den »Sassicaia«. Er wurde Symbol der neuen Weine, die auch als »Super Tuscans« beziehungsweise »Supertoskaner« bekannt sind und das bekannteste Aushängeschild italienischen Weins darstellen. Ende der 1960er-Jahre erblickte der erste Super Tuscan das Licht der Welt, ein Wein, der aus den Rebsorten Carbernet Sauvignon und Carbernet Franc zusammengesetzt ist. Schon bald folgten viele dem Beispiel des »Sassiacaia«, wie der »Ornellaia« (siehe rechte Seite). Die Meeresnähe, die unvergleichliche Hügellage und die langen Trockenperioden bis in den Herbst hinein ermöglichen in der Gegend um Bolgheri einen außergewöhnlich harmonische Reifeprozess, der sich auf das Endprodukt positiv auswirkt.

Die ganz Großen

Der renommierte Weinführer »Gambero Rosso« (»Vini d'Italia«, Hallwag-Verlag) lobt den bekanntesten aller italienischen Rotweine in den höchsten Tönen: »Er hat eine unvergleichliche, umhüllende, körperliche Art mit würzig fast rauchgetöntem Duft und ist intensiv, lang und elegant im Geschmack.« Wenn das nicht anspornt, seinen Ursprung in den Weinbergen um die Tenuta San Guido zu besuchen, doch auch die Tenuta Dell' Ornellaia ist mit ihrem 50 Hektar großen Weinberg und den schön renovierten historischen Gutshäusern ein lohnendes Ziel. Dort, wo die wilde Maremma beginnt und sich das milde Meeresklima mit der ungewollt perfekten Hügellandschaft zu einem einzigartigen Terroir verbindet, modelliert der Geschäftsführer und Agronom Leonardo Raspini jedes Jahr Weine, die auch international für Wirbel sorgen.

Oben und unten: Auf dem Weingut Ornellaia, Bolgheri – bei der Weinlese und Kunst am Bauzaun.

Bolgheri

Adressen in Bolgheri

ESSEN UND TRINKEN

Osteria Magona. In diesem gemütlichen Gasthaus innerhalb der Stadtmauern mit seinen karierten Tischdecken und Gerichten wie bei Mamma bekommt man ein authentisches Toskana-Feeling. Piazza Ugo 2/3, Tel. 0565 762173, www.castagnetoedintorni.it

La Taverna del Pittore. Bodenständige Taverne mit romantischer Atmosphäre. Der nett mit Blumen dekorierte Gastgarten ist das Herzstück des Betriebs – hier vergisst man schnell die Zeit. Largo Nonna Lucia 4, Tel 0565 762184, www.latavernadelpittore.it

Der Önologe Leonardo Raspini vom Weingut »Ornellaia« in Bolgheri

ÜBERNACHTEN

Il Chiassetto. Kleine Pension (Bed & Breakfast) innerhalb der Stadtmauern. Ein wenig kitschig eingerichtet. Via Lauretta 2, Tel. 0339 663 0171, www.ilchiassetto.com

Agriturismo Casale Nonna Carina. Der überaus freundliche Agriturismo-Betrieb liegt inmitten eines großen Olivenhains und besitzt einen großen Swimmingpool – beste Gelegenheit zum Relaxen! In den freundlichen, hellen Zimmern fühlt man sich gleich wie zu Hause. Ortsteil Osteria Vecchia 146 c, Tel. 0565 749643, www.agriturismoosteriavecchia.com

WEINGÜTER

Tenuta San Guido. Die Wiege der Super Tuscans: Hier wird der berühmteste Wein Italiens, der »Sassicaia«, gekeltert. Man kann das wie aus dem Ei gepellte Gut nur auf Voranmeldung besichtigen, die Preise sind horrend! La Capanne 27, Tel. 0565 762003, www.sassicaia.com

Tenuta Dell Ornellaia. Der Ornellaia Bolgheri DOC gehört zur Oberliga der Weine. Der 50 Hektar große Weinberg beeindruckt mit seiner Pracht und Gleichmäßigkeit. Besichtigung der Kellerei nur bei Voranmeldung möglich. Preislich hat der »Ornellaia« fast mit dem »Sassicaia« gleichgezogen. Via Bolgherese 191, Tel. 0565 718242, www.ornellaia.it

Ca' Marcanda. Die 9000 Quadratmeter große Kellerei wurde nach Plänen des Architekten Giovanna Bo erst vor wenigen Jahren fertiggestellt. Via Fiorentina 63, Tel. 0577 741042, www.albergacciocast.com

LITERATURTIPP

Italienische Lyrik. 50 Gedichte, herausgegeben von Jürgen von Stackelberg, Reclam Verlag. Hier kann man das oben erwähnte Gedicht von Carducci nachlesen, in dem Bolgheri eine wichtige Rolle spielt.

Mario Bottas Architektur im Fasskeller von »Petra«

TOSKANISCHES WEINWUNDER

40 Montalcino
Brunello und andere Weine

Das malerische Winzerstädtchen thront hoch über den Hügeln südlich von Siena. Allein der bezaubernde Blick über die Täler der Flüsse Asso, Ombrone und Arbia mit ihren silbrig strahlenden Olivenhainen und pittoresken Dörfern ist einen Abstecher wert. Nach einem Rundgang durch die steilen, mittelalterlichen Gassen sollte man in der massiven Fortezza di Montalcino unbedingt die regionalen Weine probieren.

In dem eher unscheinbaren Bergdorf hoch über dem Val d'Orcia lässt es sich herrlich bummeln, wennschon den Wadenmuskeln durch die Hanglage einiges abverlangt wird. Um das ständige Auf und Ab in der 5100-Seelen-Gemeinde besser durchzustehen, sollte man zum Schluss des Rundgangs die Festung besichtigen, in der man quasi als Belohnung den berühmten Wein Montalcinos

Mitte: Sonnenuntergang über den Brunello-Weinbergen bei Montalcino
Unten: Weingüter des Castello BANFI rund um Castello di Poggio

---

MAL EHRLICH!

BRUNELLO-MASSENTOURISMUS

Die typisch amerikanische Erfolgsgeschichte rund um den US-Amerikaner Giovanni Banfi, der Anfang des 20. Jahrhunderts mit dem Import von toskanischem Wein ein Vermögen gemacht hat, ist wahrlich berührend und mitreißend. Sie beschert Montalcino aber auch Scharen von US-Touristen, die zumeist mit Bussen direkt von Rom aus zum Weingut der Banfis nahe Montalcino gekarrt werden. Wenn man die Toskana lieber abseits der – hier vor allem amerikanischen – Massen kennenlernen möchte, sollte man lieber einen Bogen um das Castello Banfi machen.

Montalcino

probieren kann. 1361 – wurde die ausgezeichnet erhaltene Bilderbuchfestung errichtet, denn die ehemalige »Republik von Siena in Montalcino« war eine der letzten Bastionen gegen Florenz, nachdem Siena gefallen war. Wer möchte, kann den Festungswall besteigen, allerdings hat man in etwa den gleichen Ausblick wie im Innenhof. Piazzale Fortezza, Apr.–Okt. 9–20 Uhr, Nov.–März 10–18 Uhr.

Reizvoller Spaziergang durch die Gassen

Der Ort, der von 1559 bis zum Eintritt ins vereinigte Italien unter der Herrschaft der Medici stand, hat einige schöne Bauten zu bieten. Bei der Fortezza im Süden stellt man das Auto ab und spaziert Richtung Norden in die Via Ricasoli zum Museo Civico e Diocesano (Tel. 0577 848135, Di-So 10–13 Uhr, 14–17.50 Uhr). Im ehemaligen Konvent werden unter anderem Gemälde von Bartolo di Fredi und eine Bibel aus dem 12. Jahrhundert ausgestellt. Die benachbarte Chiesa di Sant'Augustino wurde im 14. Jahrhundert erbaut

AUTORENTIPP!

EIN KLEINER WEINAUSFLUG
Fährt man von Montalcino Richtung Grosseto, verlässt man die Haupttouristenpfade spätestens dann, wenn man das Castello Banfi passiert hat. Abseits der Wein liebenden Massen werden auch die Güter und die produzierten Mengen kleiner. Im Weingut Poggione kostet man den hervorragenden »Brunello di Montalcino Riserva« oder probiert den hauseigenen Grappa. Auch das hauseigene Olivenöl ist ein Gedicht. Gleiches gilt für das Gut Lisini, dessen weltweite Anerkennung stetig wächst.

Poggione. Sant' Angelo in Colle, Tel. 0577 844029, www.tenutailpoggione.it
Azienda Agraria Lisini. Sant' Angelo in Colle, Tel. 0577 844040, www.lisini.com

Von der Brunello-Hauptstadt Montalcino aus bietet sich ein Panoramablick auf die Umgebung.

Oben: Der italienische Künstler Sandro Chia gestaltete die Fassade des Weinkellers von Castello Romitorio in Montalcino.
Mitte: Im Glasmuseum des Castello di Poggio alle Mura
Unten: Alte Tür in Montalcino

TOSKANISCHES WEINWUNDER

und hat eine zweigeteilte Fassade: Den unteren Teil dominiert ein Portal, das mit Zinnen und stilisierten Blättern verziert ist, den oberen schmückt eine Rossette. Die Wände im Inneren schmücken Fresken von Sieneser Künstlern mit Szenen aus der Passion Christi und dem Leben des heiligen Antonius.

Ein paar Meter weiter, in der Via Spagni, befindet sich der Dom aus dem 14. Jahrhundert, der im 19. Jahrhundert leider neoklassizistisch umgestaltet wurde. Folgt man der Costa Soagni nach Osten und biegt dann rechts in die Via Mazzini ab, kommt man auf die weitläufige Piazza del Popolo mit dem Rathaus. In den kleinen Lädchen dort wird Stöbern und Entdecken großgeschrieben. Vor allem aber sollte man eines nicht versäumen: seinen persönlichen »Brunello« zu erstehen.

Brunello di Montalcino

Im südlichsten Teil des Chianti-Gebiets heißt die typische Rebsorte Sangiovese Brunello, und damit der Wein ebenso heißen darf, muss er zu 100 Prozent aus dieser lokalen Traube bestehen. Erfunden wurde der Wein von der Familie Biondi-Santi in den 1960er-Jahren, heute stellen etwa 250 Erzeuger den üppigen und äußerst beliebten Rotwein her. Vor allem die südliche Lage und die mageren Böden ermöglichen die Herstellung der konzentrierten und besonders langlebigen Weine. Dass der Brunello so viel kostet, liegt wohl auch daran, dass das Anbaugebiet so eng begrenzt ist: Auf nur 26 Quadratkilometern werden pro Jahr 350 000 Kisten Brunello erzeugt, was in etwa dem Ausstoß einer einzigen mittelgroßen Kellerei entspricht. Der kleine Bruder des Brunello, der »Rosso di Montalcino«, unterliegt übrigens weniger Vorgaben und ist preiswerter, schmeckt aber trotzdem ausgezeichnet.

Montalcino

Stadtrundgang Montalcino

Ⓐ Fortezza
Am höchsten Punkt Montalcinos steht die Festung, die die ganze Stadt dominiert. In der Enoteca kann man Weine aus der Region verkosten. Piazzale Fortezza, Tel. 0577 849211.

Ⓑ Museo Civico e Diocesano
In dem Museum, das im ehemaligen Konvent der Chiesa di Sant'Agostino unterbracht ist, wird überwiegend sakrale Kunst gezeigt. Via Spagni 4, Tel. 0577 848135.

Ⓒ Chiesa di Sant' Augustino
Die Kirche aus dem 14. Jh. besitzt schöne Fresken von Sieneser Künstlern.

Ⓓ Dom
Eine neoklassizistische Renovierung im 19. Jh. hat den Dom einiges an Schönheit gekostet. Ursprünglich wurde der Bau von Papst Pius II im Jahr 1462 veranlasst.

Ⓔ Piazza del Popolo
Hier gibt es ein beliebtes Suchspiel: Wer findet das Rathaus als Erster? Es ist nämlich so schmal, dass man es sehr leicht übersieht.

Adressen in Montalcino

ESSEN UND TRINKEN

Taverna dei Barbi. Rustikales Ambiente und Hausmannskost. Dazu sollte man einen »Brunello« bestellen. Loc. Podernovi 170 (im Süden der Stadt), Tel. 0577 847117, www.fattoriadeibarbi.it

Taverna il Grappolo Blu. Hier wird der »Brunello« nicht nur getrunken, sondern auch die Gerichte mit ihm verfeinert. Preise gehoben, dafür stimmt das Ambiente. Scale di Via Moglio 1, Tel. 0577 847150.

ÜBERNACHTEN

Hotel Vecchia Oliviera. In ehemaliger Olivenmühle. Die Aussicht ist sensationell, die Preise sind in Ordnung. Angolo Via Landi 1, Tel. 0577 846028, www.vecchiaoliviera.com

Hotel Il Giglio. Familienbetrieb im ältesten Hotel der Stadt. Bucht man ein Doppelzimmer, ist der Panoramablick im Preis inbegriffen. Via Soccorso Saloni 5, Tel. 0577 848267, www.gigliohotel.com

Hotel dei Capitani. Nettes Mittelklassehotel. Zimmer unterscheiden sich aber in Größe und Aussicht. Via Lapini 6, Tel. 0577 847227, www.deicapitani.it

WEINGÜTER

Castello Banfi. Fast 3000 ha gehören zum Anbaugebiet, aus denen zehn Rotweine, drei Weißweine und ein Dessertwein gekeltert werden. Doch auch Olivenöl, Balsamico und Grappa werden verkauft. Montalcino, Tel. 0577 840444, www.banfi.com

Castello Romitorio. Der Weinkeller gehört dem Künstler Sandro Chia, der zwischen Rom, New York und Montalcino pendelt. Im Jahr produziert er 150 000 Flaschen, der Star ist der »Brunello di Montalcino«. Loc. Romitorio 279, Tel. 0577 847212, www.castelloromitorio.com

INFORMATION

Costa del Municipio 1, Tel. 0577 849331, www.prolocomontalcino.it

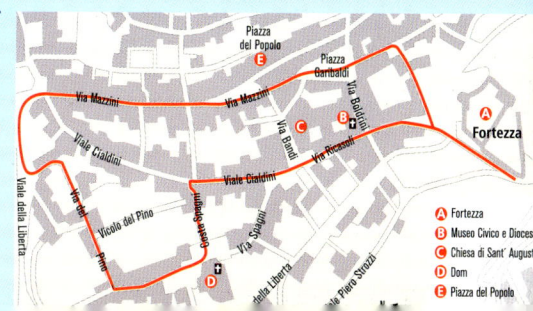

Ⓐ Fortezza
Ⓑ Museo Civico e Dioces
Ⓒ Chiesa di Sant' August
Ⓓ Dom
Ⓔ Piazza del Popolo

TOSKANISCHES WEINWUNDER

41 Greve in Chianti
Genuss in jedem Winkel

Zwischen den malerischen Hügeln mit silbernen Teppichen aus Olivenbäumen, stolzen Zypressenfamilien und sonnenverbrannten Bauernhäusern liegt die Kleinstadt Greve eingebettet. Ihrem Marktplatz wird man mit der Bezeichnung »gute Stube« absolut gerecht: Die malerischen Häuschen mit ihren Arkaden, in denen viele Läden und Trattorien regionale Spezialitäten anbieten, könnten ohne Probleme als Kulisse für einen italienischen Heimatfilm aus den 1950er-Jahren dienen. Hier verläuft der Alltag ruhig und gemächlich, man ist bedacht auf gutes Essen, ausgezeichneten Wein und exzellentes Olivenöl.

Greve macht seiner Mitgliedschaft bei *Cittàslow*, einer Vereinigung, die auf die Slowfood-Bewegung zurückgeht, alle Ehre, denn hier läuft der Alltag ruhig ab, man ist bedacht auf gutes Essen, ausgezeichneten Wein und exzellentes Olivenöl. Dennoch weht der Hauch der großen weiten Welt durch die Gassen Greves. Der berühmteste Sohn der Stadt, Giovanni da Verrazzano (1485–1528), entdeckte einst die New York Bay. Auf dem Marktplatz ist ihm ein Standbild gewidmet, das den Seefahrer in heroischer Pose zeigt. Sein Geburtshaus befindet sich drei Kilometer nördlich der Stadt: Im Castello di Verrazzano zehrt man allerdings nicht nur von der heroischen Vergangenheit, sondern zelebriert die toskanische Lebensfreude und Fruchtbarkeit mit qualitativ hochwertigen Produkten wie einem eigenen »Chianti Classico«, »Vin Santo« (dem klassischen Dessertwein der Region Toskana) und Grappa sowie Ho-

Mitte: Angelo Gaja vom »Ca' Marcanda«-Weingut in Castagneto Carducci
Unten: Im Weinkeller von »La frateria di Padre Eligio«, Cetona Convento San Francesco

Greve in Chianti

Mannschaft des Ristorante »Al Chiasso dei Portici«, Radda in Chianti. Fast alle 250 Weine der Karte stammen aus der Region.

nig, Olivenöl und Balsamico-Essig. Sowohl die Kellereien als auch die weitläufigen, mit Eichen und Buchen bepflanzten Gärten sind zur Besichtigung freigegeben. Via San Martino in Valle 12,
Tel. 0558 54243, www.verrazzano.com

Hier geht's um die Wurst

Ein zweiter klingender Name, der unweigerlich mit Greve in Verbindung gebracht wird, ist Falorni, denn schon seit 1729 ist die Antica Macelleria Falorni für ihre ausgezeichneten Wurstwaren bekannt. Zu einem Gläschen Chianti Classico kostet man vom toskanischen Schinken der Cinta-Senese-Schweine, von der Finocchiona (Salami mit Fenchelsamen) oder auch Bestecca Fiorentina (Beefsteak auf Florentiner Art) allerbester Qualität (s. S. 233). Wer nach diesem Genuss eine kleine Wanderung beziehungsweise einen Verdauungsspaziergang unternehmen möchte, dem sei ans Herz gelegt, die drei Kilometer Richtung Westen zum Castello di Montefioralle zu gehen, einem mittelalterlichen Bergdorf mit romanischer Kirche und netten Caffès. Der Weg beginnt in der Via del Buondelmonti.

AUTORENTIPP!

WEINFEIER!
Das traditionelle Weinfest findet jedes Jahr in der ersten und zweiten Septemberwoche statt. Auf der von Arkaden gesäumten Piazza Matteotti wird in den Restaurants, Geschäften und Bars die Weinlese gefeiert. Wer also in diesem Zeitraum in der Nähe von Greve ist, sollte sich dieses lebensfrohe Spektakel auf keinen Fall entgehen lassen!

Vino Nobile di Montepulciano: Der Avignonesi der Familien Falvo aus Grechetto-Trauben gehört mehrfach zur toskanischen Elite.

TOSKANISCHES WEINWUNDER

Weinprobe in der Idylle

Doch auch die Cantine di Greve in Chianti sind ein echter Genussklassiker. Hier würde man am liebsten alle Geschmackskreationen der Chianti-Winzer durchkosten, bekommt man doch vor Ort den besten Überblick über die 140 verschiedenen Weine des Chianti. Man kauft sich eine Weinkarte, die in Format und Funktion einer Kreditkarte ähnelt und steckt diese dann in eines der Fässer mit den verschiedenen Weinen beziehungsweise mit dem Grappa oder dem Vin Santo, und schon füllt sich das Glas. Ein kleines Weinmuseum erläutert alles Wissenswerte rund um den großen Chianti Classico. Für Weininteressierte ein Muss! Piazza delle Cantine, Tel. 055 8546404, 10–19 Uhr, www.lecantine.it

Chianti Classico

Der einfache Chianti Classico darf sich nur so nennen, wenn er zu 80 Prozent aus den Sangiovese-Trauben besteht, außerdem wird er erst am 1. Oktober im Jahr nach der Lese freigegeben. Wer etwas Feineres bevorzugt, sollte den »Riserva« probieren, dieser reift bis zu 18 Monate in kleinen französischen Eichenfässern zu seiner vollen Note heran. Im Allgemeinen sind die Chianti-Weine für ihren fruchtigen, saftigen Geschmack und den typischen Duft nach Veilchen sowie dunklen Früchten bekannt. Mehr Informationen über den Chianti im Kapitel 38 Castellina ab Seite 218.

Im Chianti unterscheiden sich die Weine oft stark im Charakter. Diese Unterschiede sind durch die verschiedenen Böden und Höhenlagen bedingt. Im Norden in der Region San Casciano oder Greve sind die Weine feingliedriger, wer lieber muskulösere Nuancen am Gaumen spüren möchte, sollte sich mit den Weinen aus Castellina, Gaiole, Radda oder Castelnuovo Beradenga anfreunden.

Oben: Harmonie in Grün – Weinberge und Zypressen
Mitte: Szenen aus Greve in Chianti – Das Standbild des Giovanni di Terrazano auf der Piazza Matteotti
Unten: Plausch vor der bekannten Macelleria Falorni, eine der besten Metzgereien der Toskana

Greve in Chianti

Adressen in Greve in Chianti

ESSEN UND TRINKEN

Mangiando Mangiando. Gemütliches Bistro mit wuchtigen Holztischen, das Platzangebot ist leider sehr begrenzt, also ist eine Reservierung empfehlenswert. Piazza Matteotti 80, Tel. 0558 546372, www.mangiandomangiando.it

La Novella. Am Beginn der Ortschaft Pian del Quarto steht ein Bauernhaus mit dem Schild »Fattoria La Novella«, das auf einen Familienbetrieb hinweist, in dem jeder Gast mit offenen Armen empfangen wird. Die Fahrt dorthin zahlt sich in jedem Fall aus, denn sitzt man erst einmal im Restaurant, weiß man gar nicht, welchen Leckerbissen man zuerst probieren soll. Empfehlenswert ist das Menü – bis hin zum Vin Santo als Dessert ein einziger Genuss! Via Musignano 1, Ortsteil Pian del Quarto San Polo, Tel. 0558 855195.

ÜBERNACHTEN

Castello di Lamole. Schlossartige Anlage über dem Greve-Tal mit großzügigem Garten und Schwimmbad – alles ist sehr stilvoll und trotzdem irgendwie urig und gemütlich. 9 km südöstlich von Greve gelegen, Tel. 055630498, www.castellodilamole.it

Villa Vignamaggio. 5 km südlich von Greve liegt dieses extravagante Anwesen, das auf eine lange Geschichte zurückblickt. Angeblich wurde sogar Mona Lisa hier geboren, denn die Tochter der Familie, die zu Leonardo da Vincis Zeiten hier wohnte, war vermutlich sein Modell. Die Shakespeare-Verfilmung von »Viel Lärm um Nichts« (1993) von Kenneth Branagh wurde hier gedreht. Die Apartements und Häuser für Selbstversorger sind sehr stilvoll eingerichtet. Auf dem Gut werden auch Wein und Grappa hergestellt: Via Petriolo 5, Tel. 0558 54661, www.vignamaggio.it

EINKAUFEN

Antica Macelleria Falorni. Diese einzigartige Fleischerei hat sich schon seit dem 18. Jh. auf die Produktion ausgesprochen guter Würste spezialisiert. Piazza Giacomo Matteotti 66-71, Tel. 0558 53029, www.falorni.it

INFORMATION

Piazza Matteotti 11, Tel. 0558 546287, www.greve-in-chianti.info

Künstlerisch gestaltete Etiketten

TOSKANISCHES WEINWUNDER

42 Pienza
Päpstliche Renaissance-Pracht

Schiefe Kirchen, wie der altehrwürdige Dom Santa Maria, ein Papst, der den Plan hat, ein ganzes Dorf umzugestalten, und jede Menge Pecorino – das gibt es nur in der 2300-Einwohner-Gemeinde Pienza. Die Idealstadt der Renaissance ist heute ein idyllisches toskanisches Dorf mit Feinschmecker- und Spezialitätengeschäften im Miniformat an jeder Ecke. Nicht nur Käsefreunde werden hier ihre helle Freude haben.

Auf dem Weg von Montepulciano nach Westen, ins Orcia-Tal und nach Montalcino, kommt man unweigerlich am kleinen Pienza vorbei, doch nur wenige halten dort an – leider! Hier gibt es nämlich allerhand zu sehen, vor allem eine geschlossene Renaissance-Architektur, die daher rührt, dass das Zentrum der Stadt sozusagen auf dem Reißbrett entworfen wurde. Niemand Geringerer als Papst Pius II. verfügte im 15. Jahrhundert über den Umbau des Ortskerns im prächtigen Renaissance-Stil, womit er seinen Geburtsort verschönern wollte. Obwohl sein Plan nicht ganz vollen-

Mitte und unten: In der Piccolomini-Stadt Pienza lässt sich der intime Charme der Renaissance noch erleben, egal ob an der (überraschend kleinen) Piazza Pio II (Mitte) oder in den Seitengassen bei einem kleinen Brunnen (unten).

> ### MAL EHRLICH!
> **NICHT NUR ALS ZWISCHENSTOPP**
> Viele halten in Pienza nur kurz an, weil sie eigentlich nach Montalcino oder Montepulciano wollen. Damit entgeht ihnen die fast einmalige Chance, ein charmantes und außergewöhnliches Dörfchen kennenzulernen, das nicht so überlaufen ist wie die bekannteren Städte. Warum weiterhetzen, anstatt über Nacht in einem der charmanten Hotels abzusteigen?

Pienza

det wurde, zieht die einzigartige Stadtanlage nicht nur Architekturfreunde in ihren Bann. Bei einer 360-Grad-Drehung an der Piazza Pio II ist der Betrachter von einzigartigen Baudenkmälern der Renaissance umgeben, die faszinierenderweise in einer Zeitspanne von nur drei Jahren förmlich aus dem Boden gestampft wurden. Typisch für das Renaissance-Zeitalter ist das Spiel mit der Perspektive: So wurden die den Dom flankierenden Palazzi Borgia und Piccolomini im spitzen Winkel zur Kirche platziert, um die Würde des größeren Gebäudes zu betonen.

Il Duomo

Die Fassade des Doms ist etwas eigenwillig und hebt sich durch den Travertinstein von den übrigen Gebäuden ab. Von Säulen und Bögen gegliedert, prangt im Giebel der vermutlich durch Alberti inspirierten Fassade das Wappen des päpstlichen Auftraggebers. Besonders faszinierend sind die über beide Geschosse gezogenen Blendarkaden. Durch eine Päpstliche Bulle, die jegliche Änderung verbot, steht der heutige Besucher vor einer Kirche, die im Prinzip völlig identisch ist mit der aus dem späten Mittelalter. Der Dom wurde im 15. Jahrhundert auf den Mauern der romanischen Kirche Santa Maria erbaut. Im Inneren der dreischiffigen Hallenkirche herrscht ein fast bizarrer Mix aus Gotik und Renaissance: Der große helle Raum trägt die Handschrift der Renaissance, wobei die Gotik nur dekorativ auftritt. Fünf Gemälde von zeitgenössischen Sieneser Künstlern zieren den Altar. Durch den weichen Stand des Querschiffs und der Apsis scheint das hintere Ende der Kirche abzubrechen, wovon die großen Risse an den Wänden und im Boden zeugen.

AUTORENTIPP!

LA FIORELLA

Vor diesem Restaurant parkte einst die Kutsche von Papst Pius II. Heute wird auf den 8 qm der Küche toskanischer Küchenzauber betrieben! Die Pici (eine spezielle Pasta) von Mamma Fiorella und ihrer Schwiegertochter Paula sind weit über die Stadtgrenzen berühmt: Pici al ragù di Fiorella ist wirklich der Renner!

La Fiorella. Via Condotti 11, Tel. 0578 749095

Angelo und Mauro von der »Trattoria da Fiorella«

TOSKANISCHES WEINWUNDER

Stadt des Pius

Papst Pius II. (1405–64) war nicht nur auf dem Gebiet der Stadtplanung seiner Zeit voraus: Der als Enea Silvio Piccolomini in Pienza geborene Kirchenführer hatte eine bewegte Vergangenheit. Er war weit gereist, verfasste sowohl komische als auch erotische Geschichten und wirkte unter anderem als Hofdichter und Diplomat. Pius II. wollte seinen Geburtsort unbedingt aufwerten und beauftragte deshalb den Architekten Bernardo Rossellino mit der Planung der repräsentativen Piazza Pio II. Seit dieser Verschönerungskur bezeichnet man Pienza auch als die »Stadt des Pius«.

Die Höhepunkte des Stadtrundgangs liegen alle an der Piazza Pio II.: Der Palazzo Piccolomini verbirgt hinter seiner stimmungsvollen Renaissance-Architektur das Schlafgemach von Papst Pius II. sowie seine Bibliothek. Mit seiner Travertinfassade hebt sich der Dom vom restlichen Gebäudeensemble ab. Das Museo Diocesano im Palazzo Borgia zeigt eine Kunstausstellung, die von flämischen Wandteppichen (16. Jahrhundert) über Tafelbilder aus dem 14. Jahrhundert bis zu Miniaturen viel für geschichtlich Interessierte bietet.

Feinschmeckerkäse

Alle Bewohner Pienzas scheinen Gourmets zu sein, denn zahlreiche Geschäfte bieten feinsten Käse, herrliche Fleisch- und Wurstwaren sowie beste Konserven feil. Doch die Hauptrolle in Pienza spielt der Schafshartkäse Pecorino: In drei Reifestufen und mit Safran oder Paprika hergestellt, wird er am liebsten mit Feigenkonfitüre genossen. Eine absolute Spezialität!

Oben: Der Dom in Pienza, erbaut 1459 bis 1462, trägt noch gotische Züge.
Mitte: Pienza ist bekannt für exquisiten Schafskäse, am besten schmeckt dazu Feigenkonfitüre.
Unten: Von Pienza aus reicht der Blick über grüne Wiesen hinweg bis zum Monte Amiata im Hintergrund.

Pienza

Stadtrundgang Pienza

Ⓐ Palazzo Piccolomini
Hier erhält man einen guten Eindruck von den gestalterischen Ambitionen von Pius II. Das päpstliche Schlafgemach und die Bibliothek können besichtigt werden. Piazza Pio II, Tel. 0578 748503, Di–So 10–12.30, 15–18 Uhr.

Ⓑ Dom
Hinter der Renaissance-Fassade aus Travertin findet man eine Mischung aus Gotik und Renaissance. Tägl. 8.30–13 und 14.15–19 Uhr.

Ⓒ Museo Diocesano/Palazzo Borgia
Die erstaunliche Mischung aus Kunst, Wandteppichen und Miniaturen lohnt den Besuch. Corso il Rosselino 30, Tel. 0578 749905, März–Okt., Mi–Mo 10–13, 15–19 Uhr, Nov.–Feb. nur Sa/So.

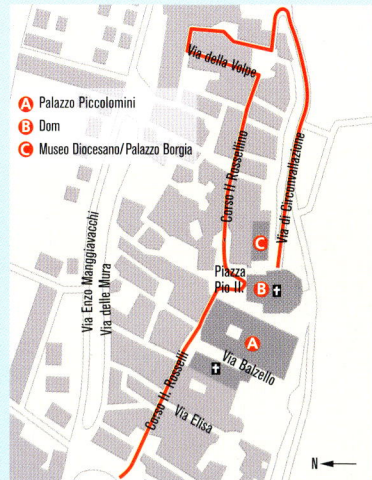

Adressen in Pienza

ESSEN UND TRINKEN

La Buca delle Fate. Nobles Restaurant mit kleiner, aber feiner Speisekarte. Lassen Sie unbedingt noch Platz für eines der vorzüglichen Desserts! Corso il Rossellino 38a, Tel. 0578 748272.

Trattoria Latte di Lune. Die Sensation ist nicht die gute bodenständige Küche, sondern der Papagei, der die Gäste unterhält. Eine Spezialität ist das selbst gemachte Haselnusseis. Via San Carlo 6, Tel. 0578 748606.

ÜBERNACHTEN

Il Chiostro di Pienza. Der Umbau des ehemaligen Klosters samt Kreuzgang in ein Luxus-Hotel ist gelungen. Vom Pool aus genießt man eine traumhafte Aussicht, im Sommer gibt's sogar Frühstück im Garten. Corso Rossellino 26, Tel. 0578 748400, www.relaisilchiostrodipienza.com

Relais La Saracina. Charmantes Domizil für Romantiker, die gerne mal ein wenig mehr ausgeben: mit Allee, Olivenbäumen, Baldachinbetten und einem Frühstück unter Zitronenbäumen. Tel. 0578 748022, www.lasaracina.it

Oliviera Camere. Angenehme Pension in einer ehemaligen Olivenmühle. Via Condotti 4b, Tel. 0578 748274, www.nautilus-mp.com/oliviera

Il Giardino Segreto. Ruhige Doppelzimmer der gehobenen Mittelklasse mit üppigem Garten. Via Condotti 13, Tel. 0578 604452, www.cretedisiena.com/Giardino_Segreto

EINKAUFEN

Club delle Fattorie. Typischer italienischer Feinkostladen, bei dem man von Deutschland, Österreich und der Schweiz aus auch seine Lieblingsleckereien bestellen kann. Den Katalog kann man schriftlich bei folgender Adresse anfordern: Via del Cancellino 6, Tel. 0578 748419.

INFORMATION

Corso il Rossellino, Tel. 0578 749905, www.pienza.com

THERMEN-REGION

43 Bagno Vignoni
Die Mutter aller Thermen **240**

44 Chiusi
Wo die Etrusker ruhen **246**

45 Quellen von Satúrnia
Geselliges Bad in den Kalkterrassen **250**

46 Bagni San Filippo und Radicofani
Bad auf dem Vulkan **254**

47 San Quirico d'Orcia
Typisch Toskana **258**

48 Castiglione d'Orcia
Magische Bilderbuchlandschaft im Naturpark Orcia **262**

49 Chianciano Terme
Vier Quellen und zwei Herzen **264**

50 Pitigliano
Klein Jerusalem **270**

THERMENREGION

43 Bagno Vignoni
Die Mutter aller Thermen

Auf den ersten Blick vermutet man eine Naturkatastrophe: Wurde der kleine Ort überschwemmt und will das Wasser partout nicht absickern? Doch das viele Wasser im Zentrum erfüllt hier seinen bestimmten Zweck. Statt eines gepflasterten Hauptplatzes mit Kaiserbüste handelt es sich nämlich um ein großes Thermalbad, das prächtige Renaissance-Gebäude umrahmen. Hier versammelte sich jahrhundertelang eine illustre Badegesellschaft und pflegte neben dem Körper auch die Geselligkeit.

Beim Baden kommen die Leute zusammen

»Oh ihr Najaden, die ihr in jenen heißen Dämpfen wohnt und das immer währende Feuer zwischen den Wellen entfacht und mit eurem ewigen Fließen die Leidenden vor dem hassenswerten Tod be-

Vorangehende Doppelseite: Hotel Adler Thermae in Bagno Vignoni
Mitte: Die Thermalbecken von Bagno Vignoni mitten im Dorf
Unten: Schon die Etrusker und später die aristokratischen Römer erkannten die heilende Wirkung des Wassers von Bagno Vignoni.

MAL EHRLICH!

DOCH LIEBER AUF EIGENE FAUST?

Bitte nicht enttäuscht sein: Die Gelbfärbung des Thermalwassers im Becken von Bagno Vignoni ist wirklich gewöhnungsbedürftig und als wohlriechend kann man es auch nicht unbedingt bezeichnen! Das neue Becken ein paar Meter weiter unten bietet keine ideale Ausweichmöglichkeit, denn es ist oft überfüllt. Was soll man also tun, um sich den berühmten Badespaß von Bagno Vignoni zu sichern? Mein Tipp: Auf eigene Faust die umliegenden Feldwege und Waldgebiete in Richtung Süden abfahren, denn dort findet man einige sprudelnde Heilschlammlöcher, in denen man baden kann.

Bagno Vignoni

wahrt, ich grüße euch, und ihr stiftet Wasser in reichen Mengen. Fließt anmutig dahin, ihr guten Quellen, und überbringt den Kranken mit eurem Fluss die Gesundheit und bereitet den Gesunden ein höchst wohl tuendes Bad.« So formulierte Lattanzio Tolomeo Senese, Literat und 1500–1548 Botschafter Sienas in Rom, im 16. Jahrhundert auf Altgriechisch. Heute findet man diese Botschaft in der Loggiato di Santa Caterina eingemeißelt, einem der repräsentativen Renaissance-Paläste am Hauptplatz von Bagno Vignoni.

Man sieht – das Kuren hat hier lange Tradition: Schon die Etrusker entspannten ihre Glieder im Thermalwasser, doch die Blütezeit setzte erst mit der Herrschaft der Römer ein, die das Thermenwesen institutionalisierten. Selbst im Mittelalter wurde intensiv gekurt, und es kamen nicht nur Pilger, sondern auch hohe Persönlichkeiten wie Kardinäle oder Kaiser. In dem großen Becken von Bagno Vignoni tauschte man sich jahrhundertelang über Politik und Tagesgeschehen aus. Hier verliebten und entliebten sich Menschen, begannen Freundschaften und politische Karrieren, vor allem aber genossen die Badenden die Atmosphäre, mitten am Dorfplatz in dampfend heißem Wasser zu sitzen. Erst in den 1980er-Jahren wurde das öffentliche Bad aus Hygienegründen untersagt, sodass die uralte Badetradition nun hinter den geschlossenen Türen der Kurhotels weitergeführt wird.

Bei den Ruinen am Ortseingang gibts es kleine Kanäle mit Thermalwasser. Diese Konstruktion stammt aus dem 17. Jahrhundert, viele ihrer Bestandteile sind heute im archäologischen Nationalmuseum in Siena zu besichtigen. Zu diesem Zeitpunkt war Bagno Vignoni ein sehr populärer Stopp auf der Frankenstraße (Via Francigena): Kaum ein anderer Ort am Weg hatte eine ähnlich aufregende Attraktion zu bieten, die erholsam und unterhaltsam zu-

AUTORENTIPP!

IN DIE HERZEN DER EINWOHNER

Die Osteria del Leone im Herzen des kleinen Bagno Vignoni war bis vor einiger Zeit ein alteingesessenes Lokal und beliebt bei allen Einwohnern. Das änderte sich, als vier junge Menschen aus verschiedenen Teilen der Welt beschlossen, es zu übernehmen. Naserümpfend mieden die Bewohner ihr ehemaliges Stammlokal. Was weiß ein Franzose schon über italienischen Wein, und eine Engländerin kann doch bestimmt nicht kochen – so lauteten die Vorbehalte. Doch kommt Zeit, kommt Hunger, und so verirrten sich die Einheimischen nach und nach wieder in die Osteria – und siehe da: Die beiden toskanischen Köche Andrea Bazzani und Adriano Bonavita konnten die skeptischen Gäste überzeugen. Über kurz oder lang konnten auch der Barmann Edgar Helle und seine Gattin Rebecca Johns überzeugen. Somit wurde die Osteria del Leone wieder zum Lieblingslokal ausgerufen, was für Gäste bedeutet, dass man unbedingt reservieren sollte, will man hier einen Tisch ergattern.

Osteria del Leone.
Piazza del Moretto,
Tel. 0577 887300.

THERMENREGION

Oben: Die Adler Thermae in einem ehemaligen Travertin-Steinbruch mit eigener Thermalquelle
Mitte: Mittelalterliche Dächer
Unten: Im Thermalwasser spiegelt sich der Dorfplatz von Bagno Vignoni wider.

gleich war. Denn nach dem Baden ging es weiter in die zahlreichen Gasthäuser, die sich um das Bassin angesiedelt hatten.

Das Wasser

Das 52°C heiße Heilwasser kommt aus etwa 1080 Metern Tiefe und weist einen hohen Gehalt an Mineralien auf. Außerdem enthält es Kalziumkarbonat und -sulfat und hilft vor allem bei Arthrithis, Rheuma und Nervenentzündungen. Sagenhafte 36 Quellen von ausgezeichneter Wasserqualität speisen das zentrale Becken. Seine Temperatur schwankt in Abhängigkeit von den Jahreszeiten: Im Winter ist es naturgemäß etwas weniger heiß.

Magische Kulisse

Wer zum ersten Mal hierherkommt, ist gebannt von den Eindrücken – vor allem in der kalten Jahreszeit ist Bagno Vignoni unvergleichlich. Oft ist es hier menschenleer, und die brodelnden Quellen in dem Becken mit der etwas ungesund wirkenden gelblichen Farbe tun ihr Übriges, um dem Platz eine mystische Stimmung zu verleihen. Die mittelalterlichen Palazzi aus Travertinstein wirken bei Nacht richtig gruselig. Wenn die Sonne sinkt und sich der Mond im Becken spiegelt, scheint er der Wächter über den kleinen Ort mit seinen 1001 Geschichten zu sein. Eine einzigartige Atmosphäre, durch die das kleine Dorf weltberühmt wurde. Der russische Regisseur Andrej Tarkowski fand die stimmungsvolle Kulisse so animierend, dass er das Zentrum als einen der Schauplätze für sein Meisterwerk »Nostalghia« (1983) wählte, der erste Film, den er außerhalb Russlands drehen konnte.

Der überschwemmte Platz

Der zentrale Platz mit dem 49 Meter langen und 24 Meter breiten Thermalbecken wird treffender-

Bagno Vignoni

Rundgang Bagno Vignoni

Ⓐ Bassin
Der Zeitpunkt, an dem dieses in Stein gefasste Becken inmitten des Ortes entstanden ist, liegt irgendwo zwischen Römerherrschaft und Mittelalter. Hier badeten schon die Etrusker, die Römer und viele bedeutende Persönlichkeiten wie Papst Pius II. oder Katharina von Siena.

Ⓑ Loggia Santa Caterina
Im Gedenken an eine der berühmtesten Badegäste wurde die Loggia der heiligen Katharina errichtet.

Ⓒ Chiesa di San Giovanni
Die alte Pfarrkirche wirkt von außen recht schlicht, im Inneren befindet sich ein Gemälde aus dem 18. Jh., das die heilige Katharina von Siena zeigt.

Ⓓ Neue Thermalbecken
Offene Leitungen befördern das heilsame Wasser ein Stück den Berg hinunter. Im grünblauen Wasser kann man gratis baden.

Ⓔ Parco dei Mulini
Die Mühlen waren zwischen den Sienesern und Florentinern heiß umkämpft, da sie nicht von einem Fluss, sondern von unversiegbaren Quellen in Betrieb gehalten werden.

Ⓕ Adler Thermae
Ein wunderschönes Thermenresort, das einen Besuch (wenn nicht einen Aufenthalt) wert ist.

Parco dei Mulini
Auf dem Weg zum neuen Thermalbecken passiert man den Parco dei Mulini. Er stellt einen weiteren Grund für die Bedeutung von Bagno Vignoni in früheren Jahrhunderten dar. Das Wasser aus den unterirdischen Quellen versiegte nie und eignete sich somit ideal dazu, die vier mittelalterlichen Mühlen anzutreiben, die auf dem Felsen stehen, der zum Orcia hin abfällt. Sie wurden von adeligen Familien errichtet und mit waagerechtem Mühlrad sehr fortschrittlich gebaut. Wer sich das Thermalwasser sicherte, konnte die Mühlen das ganze Jahr hindurch betreiben, während der Fluss Orcia an manchen Tagen nicht genug Wasser dazu führt. Die Mühlen waren bis in die 1950er-Jahre hinein in Betrieb und wurden vor Kurzem originalgetreu restauriert und im »Mühlenpark« Parco dei Mulini zugänglich gemacht.

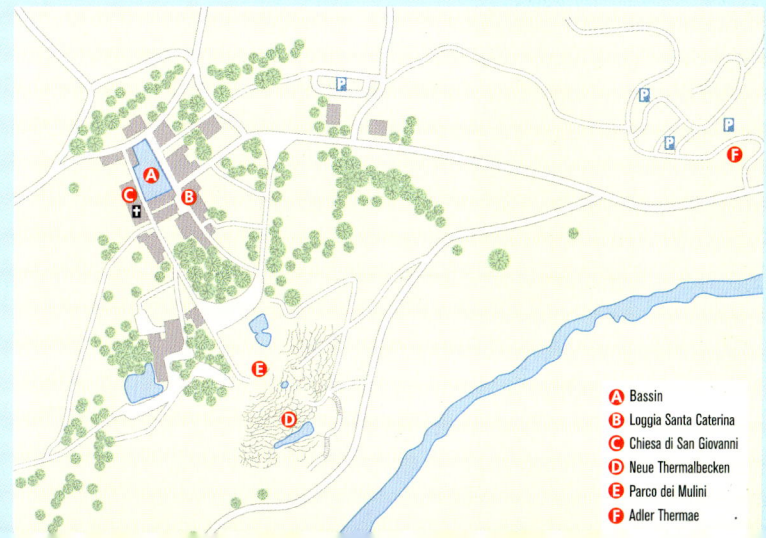

Ⓐ Bassin
Ⓑ Loggia Santa Caterina
Ⓒ Chiesa di San Giovanni
Ⓓ Neue Thermalbecken
Ⓔ Parco dei Mulini
Ⓕ Adler Thermae

THERMENREGION

Oben: Bagno Vignoni – Wasser umrahmt von Renaissance-Gebäuden
Mitte: Magischer Thermenzauber aus den 50°C heißen Quellen mit Blick auf die sanften Hügel der Toskana.
Unten: Schmale Rinnen leiten das Wasser ins Dorf.

weise auch »Piazza allagata« (»überschwemmter Platz«) genannt. Einer der prominentesten Stammgäste, Papst Pius II., der hier seine Gicht kurierte, sorgte für eine gehörige Aufwertung, indem er 1400 den repräsentativen Palazzo Piccolomini gleich neben dem mit Naturstein eingefassten Becken errichten ließ. Heute befindet sich darin das reizvolle Hotel Le Terme, das kürzlich renoviert wurde.

Auf der Schmalseite wird das Becken von der flachen Loggia der Santa Caterina mit ihrem Säulengang begrenzt. Diese steht seit dem 16. Jahrhundert in Gedenken an die vielen Badeaufenthalte der Heiligen. Außerdem findet man auch ein den Nymphen geweihtes Tempelchen und einige traditionell-toskanische Gasthäuser. Auch die Chiesa di San Giovanni ist direkt am zentralen Becken. In ihrem Inneren befindet sich ein Gemälde aus dem 18. Jahrhundert, das die heilige Katharina vor dem Hintergrund von Bagno Vignoni zeigt. Hier beginnt alljährlich am 24. Juni das Fest des Heiligen Johannes, das mit einer Prozession um das Bassin begangen wird.

Badefreuden im neuen Becken

In den 80er-Jahren wurde das zentrale Becken unter Denkmalschutz gestellt und das Baden darin verboten. Das neue Becken am südöstlichen Hang unterhalb des Ortes enthält jedoch das gleiche heilsame Wasser und schimmert dabei nicht gelbtrüb, sondern in frischem Grün-Blau. Das Wasser wird aus dem alten Thermalbecken in schmalen Rinnen *(gorelli)* hinuntergeleitet. Das kostbare Nass plätschert durch den Ort, was vor allem die Einheimischen gerne dazu nutzen, sich an den Rand zu setzen und ihre Füße darin zu baden. Das neue Becken ist ebenso frei zugänglich, wie es das alte jahrhundertelang war, und sehr beliebt und meist auch sehr voll.

Adressen in Bagno Vignoni

ESSEN UND TRINKEN

Enoteca Ristorante La Terrazza. Das Restaurant des Albergo Le Terme serviert traumhafte Gerichte in äußerst gemütlichem Ambiente. Grüne Stühle verleihen ihm einen speziellen Pep. Von der Terrasse sieht man direkt auf das historische Thermalbecken. An traumhaften Weinen herrscht kein Mangel, Lage und Ambiente haben allerdings ihren Preis. Piazza delle Sorgenti 13, Tel. 0577 887150, www.laterrazza-bagnovignoni.it

ÜBERNACHTEN

Albergo Le Terme. In den Zimmern dieser Nobelherberge fühlt man sich sofort wie zu Hause und möchte – wenn möglich – gerne länger bleiben. Der feine toskanische Landhausstil wird Sie in seinen Bann ziehen! Der Bau stammt aus dem 15. Jh. und wurde schon von Papst Pius II. als Sommerresidenz genutzt. Einige der Zimmer ermöglichen einen wunderschönen Blick auf die zum Hotel gehörenden Thermalbecken. Hier können Sie Entspannung und Ruhe finden.
Piazza delle Sorgenti 13, Tel. 0577 887150, www.albergoleterme.it

Adler Thermae. Traumhaftes neues Resort, das von einer Südtiroler Familie geführt wird. Das Haus wurde erst 2004 erbaut. Die Zimmer sind luxuriös und die brandneue Thermalanlage bietet viele Bademöglichkeiten für Wellnessnixen und moderne Poseidons. Bagno Vignoni 1, Tel. 0577 889001, www.adler-thermae.com

Hotel Posta Marcucci. In diesem familiären Drei-Sterne-Haus bekommt man einiges für sein Geld. Die Zimmer sind angenehm geräumig, ein großer Swimmingpool mit Thermalwasser direkt aus Bagno Vignoni sorgt für Entspannung. Leider sind die Pools der Thermalanlage schon ein wenig in die Jahre gekommen. Via Ara Urcea 43, Tel. 0577 887112, www.hotelpostamarcucci.it

Locanda del Loggiato. Dieses rustikale Bed & Breakfast hat einen großen Nachteil: Es ist sehr hellhörig. Abgesehen von der Lautstärke ist es wirklich nett, hier für einige Nächte zu bleiben. Die Wirte sind äußerst gastfreundlich und hilfsbereit. Die geschmackvoll und gemütlich eingerichteten Zimmer wirken sympathisch und warm. Piazza del Moretto 30, Tel. 0577 888925, www.loggiato.it

INFORMATION

www.bagnovignoni.it

Auf dem Resort der Adler Thermae kann man wundervolle entspannende Stunden verbringen.

THERMENREGION

44 Chiusi
Wo die Etrusker ruhen

Die Kleinstadt im Valdichiana an der Grenze zu Umbrien war nicht immer so verschlafen wie heute. Vor langer Zeit gehörte sie zu den zwölf mächtigsten Etrusker-Städten, wovon heute zahlreiche Relikte Zeugnis ablegen. Das Archäologische Nationalmuseum zieht Altertumskenner aus allen Ländern an, und unter dem Dom verläuft ein etruskisches Labyrinth. Im hügeligen Umland sind zahlreiche etruskische Grabstätten, von denen einige gut erhalten sind.

Machtzentrum Chiusi

Chiusi war einst so mächtig, dass es sich sogar traute, Rom anzugreifen! Das war allerdings 520 v. Chr. unter König Porsenna, zu einer Zeit, als die Römer noch nicht über die Etrusker hinweggefegt waren. Seine Blüte erreichte es im 7. und 6. Jahrhundert v. Chr., als es zu den zwölf Mitgliedern des etruskischen Städtebundes gehörte, deren Einflussbereich bis nach Arezzo und in Teile Latiums reichte. In der christlichen Ära hatten die Bewohner Chiusis nichts zu lachen: Der Niedergang wurde mit der Versumpfung besiegelt. Erst die Herrscher aus dem Haus Habsburg-Lothringen brachten wieder bessere Zeiten. Sie legten die Sümpfe trocken und gaben Chiusi durch intensive Landwirtschaft die gewichtige Rolle im Valdichiana zurück.

Mitte: Das sehenswerte Museo Etrusco Nationale in Chiusi wurde in Form eines Tempels erbaut.
Unten: Aus dem Totenkult der Etrusker stammender Sarkophag im Museo Etrusco Nationale.

Auf den Spuren der Etrusker

Beim Rundgang durch das herausgeputzte Städtchen begegnet man auf Schritt und Tritt den Zeugen der Vergangenheit. Überreste der ehemaligen Befestigungsanlagen sind überall in der Stadt verteilt, zum Beispiel in der Via Caccialupa. Im Museo

Chiusi

Nazionale Etrusco, das in einem tempelartigen Palast aus dem 19. Jahrhundert untergebracht ist, kann man ganz in das Leben und die Bräuche von Etruskern, Griechen und Römern eintauchen. Bereits 1871 gegründet, erfreut sich das Museum dank seiner hervorragenden Ausstellung bis heute großer Beliebtheit. Der Rundgang beginnt mit Funden aus der Bronzezeit und führt anschließend zu den Etruskern. Aus ihrer Epoche sind mit schwarzen Figuren verzierte Vasen oder schwarz glänzende Tongefäße zu sehen, die meist aus den Gräbern stammen, die um Chiusi herum gefunden wurden (Via Porsenna 93, Tel. 0578 20177, tägl. 9–20 Uhr).

Totenkult

Nachdem ein Verwandter verstorben war, wurde die Leiche verbrannt und ihre Asche in Urnen aufbewahrt. Die Urnen setzte man in Schachtgräbern bei, Sarkophage kamen erst im 3. Jahrhundert v. Chr. in Mode. Im Archäologischen Museum sind darum hauptsächlich Asche-Urnen ausgestellt. An manchen befestigten die Etrusker mithilfe von Draht eindrucksvolle Bronzemasken. Im 7. Jahrhundert kamen die sogenannten Kanopen auf, die sich darin unterscheiden, dass ihr Deckel als Kopf geformt wird. Meist wurden zusätzlich Arme, Hände und oft auch Brüste hinzugefügt, sodass die Urne an die Gestalt eines Menschen erinnert. Ebenfalls der Aufbewahrung von Totenasche dienten etwa 60 Zentimeter große Steinfiguren mit abnehmbarem Kopf oder ausgehöhltem Brustkasten. Zur Herstellung verwendete man den Pietra fetida, einen hellen Kalksandstein aus der Region, der mit feinen Reliefs versehen wurde.

Dom

Der Domplatz nördlich vom Archäologischen Museum stellt das Zentrum des 8800 Einwohner zäh-

AUTORENTIPP!

EINE BOOTSFAHRT, DIE IST LUSTIG …

Zum Baden lädt der Lago di Chiusi (etwa 5 km nördlich) zwar nicht ein, allerdings kann man das Gewässer mit seinen etwa 1,5 km Durchmesser mit einem Ruderboot erkunden. Günstig ausleihen kann man dieses im Ristorante Pesce d'Oro. Das Wasser sieht zwar nicht besonders sauber aus, wird aber auch als Trinkwasser in der ganzen Umgebung verwendet. Daher kann man ruhig auch mal vom Ruderboot in die Fluten springen. Hobby-Vogelkundler können mit einem Fernglas – zum Beispiel vom Restaurant aus – einige interessante Zugvögel beobachten. Ferngläser dazu sollte man selbst mitbringen.

Ristorante Pesce D'Oro.
Via Sbarchino 36, Tel. 0578 21403,
www.ristorantepescedoro.it

In der Nähe des Lago die Chiusi wurden zahlreiche etruskische Nekropolen entdeckt.

THERMENREGION

lenden Städtchens dar. Der dreischiffige romanische Dom San Secondiano aus dem 6. Jahrhundert wurde im 19. Jahrhundert renoviert. Sein Glockenturm ragt über einer römischen Zisterne empor. Das Mosaik unter dem Hochaltar und die 18 stützenden Säulen gehen auf die Römerzeit zurück, die Wandverzierungen schuf Arturo Vitigierdi im Jahr 1887.

Spannender als der Dom selbst ist das Museo della Cattedrale, das hauptsächlich Plastiken von römischen, langobardischen und mittelalterlichen Künstlern präsentiert. Auch ist eine Reihe von aufwendig verzierten Gesangsbüchern aus dem 15. Jahrhundert in seinem Besitz (Piazza Duomo, Juni–Mitte Okt. 9.30–12.45 und 16.30–19 Uhr, Mitte Okt.–Mai, Mo-Sa 9.20–12.45, So 10–12.45 und 16.30–19 Uhr).

Einen Besuch wert ist auch das Labirinto di Porsenna unter der Piazza del Duomo. Hier besichtigt man ein verwirrendes System von unterirdischen Gängen, das wahrscheinlich im 1. Jahrhundert n. Chr. angelegt wurde und zu einer Zisterne führt.

Archäologischer Ausflug

Im Rahmen geführter Touren, die beim Archäologischen Museum starten, kann man die etruskischen Gräber besuchen. Am besten erhalten blieben das Tomba della Scimmia (1 km nordwestlich) und das Tomba del Leone (1,4 km westlich), die sogar betreten werden können (März-Okt. 11 und 16 Uhr, Nov.-Feb. 11 und 14.30 Uhr).

Ebenfalls nur mit einer geführten Tour sind die zwei Kilometer außerhalb von Chiusi gelegenen Katakomben zu besichtigen. Von den vielen Pilgern, die durch Chiusi kamen, starben auch einige hier. Sie wurden der Tradition nach in Grabnischen aus Tuffstein bestattet. Im Laufe der Zeit entstand so ein unterirdisches Gängesystem (Juni-Mitte Okt. 11 und 17 Uhr, Mitte Okt.-Mai Mo-Sa 11 Uhr, So 11 und 16 Uhr).

Oben: Im Museum sind bedeutende Fundstücke aus der Region ausgestellt.
Unten: Kelch aus dem etruskischen Museum

Chiusi

Adressen in Chiusi

ESSEN UND TRINKEN

La Solita Zuppa. Durch sein modernes Inventar wirkt das Restaurant »Die gewöhnliche Suppe« sympathisch, die persönliche Begrüßung durch den Wirt ist ein Erlebnis. Auch das Essen ist fantastisch, wenn man Suppe mag, doch auch die anderen Gerichte sind lecker. Via Porsenna, Tel. 0578 21006.

ÜBERNACHTEN

La Sfinge. Die schlicht eingerichteten Zimmer bieten nicht viel mehr als ein Bett mit Eisengestell. Von einigen hat man eine tolle Aussicht, am besten erkundigt man sich an der Rezeption danach. Freundlicher Service. Via Marconi 2, Tel. 0578 20157, www.albergolasfinge.com

La Fattoria. Sehr preiswert und nicht unkomfortabel. Fattoria heißt die kleine Pension deshalb, weil sie in einem Bauernhaus aus dem 18. Jh. untergebracht ist. Das von wildem Wein umrankte Restaurant ist eine Offenbarung für Freunde traditioneller toskanischer Küche ohne Schnickschnack. Via Lago di Chiusi, Tel. 0578 21407, www.la-fattoria.it

VERANSTALTUNGEN

Patronsfest. Alljährlich am 3. Juli feiert Chiusi das Fest zu Ehren der heiligen Mustiola. Ihre Reliquien befinden sich im Dom. Ein besonderes Erlebnis ist die nächtliche Prozession, bei der eine bewegende Stimmung herrscht.

Weinfest. Das letzte Septemberwochenende ist für das beliebte Weinfest reserviert, bei dem man jede Menge köstliche Weinspezialitäten durchkosten kann.

INFORMATION

Piazza Carlo Baldini, Tel. 0578 227667, prolocochiusi@bcc.tin.it

Zwischen Chiusi und dem Lago Trasimeno durchquert man ein stilles Hügelland.

THERMENREGION

45 Quellen von Satúrnia
Geselliges Bad in den Kalkterrassen

Wenn man von Menschenhand nur so etwas Schönes und Einzigartiges bauen könnte wie diese natürlich geformten Becken in der Nähe des Dorfes Satúrnia! Die Sinterterrassen Cascate del Molino formten sich mithilfe der schwefelhaltigen Quellen aus den Tiefen der Erde zu einer bizzarren Steinlandschaft. Im körperwarmen glasklaren Wasser darf jeder kostenlos baden, und die Italiener treffen sich hier, um die letzten Neuigkeiten auszutauschen. Einziger Nachteil dieses Naturphänomens: der Schwefelgeruch!

Zu den Terrassen gelangt man vom 500-Seelen-Dorf Satúrnia aus. Man nimmt die Landstraße nach Süden und gelangt nach wenigen Kilometern zur ausgeschilderten Kreuzung nach Satúrnia

Mitte: Die Kaskaden von Satúrnia
Unten: Der Eintritt in die Freiluftthermen von Satúrnia ist frei.

MAL EHRLICH!
ZU VIEL DES GUTEN

Kommt man zur falschen Zeit nach Satúrnia, will man am liebsten gleich wieder weg: Voller lärmender Menschen und vermüllt trifft man die Naturbecken dann an, und man kann nicht verstehen, worin der Zauber dieser Stätte liegt. Auf keinen Fall sollte man an Sommertagen bei bedecktem Himmel nach Satúrnia kommen, denn dann gehen die Italiener nicht an den Strand, sondern strömen zur Therme. Nicht einmal abends findet man Ruhe und Entspannung, denn dann wird hier gegrillt und bis in die frühen Morgenstunden gelärmt: Im Zweifelsfall bleibt einem nur, dabei mitzumachen und eine Unterkunft in möglichst großer Entfernung zu finden, wie etwa das Hotel Satúrnia.

Quellen von Satúrnia

Terme. Hier biegt man in die schmale, etwas erhöht verlaufende Nebenstraße ein und folgt dem Bach, der in 100 Meter Entfernung parallel zur Straße fließt, bis man am Straßenrand mehrere geparkte Autos sieht. Dort stellt man das Auto ab und folgt dem kurzen Trampelpfad – schon ist man angekommen und kann sich vom 37 Grad warmen Wasser den Nacken massieren lassen. Seine Hauptbestandteile Schwefelwasserstoff und Kohlendioxid sind förderlich für Haut und Organismus. Etwa 2,5 Kilometer südlich gibt es einige Hotelanlagen sowie eine natürliche Therme.

Stufen zum Thermalhimmel

Abgesehen von dem üblen Geruch nach faulen Eiern, den man nach längerem Aufenthalt nicht mehr so leicht aus der Nase bringt, ist das Bad in den Quellen bei Satúrnia das reine Vergnügen. Aber, um ehrlich zu sein: Schwefel ist nunmal Schwefel, auch wenn Stammgäste und Tourismusbüro gerne abwiegeln, dass man sich nur daran gewöhnen müsse und danach den Geruch gar nicht mehr merke. Da der Schwefel Textilien zerstört, sollte man ältere Badekleidung mitbringen. Vor den kleinen schwarzen Würmern, die in den Badesachen haften bleiben, braucht man keine Angst zu haben: Man kann sie wieder entfernen, und sie sind generell eher ekelig als gefährlich.

Ein Tag bei den Cascate del Molino gleicht einer Aufführung des italienischen Volkstheaters: Am frühen Morgen, gegen 7 Uhr, betreten die ersten Darsteller die Bühne. Es sind Vertreter der älteren Generation, die frühmorgens die milchig-weißen Stufen bevölkern und über gesellige Themen wie Fußball, Politik oder auch allerlei Wehwehchen diskutieren. Die Quellen von Satúrnia sollen besonders toll gegen Gastritis, Rheuma, Bronchitis und Übergewicht wirken.

AUTORENTIPP!

IM DUNKELN IST GUT – BADEN
Erst in der Dämmerung machen sich manche zum Baden auf, denn um diese Zeit ist die Stimmung in Satúrnia Terme magisch. Wenn es allmählich kühler wird, beobachtet man vom warmen Wasser aus durch weiße Schwaden, wie der Tag langsam in die Nacht übergeht. Geht dann auch noch der Mond auf, bricht die Magie über Satúrnia herein. Das sieht nicht nur schön aus, der Ort strahlt auch eine unvergleichliche Energie aus. Meist junge Menschen tummeln sich im Wasser, irgendwoher kommen Gitarrenklänge zu dieser Thermenparty, die bis weit in die Nacht hinein gefeiert wird. Seien Sie Zaungast und lassen Sie sich dieses nächtliche Schauspiel nicht entgehen. Zu essen und trinken kann man sich selbst mitbringen, umziehen kann man sich entweder im Auto oder hinter einem Baum.

Cascada del Mulino in der Dämmerung

Oben: Heilwasser im Fels: moderne Thermenanlage des Hotel »Tombolo« in Castiglione di Marina.
Mitte: Idyllisch gelegen, bei Tag und Nacht frei zugänglich.
Unten: Nicht nur Thermen laden zum Entspannen ein: Park in Montecatini Terme.

THERMENREGION

Um die Mittagszeit kommen die Familien. Schwimmreifen und Luftmatratzen sind mit von der Partie – schließlich soll ja auch der Nachwuchs in den kleinen Kalkbecken Spaß haben. Etwa um dieselbe Zeit kommt auch der Konsum ins Spiel: Souvenirhändler bauen ihre Stände auf, Eis wird angeboten; und wer Hunger nach etwas Deftigem hat, wird in der etwa 100 Meter entfernten Freibad-Therme garantiert fündig, wo es verführerisch nach Pizza duftet. Am Nachmittag hat die Naturtherme Hochbetrieb: In fast keiner der Wannen ist auch nur mehr ein Platz frei, und von Händlern werden inzwischen auch Sonnencreme sowie Erfrischungsgetränke ange-boten.

Natürlich könnte man auch im Luxus-Tempel, dem Hotel Terme Satúrnia (s. S. 253) absteigen und dort im selben Wasser baden, allerdings ist das Flair der natürlichen Therme unübertroffen – und entschieden preiswerter.

Die Ortschaft

Der Legende nach ist Satúrnia der älteste Ort Italiens. Schon vor den Etruskern war die Region besiedelt, wie Reste einer Stadtmauer beweisen. Auch Relikte von etruskischen und römischen Befestigungen sind hier auszumachen. Die Sieneser zerstörten den Ort 1229, und Satúrnia verwandelte sich daraufhin zur Geisterstadt. Mit den Thermalquellen kam ein neuer Aufschwung, der Tourismus setzte ein, Menschen siedelten sich wieder hier an und machten das kleine Dorf zu einer Sehenswürdigkeit. Allerdings hat Satúrnia selbst nicht viel mehr zu bieten als etruskische Mauerreste wie die Porta Romana, einen mittelalterlichen Torbogen und nette kleine Häuser aus weißem Travertin, von denen ein paar Restaurants beherbergen.

Quellen von Satúrnia

Adressen in Satúrnia

ESSEN UND TRINKEN

Complesso il Gorello. Unter den Hotels rund um Saturnia bietet das »Gorello« ein wirklich besonderes Restaurant! In sehr traditionellem Ambiente kommt die Küche der Maremma auf den Tisch. Dabei werden nur auserwählte Produkte aus der Region verarbeitet, die Nudeln werden täglich frisch hergestellt. Via delle Terme, 5, Ortsteil Bagno, Tel. 0564 601256, www.ilgorello.it

ÜBERNACHTEN

Hotel Terme di Satúrnia. Schöner und teurer kann man in der näheren Umgebung nicht absteigen: Die Anlage, die Speisen, die Zimmer, alles ist einfach perfekt! Im Spa-Bereich gehören Hydrotherapie, Schönheitsbehandlungen und Stressmanagement zum Angebot. Der Tageseintritt kostet für Nicht-Hotelgäste 22 Euro. Tel. 0564 600111, www.termedisaturnia.it

Hotel Villa Clodia. Wer ein wenig Kitsch ertragen kann, ist mit diesem Hotel gut beraten. In jedem Zimmer dieses Drei-Sterne-Hauses taucht garantiert ein Blümchenmuster auf, über den Betten sind gewöhnungsbedürftige Fenster aufgemalt. Für die geschmacklichen Entgleisungen wird man mit relativ niedrigen Preisen entschädigt.
Via Italia 43, Tel. 0564 601212,
www.hotelvillaclodia.com

Hotel Bagno Santo. Ein kleines Bisschen erinnern die drei Pools des Hotels an die natürlichen Thermalquellen von Satúrnia. Hier ist selbstverständlich weniger Rummel, alles ist sauber, und mit Poolpartys sollte man auch nicht rechnen! Die Zimmer wirken mit dem Fliesenboden und den Steinmauern zwar etwas kalt, allerdings auch angenehm ursprünglich. Traumhafte Küche, vor allem die Nachspeisen lassen keine Wünsche offen. Loc. Pian Cantaverna, Tel. 0564 601320, www.bagnosantohotel.it

AUSFLÜGE

Wer bei einem ausgiebigen Thermenaufenthalt auch Besichtigungen unternehmen möchte, sollte ins nur 12 km südlich gelegene Manciano fahren. Dort locken die Ruinen der sienesischen Befestigungsanlage Cassero Aldobrandeschi Senese samt ihrem Turm. Einst war die Festung hart umkämpft, heute nagt schon der Zahn der Zeit an ihr. Das tut dem herrlichen Blick auf den Monte Amiata und zur Insel Giglio aber keinen Abbruch.

3 km nördlich vom Thermenort kann man die etruskische Nekropole Sede di Carlo besichtigen. Was hier gefunden wurde, steht heute im Archäologischen Museum in Florenz, die Überreste der Grabstätten aus dem 9. Jh. v. Chr. sind allerdings noch zu sehen.

INFORMATION

Piazzale Benvenuto di Giovanni, Tel. 0564 601280, info@proloco-saturnia.it

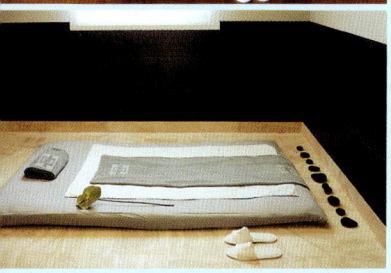

Meditations- und Massageraum sowie ein Gästezimmer der Terme in Satúrnia

THERMENREGION

46 Bagni San Filippo und Radicofani
Bad auf dem Vulkan

Über Jahrhunderte hat sich am Fluss ein gewaltiger Vorhang von Stalagmiten und Stalaktiten aus kalkhaltigem Travertinstein gebildet. Daher wird die natürliche Thermalanlage des kleinen Kurortes Bagni San Filippo als »Balena Bianca« bezeichnet. Im faszinierenden Naturschauspiel des grün-blauen Wassers, das sich in ein großes, von weichen Felsformationen eingefasstes Becken ergießt, kann man in den heißen Bädern allerlei Krankheiten auskurieren. Kultur findet man im nahe gelegenen Radicofani.

Glaubt man der Legende, dann hat ein Mann namens Filippo Banzi die Quellen bei den beeindruckenden Steinformationen entdeckt. Im 13. Jahrhundert versteckte sich der Kardinal, weil er nicht zum Papst gewählt werden wollte, in einer Travertingrotte nordöstlich des Monte Amiata. Dort beschloss er, fortan das Leben eines Eremiten zu führen. Er stellte fest, dass das Wasser in der Grotte heilende Kräfte hatte und vollzog damit einige Heilungen, die als Wunder galten. Schließlich bekam der Vatikan Wind davon und er wurde posthum heiliggesprochen. Nach ihrem Entdecker wurden die Thermen Bagni San Filippo benannt.

Die Römer begannen damit, das in dieser Gegend an unzähligen Stellen hervortretende lauwarme bis heiße Wasser professionell zu nutzen. Sie bauten Badeanlagen, nützten aber auch die natürlichen Becken. Bis heute kann man es ihnen gleichtun und zahlt für das Heilbad in herrlich gelegenen Naturthermen überhaupt nichts.

»Balena Bianca« – ein Wasserfall aus strahlend weißen Steinen bei Bagni San Filippo

Bagni San Filippo und Radicofani

Strahlend weiße Steine

Mitten in den Buchen- und Kastanienwäldern zwischen Monte Amiata und Orcia-Tal liegt auf 520 Metern Höhe die Kalksteinlandschaft, in der das Wasser warmer Quellen mehrere kleine Pools ausgewaschen hat. Durch die strahlend weißen Kalkablagerungen und die Soundkulisse plätschernder Wasserfälle erscheint die Szenerie noch reizvoller. Blickfang ist das Gebilde der 20–30 Meter hohen »Balena Bianca« mit ihrer wunderbar glatten, glänzenden Oberfläche aus Kalkstein. Ihre natürlich gewachsenen säulenartigen Gebilde besitzen eine eigene Ästhetik, die leicht mit den schönsten von Menschenhand gebauten Kunstdenkmälern mithalten kann. Weil der Stein so ungewöhnlich weiß ist, wird die Anlage auch »Fosso Bianco« (»weißer Graben«) genannt.

Das Wasser

Das Wasser in Bagni San Filippo ist zwischen 35 und 52 °C warm, sehr sulfithaltig und sauerstoffarm, sein pH-Wert liegt bei 6,60–7,50. Außerdem enthält es Kohlendioxid, Kalzium, Schwefel und Bikarbonat. Es soll gegen Hauterkrankungen, Erkrankungen des Bewegungs- und Stützapparates sowie bei Atemproblemen helfen. In der Naturtherme kann man zwischen dem schwefelhaltigen Wasser und den schlammigeren Becken wählen.

Alternative zur wilden Natur

Vom Thermalbad Nuove Terme di Bagni San Filippo (Via San Filippo 23) geht man nur einige Minuten den gut ausgeschilderten Weg zu den öffentlichen Felsbassins inmitten des Kastanienwaldes. Im Ort Bagni Filippo folgt man den Schildern, die mit »Fosso Bianco« beschriftet sind. Zuerst geht es durch dichtes Gehölz, dann kommt man nach einem kurzen Stück Waldweg zur riesigen Kalkwand.

AUTORENTIPP!

FATTORIA LA PALAZZINA

Am Kopfende Ihres Bettes lacht ein freundlicher gemalter Blumenstrauß, vor Ihrem Fenster breitet sich die typische Toskana-Idylle aus, und vom Pool im Garten können Sie die ganze Pracht der hügeligen Landschaft genießen: Diese traumhafte Szene wird Realität in der Fattoria La Palazzina etwa 4 km südöstlich von Radicofani. Perfekter geht's nicht: Quasi um die Ecke befinden sich berühmte Thermenorte wie Bagni San Filippo oder Bagno Vignoni, gleich dahinter lädt der Monte Amiata zu einer Wanderung ein, und das nahe Orcia-Tal bietet ein Übriges an schönen Touren an der frischen Luft (Info dazu im Tourismusbüro von Radicofani). Egal ob Sie Aktivitäten zu Fuß oder mit dem eigenen Rad vorziehen: Ein Frühstücksbuffet mit so viel Auswahl findet man nicht in jedem toskanischen Landhaus. Einfach traumhaft!

Fattoria La Palazzina. Località Le Vigne, Radicofani, Tel. 0578 55771, www.fattorialapalazzina.net

Das Wasser ist suflidhaltig und sauerstoffarm. Die Sulfidkonzentration nimmt flussabwärts rasch ab, diejenige des Sauerstoffs aber zu.

THERMENREGION

Wer zur richtigen Zeit kommt, kann das Bad in den Naturwannen völlig ungestört genießen. Die besten Chancen hat man in den Sommerferien, wenn die Italiener stattdessen am Strand brutzeln.

Wer sich in der ungezähmten Natur nicht so wohl fühlt, ist mit den Anlagen der Nuove Terme gut beraten, in denen nie besonders großer Andrang herrscht. Hier fließt das gleiche, angenehm warme und schwefelhaltige Wasser in ein großes, schlichtes Steinbecken, und man badet in sauberer, etwas hygienischerer Atmosphäre als in der Naturtherme.

Radicofani

Das zwölf Kilometer südöstlich der Bagni gelegene Städtchen Radicofani sorgt für kulturellen Ausgleich: Vor allem die Ruine der Rocca di Radicofani lohnt einen Besuch, denn von ihren Mauern und dem Turm genießt man einen tollen Blick ins Orcia-Tal. Die Festung ging aus dem karolingischen Bau des 11. Jahrhunderts hervor und spielte eine große Rolle im Verteidigungskampf gegen die Truppen Friedrich Barbarossas. Zur Festung wurde sie aber erst unter Cosimo I. de' Medici, der den Architekten Baldassarre Lanci damit beauftragte, Mauern und Gebäude schussfest zu machen. Als einer der am meisten umkämpften Stützpunkte in den langwierigen Auseinandersetzungen zwischen Florenz und Siena ist die Rocca eines der Wahrzeichen der Südtoskana (Parco Città Fortificata, tägl. 10–19 Uhr).

Im Ort stehen direkt nebeneinander die romanische Kirche San Pietro und Sant' Agata. Andrea della Robbia zeichnet sich in beiden Kirchen für die Altartafeln verantwortlich. Im Palazzo La Posta, einer ehemaligen Poststation aus dem 17. Jahrhundert, stiegen schon viele bekannte Persönlichkeiten wie der englische Romancier Charles Dickens ab. Leider ist das ehemalige Hotel heute ziemlich verwahrlost und nicht zu besichtigen.

Oben: Beeindruckende Stalakmiten und Stalaktiten aus kalkhaltigem Travertingestein. Bagni San Filippo liegt am Fuß des Berges Amiata, am Übergang zur Val d'Orcia.
Unten: Die als Museum eingerichtete Festungsruine auf dem Gipfel des Berges von Rocca Radicofani.

Adressen in Bagni San Filippo und Radicofani

ESSEN UND TRINKEN

Enoteca/Bar Il Ritrovo di San Filippo. Die Portionen sind nicht groß, die Preise dafür moderat. Vor allem die Weinkarte ist beeindruckend: Sie bietet eine hervorragende Auswahl an edlen Tropfen. Via S. Filippo 20, Tel. 0577 872012.

Osteria Lo Spugnole. Im gemütlichen, jedoch sehr kleinen Keller werden traditionelle toskanische Gerichte von der Mamma zubereitet. Den Service bestreiten ihre Söhne, die alle sehr gastfreundlich sind. Via Delle Terme 4, Tel. 0577 872030.

Ristorante La Grotta. Wenn es das Wetter zulässt, sollte man draußen sitzen, da der Innenraum des Traditionslokales dunkel und eher unattraktiv anmutet. Allerdings mindert das nicht die Qualität der Köstlichkeiten, die hier auf den Tisch kommen: Vor allem die selbst gemachten Nachspeisen sind ein absolutes Highlight! Wer nicht weiß, welchen Wein er nehmen soll, begnügt sich am besten mit dem schmackhaften Vino della Casa. Via Della Fortezza 4, Tel. 0578 55866.

ÜBERNACHTEN

Hotel Terme San Filippo. Einst herrschaftlicher Landsitz, heute perfekt restauriertes und liebevoll ausgestattetes Kurhotel. Aus den Zimmern blickt man auf das Orcia-Tal, vom Speisesaal auf den Innenhof. Das einzige Hotel des Ortes ist sehr gepflegt, die Preise entsprechen dem guten Standard. Zur gediegenen Atmosphäre trägt auch die Möblierung mit Massivholzmöbeln bei. Man fühlt sich umhegt und umpflegt vom sehr aufmerksamen Service. Die Küche ist auch für Nicht-Hotelgäste sehr zu empfehlen. Bagni San Filippo, 2, Tel. 0577 872982, www.termesanfilippo.com

INFORMATION

Radicofani. Via R. Magi 31, Tel. 0478 5568, www.comune.radicofani.siena.it

Im Hotel Terme San Filippo

THERMENREGION

47 San Quirico d'Orcia
Typisch Toskana

Gibt es einen Ort, der mehr nach Toskana aussieht, schmeckt und riecht? Im Herbst sind es die Kastanien, die ihren zauberhaften Duft in den schmalen Gassen verbreiten, im Sommer Basilikum und Olivenöl. Das kleine San Quirico d'Orcia im malerischen Orcia-Tal birgt zwar keine erstklassigen Sehenswürdigkeiten, aber eine Handvoll Kirchen, eine herrliche Gartenanlage und ein Bischofspalast mit modernen Skulpturen bilden interessante Akzente im toskanischen Bilderbuch-Ambiente.

Ehemalige Pilgerstadt

Wie bei vielen anderen Orten im Orcia-Tal (s. S. 262) geht die Gründung von San Quirico d'Orcia auf den Pilgerstrom an der Via Francigena zurück. Die Pilger, die seit dem 8. Jahrhundert auf dieser wichtigen Verbindungsstraße nach Rom reisten, ließen im Orcia-Tal kleine Weiler entstehen. Meist gab es auch ein Hospital, in dem die Reisenden verpflegt wurden und die Kranken sich auskurieren konnten. In San Quirico d'Orcia steht eines der wenigen erhaltenen Häuser dieser Art: Das etwas unscheinbare Gebäude in der Via Dante Alighieri aus dem 13. Jahrhundert dient als Wohnhaus und kann daher nur von außen bewundert werden.

Mit seinen etwas mehr als 2700 Einwohnern ist San Quirico d'Orcia heute ein sehr ruhiger Ort, der aufgrund seiner mittelmäßigen Sehenswürdigkeiten nur wirkliche Toskana-Kenner anlockt und daher noch als Geheimtipp gehandelt wird. In der überschaubaren mittelalterlichen Altstadt findet man sich schnell zurecht.

Mitte: Oliven mögen das Klima im Val d' Orcia besonders gern.
Unten: Die Collegiata-Kirche in San Quirico d'Orcia stammt aus dem 12. Jh.

San Quirico d'Orcia

Collegiata di Santa Maria Assunta

An der vorbildlich restaurierten mittelalterlichen Straße, die heute Via Dante Alighieri heißt, liegt die Kirche Santa Maria Assunta (12. Jahrhundert). Eine breite Treppe führt hinauf zum Westportal, dem aufwendigsten der drei romanischen Portale. Verknotete Säulen, die links und rechts des Eingangs von Löwenskulpturen getragen werden, stützen den schmalen Vorbau. Die symbolischen Darstellungen auf den Türen deutet man als Warnungen für die Pilger. Am Westportal finden sich zum Beispiel Sirenen, die die Versuchung symbolisieren. Das Südportal wurde um einiges später erbaut und ähnelt den Werken aus der Werkstatt Giovanni Pisanos. Der Campanile wurde erst zu Beginn des 19. Jahrhunderts hinzugefügt. Im einschiffigen Inneren ist vor allem das Gemälde von Rutili Manetti erwähnenswert: »Die Madonna des Rosenkranzes rettet ein ertrunkenes Mädchen« das stark an die Werke seines Landsmannes Caravaggio erinnert.

Palazzo Chigi

Gleich neben der Collegiata und gegenüber dem Palazzo Pretorio mit seinen gotischen Portalbögen steht der wuchtige Palazzo Chigi aus der zweiten Hälfte des 17. Jahrhunderts. Kardinal Flavio Chigi, von Cosimo III. in den Stand eines Marchese erhoben, konnte es sich leisten, einen Schüler Bertinis, den Architekten Carlo Fontana, für sein Projekt zu engagieren. Trotz Beschädigungen im Zweiten Weltkrieg lässt sich der üppige Barockstil noch sehr gut erkennen. Die Fassade mit den gekuppelten Fenstern zeigt das Familienwappen. Als Vorbild der beiden Portale, die in die Vorhalle hineinführen, dienten römische Paläste jener Zeit.

AUTORENTIPP!

FOTOGRAFEN AUFGEPASST!
Wer ein schönes, für die Toskana nur allzu typisches Foto schießen möchte, sollte dieser Wegbeschreibung folgen. Man fährt von San Quirico auf der Via Cassia Richtung Norden, also gen Montalcino, und schon nach wenigen Kilometern taucht das ultimative Postkartenmotiv auf! Hier befindet sich nämlich eine Ansammlung von Zypressen, die auf einem sanften Hügel angesiedelt ist und das Gefühl erweckt, nur hierher gepflanzt worden zu sein, um die Touristen glücklich zu machen! Keine Angst: Inzwischen wurde die Straße um Parkbuchten verbreitert, sodass einem ruhigen Fotostopp garantiert nichts im Wege steht – es sei denn, es blockieren gerade einige Reisebusse den beliebten Foto-Spot!

Der Palazzo Chigi (17. Jh.) wartet mit wechselnden Ausstellungen auf seine Besucher.

Oben: Blick von der Rocca d'Orcia ins weite Tal
Mitte: Stadtpark Horti Leoni – 1,3 ha. Renaissance-Gärten
Unten: Val d'Orcia – Landschaft mit flachen Ebenen, aus der sich fast schon kegelförmige Hügel erheben.

THERMENREGION

Deckengemälde von Corallo, Stanchi, Ricciolini und Paradisi schmücken die oberen Stockwerke des Palasts, in dem heute das Rathaus und die Touristeninfo untergebracht sind. Im Anschluss an das internationale Skulpturenfestival »Forme nel verde« werden im Palazzo moderne Werke bildender Kunst ausgestellt.

Horti Leoni

Es ist kein gewöhnlicher Stadtpark, der im 16. Jahrhundert auf der Piazza della Libertà am südwestlichen Rand der Altstadt angelegt wurde. Erstens macht das 1,3 Hektar große Areal schon auf den ersten Blick einen herrschaftlichen Eindruck, und zweitens strotzt diese mit allen Raffinessen gestaltete Gartenanlage vor Geschichtsträchtigkeit. Die Horti Leoni wurden im Zeitalter der Renaissance angelegt und sehen noch heute unverwechselbar danach aus. Diomede Leonis Absicht war es, seinen Geburtsort etwas aufzuwerten. Das ist ihm gelungen, und auch heutige Besucher staunen über die Gestaltungskraft des Gartenarchitekten.

Im Süden begrenzt von der Stadtmauer, erstreckt sich der Park auf zwei unterschiedliche Teile. Der untere ist geprägt von Buchsbaumhecken, die ganz nach damaliger französischer Mode in streng geometrischem Muster angeordnet sind. Die Statue von Cosimo III. aus dem Jahr 1688 wurde von Kardinal Chigi in Auftrag gegeben und von Mazzuoli ausgeführt. Im oberen Abschnitt, der weniger formal angelegt wurde, dominiert eine Linie von Steineichen das Bild. Sie leitet den Besucher zum wunderschönen Rosengarten.

Jeden Sommer trifft sich hier die internationale Kunstszene. Seit mittlerweile 30 Jahren wird diese Ausstellung bildender Kunst veranstaltet, nach der die gezeigten Werke traditionsgemäß in der Stadt verbleiben.

San Quirico d'Orcia

Adressen in San Quirico d'Orcia

ESSEN UND TRINKEN

Trattoria Al Vecchio Forno. Viel versprechende Spezialitäten wie Artischockensalat stehen hier auf der Karte, darüber hinaus leckere Grill- und Bratengerichte. Nicht umsonst ist dies das Lieblingsrestaurant vieler Einheimischer! Nehmen Sie in gemütlichem Backstein-Ambiente oder draußen im üppigen Garten Platz. Via Piazzola 8, Tel. 0577 897380.

Ristorante DaCiacco. Kürzlich frisch renoviert, herrscht in dem Lokal eine gemütliche Atmosphäre. Küchenchef Giorgio sorgt stets dafür, dass nur die frischesten Zutaten verwendet werden. Daraus bereitet er traumhafte Gerichte, die noch besser schmecken als auf der Karte beschrieben. Auch die Preise sind nicht unbekömmlich. Via Dante Alighieri, 30/A, Tel. 0577 897312, www.ristorante-daciacco.it

Vineria Il Tinaio. Direkt im mittelalterlichen Zentrum ist dies die erste Anlaufstelle für alle, die sich dem Genuss von hervorragenden Weinen in Kombination mit auserwählten Köstlichkeiten hingeben wollen. Via Dante Alighieri 45/a, Tel. 0577 898347, www.iltinaio.it

ÜBERNACHTEN

Affittacamere L'Orcia. Das Internet hat hier noch nicht Einzug gehalten, auch eine Rezeption gibt es nicht, darum muss man hier telefonisch reservieren. Angesichts der günstigen Preise macht man allerdings fast alles, um hier mitten im Stadtgeschehen eines der angenehmen Zimmer zu bekommen. Via Dante Alighieri 49, Tel. 0577 897677.

Le Case. Netter Steinbau inmitten der Landschaft des Orcia-Tals. Das Haus stammt aus dem 18. Jh., ist aber frisch renoviert und gut geführt. Hier kommt man vor allem her, um die Ruhe und Natur zu genießen. Wer Action sucht, wird hier nicht fündig. Strada Provinciale 323, 6 km westlich von Castiglione. Tel. 0577 888983 www.agriturismolecase.com

VERANSTALTUNGEN

Festa del Barbarossa. Am dritten Juli-Wochenende wird des historischen Treffens zwischen Friedrich I. Barbarossa und Papst Hadrian IV. mit einem bunten Spektakel gedacht. Anlass war Barbarossas Reise nach Rom, wo er die Kaiserkrone bekommen sollte, auf diesem Weg übernachtete er in San Quirico. Die Dorfstraßen sind voller bunter Umzüge mit Fahnenträgern in historischen Kostümen.

Forme nel verde. Internationales Skulpturenfestival, das in den Sommermonaten in den Horti Leoni stattfindet. Die Skulpturen werden anschließend im Palazzo Chigi gezeigt.

INFORMATION

Via Dante Alighieri 33a, Tel. 0577 897211, www.comune.sanquirico.it

Blick aufs Tal Val d'Orcia

THERMENREGION

48 Castiglione d'Orcia
Magische Bilderbuchlandschaft im Naturpark Orcia

Sieneser Meistern wie Simone Martini, Pietro Lorenzetti, Giovanni di Paolo und Stefano di Giovanni Sassetta haben wir unser Ideal von der typischen toskanischen Landschaft zu verdanken. Geschwungene Bilderbuchhügel mit Zypressenbäumen, drumherum knallroter Mohn ... und als wäre das noch nicht genug, strahlt der Himmel auch noch in ewigem Blau. In der Realität findet man diesen Traum in und um Castiglione d'Orcia.

Im malerischen Orcia-Tal hat eindeutig die Natur das Sagen. Städte wie Castiglione d'Orcia sind nur kleine Inseln in dem 66 000 Hektar großen Gebiet mit bis zu 500 Meter hohen Hügeln. Bunte Felder, überall verstreute Steinhäuser, denen man ihr Alter eindeutig ansieht, hier und da eine Eiche, dazwischen Mondlandschaft in lehmigen Tönen, dann ein Dorf mit stattlicher Befestigungsmauer – und wieder diese fast irreale Stille.

Zypressenidylle und Landwirtschaft

Mitte und unten: Blühende Landschaften mit üppigen Zypressenalleen und Blumen im Val d'Orcia

Was wäre das Orcia-Tal, was wäre die Toskana, was wäre Italien ohne seine Zypressen, die gruppiert zu romantischen Alleen oder erhaben auf fernen Hügeln immer für das richtige mediterrane Landschaftsbild sorgen? Wenn wir uns an dem vertrauten Anblick ergötzen, vergessen wir oft, dass die Zypressen eigentlich nicht zu Dekorationszwecken da sind, sondern vor allem Häuser, Äcker und Dörfer vor Wind schützen sollen. Noch heute werden wie schon seit Jahrhunderten

Castiglione d'Orcia

vor allem Getreide (Weizen), Wein und Oliven kultiviert. Auch Viehzucht und Handwerk haben eine lange Tradition. Darum gilt: Wer an einer Fattoria vorbeikommt und nicht unbedingt im Sightseeingstress ist, sollte anhalten, sich ein bisschen mit dem Bauern unterhalten (wenn nötig mit Händen und Füßen) und vielleicht das eine oder andere Souvenir mitnehmen: Egal ob Wein, Pecorino, Olivenöl oder Salami – alles schmeckt garantiert köstlich!

Parco Artistico Naturale e Culturale della Val d'Orcia

In Eigeninitiative haben sich fünf Gemeinden im Orcia-Tal zu einem Naturpark zusammengeschlossen. Er erfüllt zwar nicht die Ansprüche, die an einen offiziellen Naturpark gestellt werden, dafür ist die Mischung aus Pflege, Naturschutz und Entwicklung der Region bisher gut angekommen und es scheint, dass Pienza, Castiglione d'Orcia, San Quirico, Radicofani und Montalcino mit ihrer Initiative genau ins Schwarze getroffen haben. So verwundert es nicht, dass die Landschaft des Parks als Filmkulisse dient, zum Beispiel in »Der Englische Patient«. Das Ziel der Gemeinden liegt in der Erhaltung und Entwicklung ihrer Heimat. Dies funktioniert nur, wenn bestimmte Regeln eingehalten werden. Für die Gäste bedeutet es, dass sie ausschließlich in Agriturismobetrieben urlauben und die Landschaft vor allem erwandern können.

Castiglione d'Orcia

Die typisch toskanische Kleinstadt wurde früher von zwei Festungen bewacht und birgt unglaubliche Kunstschätze. Allen voran die architektonisch interessante Kirche, die Santo Stefano und Santa Degna geweiht ist. Die Anlage ist romanisch, wurde aber erst 1566 fertiggestellt. Ende des 19. Jahrhunderts wurde das Kirchenschiff mit zwei

AUTORENTIPP!

MORGENS 11 UHR IN SANT'ANTIMO
So etwas gibt es nicht nur für teures Geld oder als Hintergrundmusik in einem Film: Im Kloster Sant'Antimo, mitten im Herzen des Orcia-Tals, wird jeden Vormittag die Elf-Uhr-Messe von den gregorianischen Gesängen der Mönche begleitet. Die spirituellen Melodien in stimmigem Ambiente berühren die Seele und versetzen einen in eine andere Zeit – ein einmaliges Erlebnis! Eine perfektere Kulisse für diesen Chor würde es kaum geben. Die Teilnahme an der Messe ist kostenlos.

Die Rocca d'Orcia bei Castiglione d'Orcia

Oben: »Daniel in der Löwengrube« – Kapitelldetail aus Sant'Antimo
Mitte: Auf dem Weg zwischen Pienza und Seggiano liegt das Kloster Sant'Antimo.
Unten: Weit über Castiglione d'Orcia hinaus reichte die Macht der Aldobrandeschi.

THERMENREGION

Kapellen ergänzt, wodurch ein Mix aus romanischer und neoklassizistischer Architektur entstand.

Die Ruine der Festung der Aldobrandeschi aus dem 13. Jahrhundert ist nur noch teilweise erhalten. Ihr gegenüber, etwa 300 Meter nördlich, befindet sich die mächtige Festung Tentennaro aus dem 15. Jahrhundert, die weitaus besser erhalten ist und eine berühmte Bewohnerin hatte: Katharina von Siena schrieb hier ihre wichtige und sehr kritische Korrespondenz mit dem Pontifex und mächtigen Familien Sienas. Seit 2001 ist die Festung, in der wechselnde Kunstausstellungen stattfinden, im Rahmen des UNESCO-Programms Friedenssymbol für das Orcia-Tal. (Nov.–Ostern 10–13 Uhr, Ostern–Okt. 10–13 und 15–18 Uhr)

Sant'Antimo

16 Kilometer westlich von Castiglione und zehn Kilometer südlich von Montalcino wurde im 8. Jahrhundert an der Kreuzung zweier mittelalterlicher Straßen das Kloster Sant'Antimo erbaut. Die von Karl dem Großen nach einer überstandenen Pest-Epidemie gestiftete Anlage aus ockerfarbenem Travertinstein ist gut erhalten, bietet aber keine künstlerischen Besonderheiten. Doch die einmalige Lage am Ende eines üppig-grünen Tals verschafft ihr einen Platz in der Hitliste der schönsten toskanischen Klöster. In der einst wohlhabenden Benediktinerabtei, von der außer der Kirche nur noch das Kapitelhaus (teilweise) und das Refektorium erhalten sind, leben heute wieder einige Mönche. Die 781 erbaute Kapelle ist noch im Originalzustand erhalten. 1118 begann der Bau der dreischiffigen romanischen Kirche, wie sie heute zu sehen ist. Die karge Innendekoration besteht aus Alabaster und Travertin und lässt schöne Lichtspiele entstehen. (Castelnuovo dell'Abate, Tel. 0577 835659, www.antimo.it)

Castiglione d'Orcia

Adressen in Castiglione d'Orcia

ESSEN UND TRINKEN

Cisterna nel Borgo. Sehr urig ist dieses Restaurant, das sich nicht nur im mittelalterlichen Teil der Stadt befindet, sondern selbst auch etwas mittelalterlich erscheint. Entsprechend dunkel ist der Innenraum, was jedoch dem vorzüglichen Essen keinen Abbruch tut. Via Borgo Maestro 14, Rocca d'Orcia, Tel. 0577 887280, www.cisterna-nelborgo.it

ÜBERNACHTEN

Affittacamere L'Orcia. In diesem Vier-Sterne-Hotel bleiben keine Wünsche offen. Das von außen relativ schlichte Haus bietet nur 16 Gästezimmer, die einen sehr exklusiven und privaten Aufenthalt garantieren. Am kleinen Pool kann man entspannen, und im Restaurant genießt man feine Küchenkreationen. Via Podere Osteria 15, Tel. 0577 887111, www.hotelorcia.it

Agriturismo Sant'Ansano. Drei kleine Wohnungen werden hier zu vernünftigen Preisen vermietet. Die Atmosphäre ist familiär, Entspannung findet man im Pool, der ganz den Gästen vorbehalten ist. Blick auf die toskanischen Hügel natürlich inklusive. Podere Sant'Ansano 12, Gallina (östlich von Castiglia D'Orcia), Tel. 0578 748477, http://santansano.com

VERANSTALTUNGEN

Il Maggio. Am 30. April besucht eine Gruppe von Sängern und Musikanten, die sich *maggiolini* nennen, die ländlichen Betriebe und lässt Dankeslieder für die Rückkehr der guten Jahreszeit erklingen. Von den Fattorien bekommen sie Gaben, die dann beim Dorffest angeboten werden. Die ganze Nacht wird gesungen und gelacht.

Sagra del Fungo e della Castagna. Die Ortsteile Vivo und Campiglia feiern im Oktober die Pilz- und Kastanienernte. Diese Art von Feier ist tief in der Vergangenheit verwurzelt.

INFORMATION

Via Fiume, Tel. 0577 775811, www.comune.castiglionedorcia.siena.it

Das Val d'Orcia wurde vor Kurzem zum Weltkulturgut der UNESCO erhoben.

THERMENREGION

49 Chianciano Terme
Vier Quellen und zwei Herzen

Vier Heilquellen gegen allerlei Beschwerden haben Chianciano Terme in der ganzen Welt berühmt gemacht. Doch nicht nur die breiten Alleen und Hotelkomplexe der verschiedensten Kategorien bestimmen das Erscheinungsbild der aus zwei Teilen bestehenden Kleinstadt. Neben dem Thermenbereich hält die historische Altstadt einige Leckerbissen für Kunstbegeisterte bereit.

Acqua Santa, di Sillene, di Fucoli und di Sant' Elena – so heißen die vier Quellen von Chianciano Terme, die schon seit Jahrhunderten, nein Jahrtausenden bekannt und beliebt sind. Heute nehmen erstaunliche zwei Millionen Gäste pro Jahr die heilenden Gewässer aus der Tiefe in Anspruch – die meisten kommen Jahr für Jahr hierher. Zahlreiche Grünflächen, schöne Gärten und mehrere Teiche erfreuen das Gemüt, einige Sportanlagen wie Bowlingbahn, Rollschuhbahn, Minigolf und Tennisplätze sorgen für Abwechslung. Im Fucoli-Park befindet sich eine große Konzerthalle, die als Lesesaal aber auch für Konzerte und Konferenzen verwendet wird.

Größter Kurort der Südtoskana

Chianciano Terme ist nicht nur der größte Kurort der Südtoskana, sondern auch eine der bekanntesten italienischen Thermen. Vor allem, weil sie sich so perfekt in die zauberhafte Landschaft der toskanischen Hügel einfügt und bequem von Siena, Arezzo oder auch Perugia zu erreichen ist, hat sie sich seit Anfang des 20. Jahrhunderts zu einem der Top-Erholungszentren des Landes entwickelt.

Mitte: Berühmte Heilquellen
Unten: Das auf 550 m Höhe gelegene Chianciano Terme zählt zu den größten Thermalbädern der Toskana und wird vor allem zur Behandlung von Lebererkrankungen empfohlen – hier das Becken der Stabilimento-Acqua-Santa-Therme.

Chianciano Terme

Man wohnt in einem der zahlreichen komfortablen Hotels und geht zum Baden in eines der berühmten Badehäuser.

Stabilimento Acqua Santa (Piazza Martiri Perugini, Tel. 0578 39430, April–Okt.): Diese Quelle wurde nach der heiligen Agnes aus Montepulciano benannt, die den Ort 1317 besuchte. Das Wasser hat 32 °C und ist reich an Kohlensäure und Sulfat. Langjährige Analysen haben gezeigt, dass es besonders gegen Leber- und Gallenbeschwerden, aber auch gegen Hepatitis und Entzündungen und nach Operationen wirkt.

Parco Fucoli (Piazza Martiri Perugini, Tel. 0578 39430, April–Okt.): Das Wasser der Fucoli-Quelle wirkt besonders harntreibend und wird daher vor allem bei Krankheiten des Verdauungssystems eingesetzt. Die Quelle ist schon seit der Antike bekannt.

Relaxation Center Sillene (Piazza G. Marconi, Tel. 0578 68420, ganzjährig): Das Acqua di Sillene ist besonders empfehlenswert für Menschen mit Herz-Kreislauf-Beschwerden oder Blutdruckproblemen. Doch auch Athritis und Arthrose werden hier therapiert. Die Therme wurde erst kürzlich renoviert und vergrößert, zudem liegt sie höher als die anderen Thermen und bietet daher einen schönen Ausblick.

Terme Sant'Elena (Viale della Libertà 112, Tel. 0578 31141, April–Okt.): Die Quelle Sant'Elena entspringt in der Nähe der alten Kapelle St. Helena. Sie liegt mitten in einem Park mit zahlreichen Freizeiteinrichtungen. Von hier aus hat man einen schönen Blick auf die Berge am Horizont und auch auf den Trasimeno-See. Ebenfalls schon lange bekannt, wird das Wasser besonders bei der Behandlung von Erkrankungen der Atemwege eingesetzt.

AUTORENTIPP!

URLAUB BEI FREUNDEN

In der Azienda Terra d'Arcoiris, 2 km südöstlich von Chianciano, hat man das Gefühl, voll und ganz willkommen zu sein – als würde man gute Freunde besuchen. Paola Leonardi und Walter Loesch führen diesen Biohof mit viel Enthusiasmus und bereiten ihren Gästen auf diese Weise einen unvergesslichen Aufenthalt, fernab von Luxus oder Eleganz. Von der Unterkunft in einem der fünf unterschiedlich großen Zimmer bis zur Verpflegung ist hier alles bodenständig und ehrlich: Jedes Frühstück im Freien wird zu einem kleinen Fest, und wer gut gestärkt mit biologischen Lebensmitteln in den Tag startet, wird sicherlich einen perfekten Urlaubstag verleben. Wer nicht hier übernachtet, der sollte zumindest kurz im Hofladen vorbeischauen. Der Biowein der Azienda wurde schon mehrmals ausgezeichnet, auch die Säfte und das Olivenöl sind unbedingt zu empfehlen.

Azienda Agricola Biologica Terra d'Arcoiris. Via della Maglianella 5, Tel. 0578 60270, www.terradarcoiris.com

THERMENREGION

Die Altstadt

Nordöstlich der Thermen gibt es noch ein ganz anderes Chianciano: In der von den Etruskern gegründeten Altstadt entdeckt man noch gut erhaltene mittelalterliche Stadtmauern. Die beliebten Quellen haben die Entwicklung des Ortes stets beeinflusst, und so ist durch die Jahrhunderte eine ansehnliche Stadt mit etwa 7300 Einwohnern herangewachsen, die sich durch die Zeitalter der Etrusker, Römer und die sienesische Herrschaft behauptet hat. Zur Freude heutiger Besucher hat jede dieser Mächte ihre Spuren hinterlassen. So modern der Kurort wirkt, so mittelalterlich geht es im alten Teil von Chianciano zu, der auf seiner Anhöhe ein bisschen so wirkt, als würde er auf den jüngeren Bruder herabblicken.

Man betritt die Altstadt durch die mittelalterliche Porta Rivellini in der Via Dante. Dort kann man mit etwas Glück das Auto parken, ansonsten steht in der Via Risorgimento ein großer Parkplatz zur Verfügung. Die 1072 erbaute Burg des Grafen Manenti in der Via Casini ist bis heute gut erhalten. Wegen der Stille, die sie stets umgeben hat, wird sie auch »das Kloster« genannt. Der elegante Uhrturm in der Viale Casini mit seiner schlichten Struktur wurde anscheinend in jeder Periode ein wenig nachgebessert: Seine Marmorfassade mit dem Wappen der Medici wurde eindeutig nach dem Mittelalter hinzugefügt.

Oben: Bummel durch den Kurort
Mitte: Der Ort ist von der Bäderarchitektur geprägt, die hier zu Beginn des 20. Jh. errichtet wurde. Im Bild ist der elegante Uhrenturm.
Unten: Chianciano Terme liegt auf einem der östlichen Ausläufer des Apennin in Richtung Val di Chiana.

An der Piazza Matteotti mit einem Marmorbrunnen aus dem 18. Jahrhundert erhebt sich der Palazzo del Podestà. Freunde sakraler Kunst werden in der Kirche zur Madonna della Misericordia fündig, einem strengen Bau der Spätrenaissance in der Viale Giuseppe di Vittorio. Als Altarbild sieht man ein Fresko, das wahrscheinlich Luca Signorelli fertigte, darauf ist eine Madonna mit Jesuskind zu sehen.

Chianciano Terme

Adressen in Chianciano Terme

ESSEN UND TRINKEN

Ristorante Patry. Hier begibt man sich auf eine Zeitreise: 50er? 60er? So genau ist das nicht einzuschätzen. Allerdings zeigt die offensichtliche Verweigerungshaltung gegenüber moderner Einrichtung, dass hier vor allem eines im Vordergrund steht: Pici, Gnocchi und Tortelline, allesamt handgemacht und in bester toskanischer Manier in großen Portionen serviert. Ideal zum Mittagessen für Gäste der benachbarten Therme Sant'Elena. Viale G.di Vittorio 80, Tel. 0578 63680, www.ristorantepatry.it

Trattoria da Minnie. Der Name ist Programm: Zwar treffen die omnipräsenten Mickey-und-Minnie-Maus nicht jedermanns Geschmack, allerdings beweisen die Gastgeber damit wahrlich Sinn für Humor und Kinderfreundlichkeit. Serviert wird alles, was in der Toskana Tradition hat, von Crostini über Pici bis zu Pizza – alles handgemacht und zu vernünftigen Preisen. Zum Glück besteht im Sommer Ausweichmöglichkeit in den lauschigen Garten. Via Le Piane 54/56, Tel. 0578 63014, www.trattoriadaminnie.it

ÜBERNACHTEN

Hotel Alexander Palme. Schmuckes Vier-Sterne-Hotel im Belle-Époque-Stil. In angenehmem Ambiente bewohnt man relativ kleine, aber komfortable Zimmer mit frisch renovierten Badezimmern. Via Bruno Buozzi 76, Tel. 0578 64010, www.alexanderpalme.it

Albergo Astoria. Farbenfroh eingerichtete Zimmer und ein ausgezeichneter Service machen dieses Drei-Sterne-Haus zu einer der beliebtesten Unterkünfte in Chianciano Terme. Nicht zuletzt liegt es auch in günstiger Entfernung zu den Thermen. Perfekt für kleinere Reisebudgets! Via Ronacci 15, Tel. 0578 61324 www.albergoastoria.net

INFORMATION

Piazza Italia, 67, Tel. 0578 671122–23, www.vivichiancianoterme.it, infoaptchiancianoterme@terresiena.it

Hotel »Alexander Palme« direkt im Zentrum von Chiaciano Terme

Mitte: Pitiglianos Untergrund: Tuffstein
Unten: Nur von sehr kleinen Autos befahrbar

THERMENREGION

50 Pitigliano
Klein Jerusalem

Spektakulär auf einem Plateau aus Tuffstein erbaut, bietet die mittelalterliche Kleinstadt Pitigliano neben einer stattlichen Festung und einem beeindruckenden Aquädukt noch etwas ganz Besonderes: Piccola Gerusalemme (»Klein Jerusalem«), das ehemalige jüdische Getto. Obwohl im 20. Jahrhundert der Großteil der Bewohner flüchten musste, zahlt sich ein Streifzug durch das Viertel dennoch aus, denn Bäckerei, Fleischerei und Weinkeller sind heute wieder in Betrieb.

Pitigliano ist nicht allzu groß: Hier leben nur etwa 4400 Menschen, aber es gibt einiges zu entdecken. Allein schon der Anblick aus der Ferne ist beeindruckend. Die Stadt scheint wie natürlich aus der gelblich-roten Felsformation aus Tuffstein herausgewachsen zu sein und thront majestätisch über der umliegenden Landschaft. Die Etrusker hinterließen Spuren, die man, wenn man weit genug entfernt steht, sogar für die Fenster von Häusern halten könnte: Sie legten ihre Grabkammern in den Felsen an. Darüber hinaus höhlten sie ein unterirdisches Labyrinth aus dem Tuff, das noch in Zeiten der Weltkriege als Unterschlupf diente. Heute werden die Gänge fast ausschließlich als Abstellraum oder Weinkeller genutzt.

La Piccola Gerusalemme

In der Via Zuccarelli folgt man den Hinweisschildern nach »La Piccola Gerusalemme«. Durch ein Tor, das für viele Mitteleuropäer eindeutig zu klein ausgefallen ist, kommt man in das ehemalige jüdische Getto. Am südlichen Zipfel der Toskana gelegen, grenzte Pitigliano früher an den Kirchen-

Pitigliano

staat, der den Juden im Mittelalter das Leben schwer machte. Darum zogen viele hierher, wo ihnen Cosimo I. de' Medici 1570 volle Bewegungsfreiheit zugestand. So wuchs und gedieh die jüdische Gemeinde, die zeitweise sogar einige Hundert Mitglieder zählte. Im 18. Jahrhundert verfügte Cosimo II., dass die Juden von nun an in einem eigenen Viertel leben mussten, das nur durch ein kleines Tor betreten werden konnte. Daran erinnert noch heute das Gebäck »Sfratto dei Goym« (»Sfratto« heißt Räumungsbefehl, »Goym« nennt man etwas, das nicht mehr koscher ist), das man in der Bäckerei Panificio del Ghetto bekommt (Via Zuccarelli 167, gleich neben dem Eingangstor). Ungeachtet des komplizierten Namens schmeckt das mit Honig, Nüssen und Orangenschalen gefüllte Gebäck ausgesprochen lecker. Doch selbst im Getto durften die Juden nicht bleiben. Als die Faschisten 1938 Rassengesetze erließen, waren die meisten schon geflohen, nur etwa 80 blieben zurück. 22 von ihnen entkamen dem Regime nicht und starben in Konzentrationslagern, einige allerdings wurden von christlichen Nachbarn versteckt.

Das Viertel stand lange Zeit leer, und die Häuser verfielen nach und nach. Erst eine Initiative im Jahr 1995 machte es möglich, dass alles renoviert wurde und man heute ein recht authentisches Bild der jüdischen Lebensweise bekommt. Mittlerweile leben noch vereinzelt Juden in dieser Region, vor allem zu großen jüdischen Feiertagen kommen sie in der historischen Synagoge von Pitigliano zusammen, die sehr aufwendig geschmückt ist (Winter 10–12.30 und 15–17.30, Sommer 10–12.30 und 16–19 Uhr). Beim Metzger gibt's koscheres Fleisch, im Weinkeller koscheren Wein, und ein kleines Museum gibt einen Einblick in die jüdische Kultur (La Piccola Gerusalemme, Vicolo Manin 30, Mai–Okt. So–Fr 10–12.30 und 16–19 Uhr, Nov–April So–Fr 10–12.30 und 15–17.30 Uhr).

AUTORENTIPP!

HIER MÖCHTE MAN BLEIBEN
Seit 1905 kann man im Hotel-Restaurant Guastini die große Kunst der toskanischen Küche genießen. Die Spezialität des Hauses im Zentrum von Pitigliano sind die sogenannten *Guastini*, traditionelle jüdische Gerichte. Angeboten werden zum Beispiel etwas ungewöhnlich mit Zimt und Zucker gewürzte Tortellini, aber auch das berühmte Gebäck Sfratto dei Goym (vgl. nebenan). Wem das zu abenteuerlich ist, der schmilzt spätestens dahin, wenn Acquacotta (mit Frischkäse oder Spinat gefüllte Teigtaschen), Bandnudeln mit Wildschweinsauce, Wildschwein-Gulasch, Lammbraten oder Hähnchen nach Maremma-Art serviert werden. Dass man hier nicht nur hervorragend essen, sondern auch vorzüglich übernachten kann, verrät schon der Name. Die Zimmer bieten zum Teil atemberaubende Ausblicke auf den berühmten Aquädukt, die Stadt oder die Landschaft um Pitigliano.

Albergo Ristorante Guastini.
Via Petrucciol 16, Tel. 0564 616065, www.albergoguastini.it

Mittelalterliche Bogengänge im ehemaligen Getto von Pitigliano

Oben: Kleine Treppen – wohin das Auge reicht.
Mitte: Diese in die Felsen geschlagene Serpentinenstraße nutzten schon die Etrusker.
Unten: Gässchenlabyrinth mit Eingangstreppen

THERMENREGION

Piazza Garibaldi

Aus jeder Blickrichtung sieht man den Campanile, der zum Dom an der Piazza Gregorio VII. gehört und seit dem Mittelalter die Stadtsilhouette überragt. Der Dom selbst mit seiner Barockfassade ist eher unspannend. Einige der wichtigsten Sehenswürdigkeiten Pitiglianos gruppieren sich rund um die zentrale Piazza Garibaldi. So auch der Palazzo (oder auch Fortezza) Orsini: Im Mittelalter herrschten hier die Grafen Aldobrandeschi und ließen ein mächtiges Kastell errichten, das im 16. Jahrhundert von der Familie Orsini ausgebaut wurde. Der Palazzo Orsini beeindruckt mit seinen Zinnen und dem reich verzierten Balkon sowie der Renaissance-Loggia beim Eingang. Im Innenhof, bei dem mit dem Orsini-Wappen verzierten Brunnen, befindet sich der Eingang zum Museum, in dem man 18 Zimmer besichtigt, die eine sehr vielseitige Sammlung sakraler Kunst zeigen (Piazza Garibaldi/Piazza Petruccioli, Tel. 0564 614419, Di–So 10–13, 15–19 Uhr, Okt.–März 15–17 Uhr).

Kaum hatte der erste Orsini in Pitigliano das Sagen, wurde Anordnung gegeben, die Stadt mit einem weiteren Bauwerk zu verschönern, und sie erhielt ihr wichtigstes Gebäude: die mit drei Rundtürmen errichtete Residenz, die Antonio da Sangallo der Jüngere (anscheinend der Lieblingsarchitekt der Orsini) gestaltet hat. Später wurde die Festung zu einer fünfeckigen Anlage ergänzt und mit einer Bastion ausgestattet. Ebenfalls im Auftrag der Familie Orsini errichtete Antonio da Sangallo der Jüngere 1543 den imposanten Aquädukt südöstlich der Piazza Garibaldi. Er wurde nach römischem Vorbild gebaut und erstreckt sich über beeindruckende 15 Bögen. Dadurch sicherten sich die Auftraggeber nicht nur die Wasserversorgung ihres Palazzo, sondern sie fügten dem Stadtbild ein weiteres Architektur-Highlight hinzu.

Pitigliano

Adressen in Pitigliano

ESSEN UND TRINKEN

Locanda del Pozzo Antico. Das Lokal mitten in der Altstadt ist ein beliebter Jugendtreff. Als solcher zeichnet er sich besonders durch günstige Preise und ein lockeres Ambiente aus. Empfehlenswert sind die Pizzen, doch auch etwas ausgefallenere Gerichte werden hier schmackhaft zubereitet. Via Generale Orsini 21, Tel. 0564 614405.

Osteria Il Tufo Allegro. In einer Nebenstraße gleich hinter der Via Zuccarelli gelegen, ist diese Osteria ein wahrer Geheimtipp. In der höhlenartigen Gaststube kostet man sich durch die Nuancen der toskanischen Küche. Allein schon der Duft, der aus der Küche dringt, lässt einem das Wasser im Mund zusammenlaufen. Vico della Costituzione 2, Tel. 0564 616192.

ÜBERNACHTEN

Hotel Valle Orientina. Etwa 3 km östlich der Stadt liegt dieses reizende Landgut mit eigenen Thermalbecken, die schon seit dem 7. Jh. genützt werden. Die Zimmer sind komfortabel, aber auf das Nötigste reduziert. Ortsteil Valle Orientina, Tel. 0564 616611, www.valleorientina.it

Agriturismo San Michele. Hier kann man zwischen einem eigenen Haus und mehreren Wohnungen wählen. Angesichts des günstigen Preises drückt man bei der Einrichtung ein Auge zu, denn diese lässt etwas zu wünschen übrig und ist teils kitschig und altmodisch. Via F. Rossi 29, Tel. 0564 615720 www.agriturismosanmichele.eu

INFORMATION

Piazza Garibaldi, Tel. 0564 617111, www.comune.pitigliano.gr.it

Innenhof des Renaissance-Palazzo »Orsini«

DIE TOSKANA VON A BIS Z

Klima und Reisezeit	276
Ausrüstung und Kleidung	277
Fremdenverkehrsämter	277
Toskana im Internet	278
Tipps von A–Z	278

DIE TOSKANA VON A BIS Z

Klima und Reisezeit

In der Toskana herrscht mediterranes Klima mit trockenen, heißen Sommern und regenreichen, eher milden Wintern. Die vielen Sonnenstunden sorgen übers Jahr für eine Durchschnittstemperatur von 15 °C. Die Sommermonate können durchaus drückend heiß sein, wobei das Thermometer dann auf bis zu 35 °C klettert.

Die Hauptreisezeit liegt zwischen Mai und September, in der Regel ist das Wetter dann besonders gut. Allerdings kann es im August vor allem in Städten unerträglich heiß werden. Leider ist man während der Sommermonate nicht der Einzige, der schöne Tage in der Toskana genießen möchte – vollgestopfte Strände, Städte und Museen können sehr stressig sein. Kenner reisen daher vor allem im Frühling und Spätherbst – dies ist empfehlenswert für alle, die etwas flexibler in ihrer Urlaubswahl sind.

Vorangehende Doppelseite: Die Rocca von Castiglione d'Orcia
Mitte: In der Via San Giovanni in San Gimignano mit der Torre im Hintergrund kann man gemütlich einen Kaffee trinken.
Unten: Toskana – ein Synonym für Weinanbau

Ein Touristenmagnet – der Schiefe Turm von Pisa

Ausrüstung und Kleidung

Vor allem sollte man gutes Schuhwerk mitnehmen. Schuhe mit Absätzen oder schlecht sitzende Sandalen führen bei Stadtbesichtigungen schnell zu Fußproblemen. Viele der toskanischen Städte sind auf Hügeln gebaut, so kommt man nicht umhin, viel bergauf oder bergab zu gehen – nicht selten auch auf Pflastersteinen. Bei der Besichtigung von Kirchen darf man nicht vergessen, seine Schultern zu bedecken, auch sollte man keine Shorts, sondern Hosen tragen, die die Beine bedecken. Keinesfalls vergessen sollte man Sonnencreme mit hohem Lichtschutzfaktor – nicht nur beim Strandurlaub!

Fremdenverkehrsämter

Das Staatliche italienische Fremdenverkehrsamt (ENIT) mit Vertretungen in Deutschland, Österreich und der Schweiz bietet Infos über die Toskana. Die Broschüren kann man sich vorab entweder telefonisch bestellen oder im Internet herunterladen.

ENIT DEUTSCHLAND
Neue Mainzer Str. 26, D-60311 Frankfurt/Main
Tel. (0 69) 23 74 34 (Mo–Fr. 9.15–17 Uhr)
www.enit.de

ENIT ÖSTERREICH
Kärntner Ring 4, A-1010 Wien
Tel. (01) 5 05 16 39 (Mo–Do. 9–17, Fr. 9–15.30 Uhr)
www.enit.at

ENIT SCHWEIZ
Uraniastr. 32, CH-8001 Zürich
Tel. (0 43) 4 66 40 40 (Mo–Fr. 9–17 Uhr)
www.enit.ch

In der Toskana gibt es vor allem in den Provinzhauptstädten wie Siena, Florenz oder Grosseto örtliche Fremdenverkehrsämter, doch auch kleinere Orte haben meist ein Auskunftsbüro. Sie werden oft mit dem Namen »Pro Loco« bezeichnet.

Oben: Werkstatt der Alabasterverarbeitung in Volterra
Mitte: Der Geschmack des Weins aus der Toskana ist unvergleichlich. Er verkörpert die Geschichte, die Lebensart und die Leidenschaft von Italien.
Unten: Einsame Landschaft

DIE TOSKANA VON A BIS Z

Toskana im Internet

Vorfreude ist die schönste Freude: Eine Einstimmung und nützliche Informationen bieten zum Beispiel die folgenden Websites:

www.toskanafraktion.de. Ein Berliner Journalist hat sich die Zeit genommen, eine ganz persönliche Seite über das Leben in der Toskana ins Netz zu stellen.

www.toscanaviva.com. Hier findet man viele praktische Infos und Tipps.

www.toskana.net. Von der Geschichte, über die kleine Weinkunde bis zu den typischen berühmten Sehenswürdigkeiten gibt diese Seite einen guten Überblick.

www.turismo.toscana.it. Das ist die offizielle Seite des Tourismusverbandes. Hier findet man sich schnell zurecht und erhält allerlei Tipps und viele Hintergrundinformationen.

Tipps von A–Z

Anreise mit dem Auto

Autofahrer gelangen auf zwei unterschiedlichen Wegen ans Ziel, je nachdem, ob sie in das »Herz der Toskana«, also nach Siena, Florenz oder in die Weingebiete fahren möchten, oder lieber an die Küste. Nach Florenz kommt man am schnellsten über die gebührenpflichtige A1, auch »Autostrada del Sole« genannt. Möchte man allerdings an die Westküste fahren, ist es um einiges geschickter, die A12 zu nehmen. Alle Autobahnen in Italien sind gebührenpflichtig. Man bezahlt die Maut nach gefahrener Strecke entweder bar am Schalter, mit Kreditkarte oder mit der sogenannten Viacard, die man sich vor der Reise besorgen kann. Viacards im Wert von 25 und 50 Euro bekommt man bei den Verkehrsclubs im Heimatland.

Oben: Der schmale Treppenaufgang zum Glockenturm im Schiefen Turm von Pisa
Unten: Das Grand Hotel »La Pace« in Montecatini

Anreise mit dem Zug

Der Bahnhof von Florenz ist eine der wichtigsten Drehscheiben des nationalen Bahnverkehrs. Fast alle Züge von Mailand nach Rom, Neapel oder Sizilien verkehren über Florenz. Möchte man also in die Toskana reisen, nimmt man am besten einen der Schnellzüge, die via Basel, Venedig oder München nach Florenz fahren. Dort kann man in einen der Regionalzüge umsteigen. Um ans Meer zu gelangen, ist es am günstigsten, man nimmt die zweite wichtige Eisenbahnlinie, die Genua und Norditalien mit Rom verbindet: Diese verläuft direkt an der ligurischen und tyrrhenischen Küste und passiert zum Beispiel Carrara, Pisa und Viareggio.

Anreise mit dem Flugzeug

Falsch: Der Hauptflughafen der Toskana ist nicht Florenz. Der 12 km vom Zentrum entfernte Aeroporto Vespucci ist nur der zweitgrößte Flughafen der Region (www.aeroporto.firenze.it, Bustransfer ins Zentrum durch ATAF 5.30-23 Uhr, www.ataf.it). Größer ist der Flughafen Galileo Galilei in Pisa, hier landen die meisten nationalen und internationalen Fluglinien, darunter auch einige Billigflieger. Der Flughafen Pisa ist etwa 80 km von Florenz entfernt, und es gibt direkt am Flughafen einen Bahnhof, von dem aus täglich acht Züge direkt in die Hauptstadt der Toskana gehen. Ins Stadtzentrum (nur 1 km entfernt) gelangt man schnell mit dem Bus oder Zug direkt vom Flughafen (www.pisa-airport.com).

Einkaufen, Shopping

Vor allem rund um Florenz gibt es einige tolle Outlets, doch leider sind diese nicht immer so günstig, wie man es vielleicht erwartet. Vor allem Designerwaren haben auch im Fabrikverkauf ihren Preis, obwohl sie mitunter mit bis zu 70 Prozent

Oben: Das Hauptkulturzentrum des Marmors in Pietrasanta – hier gibt es auch heute noch viele lokale Werkstätten und Ateliers zur Verarbeitung des »weißen Goldes«.
Unten: In der Toskana gibt es an jeder Ecke Kultur und Geschichte zu erleben.

DIE TOSKANA VON A BIS Z

Abschlag angeboten werden. Florenz und Siena bieten eine tolle Auswahl an edlen Designerboutiquen. In fast allen Städten finden sich an Samstagen und Sonntagen Märkte, an denen man billige Lederwaren (keine Markenware), Schmuck oder Obst und Gemüse kaufen kann.

The Mall. Via Europa 8, Leccio, Tel. 055 8657775. 35 km von Florenz entfernt liegt dieses Outlet mit einer enorm großen Auswahl.

Barberino Designer Outlet. A1 Florenz – Bologna, Ausfahrt Barberino di Mugello, www.barberino.mcarthurglen.it, Tel. 055 842161. Hier sind eher Sportausrüster wie Adidas, Puma und Nike vertreten.

Elektrizität, Elektronik
Die Netzspannung in Italien beträgt 220 V, 50 Hz. Viele Steckdosen sind dreipolig, sodass für mitgebrachte Geräte ein Adapter erforderlich ist.

Essen und Trinken
Vor jedem Lokal in der Toskana hängt normalerweise die Speisekarte aus, so kann man vorab das Angebot und die Preise begutachten. Touristenfallen erkennt man einfach: Ist die Karte in mehrere Sprachen übersetzt und stehen Gerichte wie Lasagne oder Spaghetti Bolognese darauf, sollte man ein anderes Lokal wählen. Zum Beispiel eine nette kleine Trattoria, in der man vom Kellner persönlich über die Spezialitäten des Tages aufgeklärt wird. Hier kann man sicher sein, dass die Küche authentisch und die Qualität zufriedenstellend ist.

Die bekanntesten italienischen Biere sind spritzigleicht und nach Pilsener Brauart hergestellt. Sie sind meist günstiger als Import-Biere, werden aber teilweise auch unter Verwendung von Roggen und Mais hergestellt. Bedenkenlos kann man in der Toskana das Leitungswasser trinken.

Oben: Lebensmittelmarkt im Stadtzentrum von Lucca
Mitte: Restaurantchef Walter Redaelli vom komfortablen Hotel »La Bandita« in Pienza
Unten: Süße Früchtchen – aber leider nicht zum Essen. Diese sind aus Alabaster (Volterra) hergestellt.

Eine Wissenschaft ist das Bestellen von Kaffee, und allzu schnell outet man sich als Unkundiger, wenn man den falschen Kaffee zur richtigen Tageszeit zu sich nimmt. Eines vorweg: Der »Espresso« existiert in Italien nicht. Möchte man den kleinen Starken genießen, bestellt man »un caffè«, den man praktisch zu jeder Tages- und Nachtzeit einnehmen kann. Dagegen werden *caffè latte* (oder *latte macchiato*) sowie *cappuccino* nur vor dem Mittagessen getrunken. Am Nachmittag trinkt man allenfalls einen *caffè macchiato* (Espresso mit einem kleinen Häubchen Milchschaum).

Festkalender

Carnevale. Im Februar (Woche vor Aschermittwoch). Wohl am buntesten treiben es die Einwohner Viareggios, wenn sie mit ihren Festwägen aus Pappmaschee durch die Stadt fahren und Stimmung machen!

Settimana Santa. Feierliche Prozessionen und Passionsspiele allerorts in der Karwoche.

Gioco del Ponte. Farbenfroher, turbulenter Wettkampf in Pisa, bei dem sich die Stadtviertel am letzten Sonntag im Juni um den Ponte di Mezzo streiten.

Il Palio. Der weltbekannte Palio in Siena geht am 2. Juli in seine erste Runde. Auf der Piazza von Siena treten 9 Reiter gegeneinander an. Wer gewinnt, darf die Fahne mit der Maria in sein Stadtviertel tragen. Der zweite Durchgang ist alljährlich am 16. August.

Giostra del Saracino. Auch in Arezzo geht es am ersten Sonntag im September heiß her, wenn sich die einzelnen Stadtviertel bei diesem mittelalterlichen Turnier gegenseitig herausfordern.

Mostra del Tartufo Bianco. An den drei letzten Wochenenden im November dreht sich in San Miniato alles um Trüffel. Ein Fest für Feinschmecker, um Spezialitäten zu kaufen und zu probieren.

ESSEN & TRINKEN

RESTAURANTBEZEICHNUNGEN

Trattoria. Einfaches Lokal mit regionaler Küche, meist ein Familienbetrieb.

Ristorante. Hier ist das Niveau deutlich höher als in einer Trattoria. Das erkennt man schon an den schön gedeckten Tischen.

Osteria oder Hosteria. Hier wird Hausmannskost serviert, meist findet sich auch eine überaus große Auswahl an Weinen. Die Preise liegen unter denen eines Ristorante.

Enoteca. Hier steht nicht das Essen im Vordergrund, sondern der Wein. Enotecas sind oft klein und recht schlicht eingerichtet.

Dem Palio in Siena geht ein farbenprächtiger Umzug voraus.

DIE TOSKANA VON A BIS Z

Kulinarisches Begriffslexikon

Haben Sie einen Tisch für ... Personen? Avete una tavola per... persone?

Ich möchte einen Tisch reservieren. Vorrei riservare una tavola.

Frühstück colazione

Mittagessen pranzo

Abendessen cena

Die Rechnung bitte. Il conto, per favore.

Ich bin Vegetarier. Sono vegetariano/a.

Kellner/in cameriere/a

Tagesmenü Il menu a prezzo fisso

Vorspeise Antipasto

Erster Gang Il primo

Hauptspeise Il secondo

Beilage Il contorno

Nachspeise Il dolce

Gedeck Il coperto

Weinkarte La lista dei vini.

Glas La bicchiere

Flasche La bottiglia

Messer Il coltello

Gabel la forchetta

Löffel Il cucchiaio

Mineralwasser mit/ohne Kohlensäure L'aqua minerale gassata/naturale.

Orangen/Zitronensaft Succo d'arancia/di limone

Tee Il tè

Bier La birra

Weißwein Vino bianco

Rotwein Vino rosso

Essig Aceto

Knoblauch Aglio

Gebacken Al forno

Gegrillt Alla griglia

Butter Il burro

Zwiebel La cipolla

Bohnen I gagioli

Käse Il formaggio

Erdbeeren Le fragole

Obst La Frutt

Pilze I funghi

Eis Il gelato

Salat L'insalata

Milch Il latte

Suppe La minestra

Öl L'olio

Brot Il pane

Pfeffer Il pepe

Salz Il sale

Fleisch La carne

Steak La bistecca

Huhn Il pollo

Kalb Il vitello

Leber Il fegato

Würstchen La salsiccia

Schinken gekocht/geräuchert Prosciutto cotto/crudo

Fisch La pesca

Tintenfisch I calamari

Seezunge La sogliola

Thunfisch Il tonno

Muscheln le vongole

Garnelen I gamberi

Meeresfrüchte Frutti di mare

Spinat I spinaci

Kuchen La torta

Ei L'uovo

Kartoffeln Le patate

Reis Il riso

Tomate Il pomodoro

Zucker Lo zucchero

Feiertage

1.1. Neujahr

6.1. Heilige drei Könige

Ostermontag

25.4. Tag der Befreiung

1.5. Tag der Arbeit

2.6. Tag der Republik

15.8. Ferragosto, Mariä Himmelfahrt

1.11. Allerheiligen

8.12. Mariä Empfängnis

25./26.12. Weihnachten

In Florenz ist auch der 24.6. frei, an diesem Tag wird der Stadtheilige San Giovanni gefeiert.

Geld

Der Euro ist in ganz Italien offizielles Zahlungsmittel. Günstig und schnell bekommt man Bargeld am Geldautomat. Diese sind relativ dicht gesät, nur wenn man sich weitab von größeren Siedlungen aufhält, wird es schwierig. Die Gebühren sind immer gleich hoch, daher empfiehlt es sich, jeweils die Maximalenge (400 Euro) abzuheben. Achtung: Oft funktioniert die Technik nicht richtig, und ausländische Karten werden partout nicht angenommen. In solchen Fällen einfach auf einen anderen Automaten ausweichen, oder am nächsten Tag wieder probieren. In vielen Geschäften und Restaurants werden auch Kreditkarten akzeptiert.

Gesundheit (Ärzte, Notruf)

Notarzt und Krankenwagen: Tel. 118
Polizei: Tel. 113
Pannenhilfe: Tel. 116

Zwar wird man in den Arztpraxen behandelt, auch wenn man keine Reisekrankenversicherung hat, allerdings muss man dann bar zahlen und bekommt das Geld zu Hause in den seltensten Fällen voll erstattet. Für gesetzlich Versicherte empfiehlt sich die Mitnahme der EHIC-Karte (Auslandskrankenschein). Medikamente bekommt man in den Apotheken (*farmacia*), deren Netz in Italien sehr dicht ist. Sie sind mit einem grünen Kreuz gekennzeichnet.

Kinder

Italien ist ein äußerst kinderfreundliches Land. Vor allem in Restaurants werden die Kleinen mit offenen Armen empfangen und sogar extra bekocht. Die Pensionen und Agriturismi sind gern bereit, ein extra Kinderbett für Babys/Kleinkinder zur Verfügung zu stellen, eventuell gegen Aufpreis. Bis zu drei Jahren haben Kinder fast in allen Museen freien Eintritt, bis zu zwölf Jahren genie-

BRAUCHTUM

TRADITION UND FESTE

Die Toskaner sind von Natur aus streitbar und wehrhaft. Das äußert sich weniger in Raufereien in dunklen Gassen, sondern eher bei großen Festivitäten im hellen Tageslicht, wenn sogar Touristen dabei zusehen! Sie suchen den Zweikampf regelrecht und finden ihn beim Bogenschießen, Pferderennen oder anderen Ritterspielen auf den Piazze im ganzen Lande. Ihren Höhepunkt bildet diese Vorliebe im wohl bekanntesten dieser Wettkämpfe, dem Sieneser Palio, einem Pferderennen mitten am Hauptplatz, bei dem nicht nur die ganze Stadt, sondern gleich das gesamte Land zusieht.

Doch auch neben diesen Streitereien lieben es die Toskaner zu feiern, für fast jeden Heiligen gibt es einen Feiertag, und der wird dann auch zum Anlass genommen, um gehörig das Leben zu zelebrieren. Wenn Sie gerne an einer dieser durchaus sehenswerten Festivitäten dabei wären, gibt Ihnen der Festkalender einige gute Ratschläge.

Während die Männer ausgegangen sind, sitzen die Frauen gemütlich zusammen und erledigen Hausarbeiten.

DIE TOSKANA VON A BIS Z

ßen sie Ermäßigungen in öffentlichen Verkehrsmitteln und Museen. Babyprodukte kann man in Apotheken (*farmacia*) oder Lebensmittelläden erhalten.

Öffnungszeiten

Geschäfte sind in der Regel von Montag bis Freitag von 9 bis 13 Uhr und von 15.30 bis 19.30 Uhr geöffnet, in größeren Städten oft auch ganztags. Restaurants bieten warme Küche zwischen 12 und 14.30 sowie 19.30 und 22 Uhr an.

Telefonieren

Auch Italiener können sich inzwischen ein Leben ohne Handy gar nicht mehr vorstellen, darum verschwinden immer mehr öffentliche Telefonzellen. Für die noch erhaltenen kann man in den Tabacchi Telefonwertkarten kaufen (*scheda telefonica*). Wer längere Zeit im Land bleibt, sollte sich eine Prepaid-SIM-Karte von einem der italienischen Anbieter kaufen: TIM, Wind, Vodafone. Die Landesvorwahl für Italien lautet 0039.

Trinkgeld

In den meisten Restaurants sind 15 % Servicekosten schon mit eingerechnet, dennoch erwartet der Kellner ein Trinkgeld. Angemessen sind etwa 10 %.

Übernachtung

Generell gilt in der Toskana, dass man tiefer in die Tasche greifen muss als in anderen Urlaubsregionen Italiens. In der Hochsaison im Juli und August sollte man möglichst früh buchen, denn obwohl zu dieser Zeit auch die Preise ihren Höchststand erreichen, sind die meisten Hotels – vor allem am Meer – ausgebucht. Auch Camping kann teuer werden, da quasi alles extra berechnet wird –

Oben: Das Teatro Romano in Volterra, erbaut zur Zeit des Kaisers Augustus, zeigt Einblicke in die Geschichte der Toskana.
Mitte: Kapitolinische Wölfin mit Romulus und Remus am Dom zu Pisa
Unten: Zypresseninsel bei San Quirico d'Orcia

Erwachsene, Kinder, Wohnmobile, Motorräder, Hunde... Wildes Zelten ist in ganz Italien verboten. In Jugendherbergen kann man billig nächtigen: Schon ab 15 Euro pro Nacht bekommt man ein Bett. Allerdings ist es ratsam, sich einen Ausweis vom internationalen Herbergsverband zu holen: Associazione Italiana Alberghi per la Gioventù, Tel. 06487 1152, www.ostellionline.org

Die Toskana bietet eine breite Auswahl an Hotels aller Kategorien: Ein-Sterne-Hotels bieten meist nur Gemeinschaftsbäder außerhalb der Zimmer. Zwei Sterne sehen für einen etwas höheren Standard mit eigenem Waschbecken und meist auch Toilette und/oder Dusche im Zimmer. Drei-Sterne-Häuser sind stilvoller und haben oft einen Fernseher, Telefon oder gar WLAN. Die Vier- bzw. Fünf-Sterne-Hotels gehören oft zu großen Ketten. Sie haben naturgemäß den höchsten Preis, bieten aber auch Luxus und größten Komfort und tolle Küche.

Verkehrsmittel

Die günstigsten Mietwagen verleihen Avis (199 100 133, www.avis.com) und Europcar (199 307 030, www.europcar.com).

Höchstgeschwindigkeit auf den Autobahnen ist 130 km/h, in Städten meist 50 km/h.

Wer sich mit öffentlichen Verkehrsmitteln von Stadt zu Stadt bewegen möchte, nimmt am besten den Zug (Trenitalia, Tel. 800 892021, www.trenitalia.com), zwischen kleineren Ortschaften verkehren Busse. Fahrkarten sind in den Tabacchi erhältlich, Informationen in den örtlichen Tourismusverbänden. Radfahren zählt zu den beliebtesten Fortbewegungsmethoden, deswegen kann man Räder auch an fast jeder Ecke ausborgen.

WÖRTERBUCH

Hallo Buongiorno, Ciao (ugs)
Auf Wiedersehen Arrivederci, Ciao (ugs)
Guten Abend Buonasera
Gute Nacht Buonanotte
Ja Si
Nein No
Bitte Per favore
Danke Grazie
Gern geschehen Prego
Entschuldigen Sie Mi scusi
Ich heiße ... Mi chiamo ...
Ich komme aus ... Vengo da ...
Wie geht es Ihnen? Come sta?
Danke, sehr gut! Molto bene, grazie.
Sehr erfreut, Sie kennenzulernen. Piacere di conoscerla.
Das ist Ok. Va bene!
Bitte sprechen Sie etwas langsamer. Può parlare più lentamente?
Verzeihung. Mi dispiace
Ich würde gerne ... kaufen. Vorrei comprare ...
Wie viel kostet es? Quanto costa?
Ich schaue mich nur um. Sto solo guardando.
Ich nehme es. Lo/La compra.
Wie viel Uhr ist es? Che ore sono?
Montag Lunedì
Dienstag Martedì
Mittwoch Mercoledì
Donnerstag Giovedì
Freitag Venerdì
Samstag Sabato
Sonntag Domenica
Ich suche ein Hotel. Cerco un albergo.
Sprechen Sie Englisch/Deutsch? Parla inglese/tedesco?
Hilfe! Aiuto!
Ich habe mich verlaufen. Mi sono perso/a.

REGISTER

Abbazia di Monte Oliveto 186
Agnelli, Susanna 206
Alabaster 145
Alberti 80
Alighieri, Dante 76, 89
Altdorfer, Albrecht 87
Angelico, Fra 25
Antico casale di Scansano 192
Aristoteles 25

Bagno Vignoni 243
Bandinelli, Baccio 89
Banfi, Giovanni 226
Barbarossa, Friedrich 256, 261
Benigni, Roberto 120
Berlusconi, Silvio 22
Berrocal, Miguel 220
Bocaccio 25
Botero, Fernando 32
Botticelli 78, 84, 92
Bourgeois, Lousie 32
Branagh, Kenneth 233
Bronzino, Agnolo 86
Brunelleschi 80, 93
Brunelleschi, Filippo 88, 92
Buontalenti, Bernardo 82
Butteri 190

Caravaggio 85, 202, 259
Carducci, Giosuè 222
Cassoli, Amos 186
Castello di Montefioralle 231
Cavalli, Roberto 27
Chianti Classico 218
Chiesa di San Giovanni 55
Cimabue 63, 83
Collodi, Carlo 59
Coverti, Enrico 27

Cranach, Lukas 87
Crete Senesi 184

D'Annunzio, Gabriele 40
Da Como, Guido 63
Da Sangallo, Antonio 272
Da Vinci, Leonardo 84, 86, 103, 104
Dante 25, 75, 92, 93
David 31, 75
De Marcillat, Guillaume 122
De Witte, Pietro 147
De' Medici, Cosimo I. 80, 86, 256, 271
De' Medici, Giovanni 64
Della Francesco, Piero 84, 85, 120, 121
Della Quercia, Jacopo 164, 167
Della Robbia, Andrea 130, 148, 215, 256
Della Robbia, Luca 89
Di Bartolo, Taddeo 186, 215, 217
Di Cambio, Arnolfo 88, 117
Di Fredi, Bartolo 181, 227
Di Giovanni Sassetta, Stefano 262
Di Michelozzo, Bartolommeo 25
Di Paolo, Giovanni 262
Dickens, Charles 256
Dom Santa Maria del Fiore 74
Donatello 25, 78, 80, 111
Duccio di Buoninsegna 83, 167, 169
Dürer, Albrecht 87

Elba 193, 205

Femfert, Peter 221
Fiorentino, Rosso 147, 148

Folli da Poppi, Francesco 118
Fontana, Carlo 259
Fortezza Medicea 128
Francesco Fiorentino, Piero 148

Gaddi, Taddeo 77, 117
Gaiole 220
Galilei, Galileo 66, 77, 92
Ghiberti, Lorenzo 25, 75, 89, 90, 91, 92
Giglio 193
Giotto 74, 77, 83, 88
Golf von Follonica 194
Gotik 157, 165
Gozzoli, Benozzo 65, 147, 181
Gucci 27, 74

Hausner, Rudolf 220
Haute Couture 27
Hepburn, Audrey 107
Holbein, Habsburger 22
Hundertwasser, Friedensreich 220
Huxley, Aldous 40

Il Sodoma 186
Insel Giglio (»Lilieninsel«) 205

James, Henry 94

Karl der Große 264
Korsika 193

Laguna di Ortbetello 201
Lane, Diane 126
Lippi, Filippo 80, 100, 111
Lorenzetti, Ambrogio 165, 186
Lorenzetti, Pietro 169, 262

Lorenzoni, Carlo 59
Louvre 104

Machiavelli 77, 92
Machiavelli, Bernardo 78
Maggiore 186
Manetti, Rutili 259
Mann, Thomas 40
Maria Magdalena 130
Martini, Simone 84, 165, 262
Matthiacci, Eliseo 112
Medici 22, 78
Memmi, Lippo 85
Michelangelo (Buonarroti) 32, 39, 75, 77, 78, 85, 91, 167, 181
Michelazzo 111
Miró, Joan 32
Monte Amiata 178, 190
Monte Argentário 200, 204
Monte Bottigli 190
Monte Cavallaro 218
Monti dell'Uccelina 191
Moore, Henry 32
Motemiccioli 145
Museo Archeologico e d' Arte della Maremma 198
Museo dell'Opera Metropolitana 168
Museo di Scenografia 131
Museo Leonardiano 104
Mussolini, Benito 22

Naturreservat Daccia Bondera 208
Naturreservat Daccia Bortona 210
Nicolló 65

Palazzo Buonsignori 169
Palazzo Pfanner 57

Palio 173, 174
Papst Eugen IV 89
Papst Hadrian IV. 261
Papst Pius II 236, 243
Papst Puis III 169
Parco Nazionale delle Foreste Casentinese 132
Parco Regionale della Maremma 190
Parigi, Alfonso 82
Pecorino 236
Pedersoli, Carlo 206
Perugino 92
Petrarca 25
Petrarca, Francesco 76, 124
Petriccio, Poggio 208
Piccolomini, Francesco 169
Pinocchio 58
Pinturicchio 167, 181
Pinturicchio, Bernardino 169
Pisano, Bonanno 63
Pisano, Giovanni 65, 128, 158, 168
Pisano, Nicola 63. 167
Pisano, Nino 64
Platon 25
Porto Giglio 205
Praxiteles 86
Prodi, Romano 22
Proust, Marcel 94
Pucci 27
Puccini 107
Puccini, Giacomo 36, 55

Raffael 66
Ramazzotti, Eros 201
Reimitz, Klaus 220
Remulus 160
Remus 160
Renaissance 22, 74
Rocca 256
Roccatederighi 194

Romanik 32
Rosselino 159

Sasseta 186
Savonarola 91
Savonarola, Girolamo 80
Schiefer Turm 62
Scuola Normale Superiore 64
Signorelli, Luca 186
Spencer, Bud 206
Stein, Gertrude 94
Sticciano 193
Streisand, Barbra 201

Tarkowski, Andrej 242
Thermalwasser 241
Thermenregion 242
Tintoretto 92
Tizian 85, 87, 92
Torre del Lago 36, 55

Uccello, Paolo 25, 84, 89
Uffizien 91

Vada 137
Vasari, Giorgio 64, 74, 82, 88, 93, 120, 124
Verdi, Guiseppe 107, 109
Vergil 25
Von Assisi, Franz 132
Von Siena, Katharina 166, 243, 264
Von Stackelberg, Jürgen 225

Woody Allen 107

Zero, Renato 206
Zucchari, Frederico 88

IMPRESSUM

Unser komplettes Programm:
www.bruckmann.de

Produktmanagement: Carina Jungchen, Joachim Hellmuth
Layout: graphitecture book, Rosenheim
Repro: Cromika sas, Verona
Kartografie: Astrid Fischer-Leitl, München; Thomas Vogelmann, Mannheim
Herstellung: Bettina Schippel
Printed in Italy by Printer Trento S.r.l.

Alle Angaben dieses Werkes wurden vom Autor sorgfältig recherchiert und auf den aktuellen Stand gebracht sowie vom Verlag geprüft. Für die Richtigkeit der Angaben kann jedoch keine Haftung übernommen werden. Für Hinweise und Anregungen sind wir jederzeit dankbar. Bitte richten Sie diese an:

Bruckmann Verlag
Postfach 40 02 09
80702 München
E-Mail: lektorat@verlagshaus.de

Bildnachweis:
Alle Aufnahmen stammen vom Fotografen Udo Bernhart, außer Andreas Rauch/pixelio: S. 74 o.; Bernhard Irlinger: S. 246 o., 247, 248 o., 249; Bildagentur Huber/G. Simeone: S. 82; Bildagentur Huber/Johanna Huber: S. 84 M./u., 86 o.; Campomalo/pixelio: S. 177; Ceskito/wikipedia: S. 104 o.; Christian Fleps/pixelio: S. 6 o.; Dirk Pollzien/pixelio: S. 137; Ehud/wikipedia: S. 102 o.; Ernst Wrba: S. 106 u., 108 o., 109 u., 127 u., 138 o., 142 o./M., 205, 206 M., 251, 264 u., 270 M., 274/275, 278 u.; G. Dürselen/wikipedia: S. 102 u., 104 u.; Günter Havlena/pixelio: S. 27 u.; Hubert Stadler: S. 2/3, 9, 11 l., 78 u., 106 o., 108 M./u., 151, 152 o., 172 o., 174 o., 281; Jens Hasler/pixelio: S. 7 o., 24 M.; Klaus Rupp/ pixelio: S. 76 u., 138 u.; Klaus Stevens/ pixelio: S. 26 u., 75; Maria Bosin/pixelio: S. 136 u.; Markus Hein/pixelio: S. 92 o.; Matthias Brinker/pixelio: S. 72/73, 227; Mirko Milovanovic, München: S. 18 u., 27 o., 42 o., 44 o./M./u., 46 o., 48 o., 107, 109 o., 110 u., 111, 112 o./u., 113 o./u., 140 o./u., 142 u., 143, 170, 171, 173 o./u., 174 u., 204 o./u., 206 o./u., 232 M., 250 u., 252 o./M./u., 253 o./u., 264 o./M., 265, 268 o., 270 u., 271, 272 o./M./u., 273, 284 u.; Paul Marx/pixelio: S. 21 o.; Picture Alliance: S. 100; Regenbogen 56/pixelio: S. 18 M.; Schmitz Duisburg/pixelio: S. 89; Templermeister/pixelio: S. 21 u.; Thomas Max Müller/pixelio: S. 1, 8 u., 10 o., 86 u., 228 u., 234 M./u., 236 o./M./u.

Umschlagvorderseite:
Mitte links: Der David im Akademie-Museum von Florenz (Hubert Stadler)
Mitte rechts: Straßencafé in der Altstadt von Castiglione della Pescaia (Raffaele Celentano/laif)
Hauptmotiv: Landschaft bei San Quirico d'Orcia, im Vordergrund Belvedere (Clemens Zahn/laif)
Umschlagrückseite:
Links: Abenddämmerung am Strand von Forte dei Marmi (Mirko Milovanovic)
Rechts: Die Gobelins des Palazzo Mansi in Lucca (Mirko Milovanovic)

Die Deutsche Nationalbibliothek verzeichnet diese Publikation in der Deutschen Nationalbibliografie; detaillierte bibliografische Daten sind im Internet über http://dnb.d-nb.de abrufbar.

2010 © Bruckmann Verlag GmbH
ISBN 978-3-7654-5354-0